京津冀生产性服务业与制造业空间协同研究

冯鹏飞　编著

黄 河 水 利 出 版 社
· 郑州 ·

内 容 提 要

本书采用区域间投入产出模型定量测度区域与城市间的服务流,将产业关联分析与空间自相关分析及空间共同集聚分析相结合,分析不同尺度空间协同的行业类型与典型模式,并根据分析结果提出政策建议。

本书适合产业经济学、区域经济学、人文地理学等相关学科研究人员,以及政策研究机构工作人员参考阅读。

图书在版编目(CIP)数据

京津冀生产性服务业与制造业空间协同研究/冯鹏飞编著. -- 郑州:黄河水利出版社,2024. 10.

ISBN 978-7-5509-4057-4

Ⅰ. 726. 9 ; F426. 4

中国国家版本馆 CIP 数据核字第 2024TJ4959 号

责任编辑	冯俊娜	责任校对	王　璇
封面设计	张心怡	责任监制	常红昕
出版发行	黄河水利出版社		
	地址:河南省郑州市顺河路 49 号　邮政编码:450003		
	网址:www. yrcp. com　E-mail:hhslcbs@ 126. com		
	发行部电话:0371-66020550		
承印单位	河南新华印刷集团有限公司		
开　　本	787 mm×1 092 mm　1/16		
印　　张	12. 75		
字　　数	303 千字		
版次印次	2024 年 10 月第 1 版	2024 年 10 月第 1 次印刷	
定　　价	56. 00 元		

前　言

以制造业为核心的实体经济是确保现代经济体系持续繁荣的坚实基础。近年来,中国制造业面临着较大的国际压力。在可预见的将来,中国制造业将更多地转向依靠增加生产性服务等软性生产要素的投入,实现自主创新和转型发展。作为中国三大沿海发达地区之一,京津冀具有国家级的战略地位,是我国对外参与国际竞争,对内带动其他区域发展的关键地区。同时,京津冀地区生产性服务业发达,具有带动制造业发展的条件和潜力。

本书将产业维度、空间维度相结合,基于产业关联理论、产业集聚理论、产业空间分工理论构建多尺度的空间协同分析框架,探索京津冀生产性服务业与制造业空间协同的规律。为此,本书创新性地采用区域间投入产出模型定量测度区域与城市间的服务流,将产业关联分析与空间自相关分析及空间共同集聚分析相结合,分析不同尺度空间协同的行业类型与典型模式,并根据分析结果提出政策建议。分析结果表明,京津冀生产性服务业与制造业(简称两产业)在不同尺度均存在产业空间分工和产业空间共同集聚两种空间协同模式,主要研究结论如下:

(1)从两产业空间分工来看,在宏观层面存在着北京先进生产性服务业与津冀各类制造业的协同分工,而在微观层面存在着大城市城区先进生产性服务业与郊区技术密集型制造业的协同分工。①北京信息服务业对津冀制造业的需求波及效应较强,而津冀生产性服务业对外省(市)带动作用不强。在推动作用方面,三地道路运输、金融、商务服务业对区域制造业的作用都较强。其中,北京、天津相互之间的经济发展拉动和推动作用较强。分行业看,北京生产性服务业对天津、河北的金属冶炼、化学工业的服务量较大。②分城市看,北京生产性服务业与天津、唐山、石家庄制造业联系最为紧密,津冀各城市对北京的服务需求集中在金融、商务服务业,对北京科技、信息服务业的需求主要来自各市具有发展优势的制造业部门。③区(县)层面,两产业在京津冀大城市的城区与郊区之间存在空间协同,同时影响范围溢出到环京部分区县,如固安县、三河市、广阳区和涿州市等。京津冀主要技术密集型制造业部门如医药、交通运输设备、计算机、通信和其他电子设备制造业与生产性服务业的城郊协同区域仍然主要分布在北京、天津两市内部。

(2)从两产业的共同集聚来看:①从省(市)内两产业协同来看,三地制造业对道路运输、金融业、商务服务业都具有普遍的高投入需求;北京制造业对科技与信息服务业的需求度相对较高。②京津冀区(县)层面生产性服务业与制造业共同集聚水平较低,但存在行业差异;动态来看,金属冶炼、交通设备等制造业与生产性服务业间的共聚程度有所提高。案例分析表明,在产业链的串联下,北京顺义区汽车产业已经形成了整车制造、配套零部件、汽车科技服务、汽车商务、汽车物流等生产+服务的综合性产业集聚区,具有典型性。

(3)基于研究结果,提出相应的政策建议。在省级层面,建议发挥北京科技创新中心作用,加大科技、信息服务业对津冀制造业的投入;建立京津冀三地协调机构和区域间合作机制。在地级城市层面,建议核心城市的服务功能与中小城市生产功能相协调;加快中小城市化进程,依据城市规模合理安排产业发展次序,避免盲目发展生产性服务业;完善城市间利益分配机制。在区县层面,建议强化城区生产性服务业与郊区制造业的空间协同效益,培育创新集群;推进环京区县主动对接,积极融入首都都市圈;延伸产业集聚区产业价值链,促进服务外包与产业间的分工和合作;为中小企业建立公共服务平台等。

本书在撰写过程中得到首都师范大学资源环境与旅游学院申玉铭教授悉心指导,在此表示衷心感谢。

由于时间有限,书中难免有不当之处,希望读者批评指正。

作　者

2024 年 5 月

目　录

第 1 章　绪　论

1.1　研究背景

1.1.1　先进制造业和现代服务业融合

产业互动是现代产业发展的新特征，是社会生产力进步和产业结构高度化的必然趋势。随着云计算、物联网、增材制造、5G、人工智能等先进技术的发展与应用，制造业正发生着深刻变革。服务型制造、混合生产成为制造业变革趋势下替代传统制造模式的先进制造模式。制造业价值链不仅包含加工制造环节，还包括一系列的服务活动（见图 1-1），使得制造价值链得以延长。在制造价值链的上游和下游，独立的生产性服务部门为制造企业提供专业化的服务；在制造价值链的中游，制造企业采纳制造外包等服务性生产活动，实现专业化的生产，以敏捷的、柔性的、高效的、低成本的生产方式迅速适应市场需求的变化（孙林岩等，2007）。随着经济发展阶段和要素资源条件的变化，我国高投入、高消耗、低成本、低价格的经济发展模式难以为继，经济增长亟待由传统的粗放型发展向高质量发展转变（徐建伟和洪群联，2020）。加强生产性服务业与制造业的互动是实现高质量发展的有效路径。生产性服务业有助于促进制造业优化升级，促进产业服务化（任旺兵，2017；任旺兵，2018）。生产性服务业通过将人力资源和知识资本嵌入制造业生产过程中，对制造业生产效率具有提升作用。从企业微观层面看，制造企业通过市场调查、产品设计等专业生产性服务投入可提高制造业产品品质；也可通过金融资本支持、信息和科技服务辅助，促进制造业生产技术和设备的更新升级，从而提高竞争力（顾乃华等，2006a）。

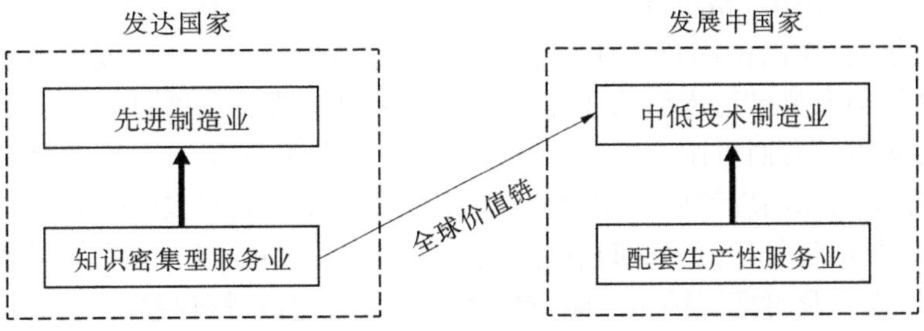

图 1-1　生产性服务业与制造业在全球范围内的空间关系

为推动产业融合，2019 年 11 月，国家发展和改革委员会等 15 个部门联合印发《关于推动先进制造业和现代服务业深度融合发展的实施意见》（发改产业〔2019〕1762 号）提出以下目标：到 2025 年，形成一批创新活跃、效益显著、质量卓越、带动效应突出的深度融合发展企业、平台和示范区，企业生产性服务投入逐步提高，产业生态不断完善，先进制造业和现代服务业融合成为推动制造业高质量发展的重要支撑。

1.1.2 当前中国制造业面临发达国家和其他发展中国家“双向挤压”

当前,中国制造业面临发达国家和其他发展中国家“双向挤压”的严峻挑战,需要加快制造业调整结构、转型升级、提质增效的步伐。制造业是实体经济的主体,是科技创新的主战场,是供给侧结构性改革的重点领域。国际金融危机发生后,吸取经济空心化教训,发达国家纷纷实施“再工业化”战略,德国推出“工业 4.0”战略,美国提出重振美国制造业,日本提出再兴战略,法国开始实施新工业法国计划,欲重塑制造业竞争新优势(周春山等,2013)。这导致发达国家部分中高端制造业回迁,阻碍中国承接中高端制造业;在当前中美贸易战中,美国针对中国高科技企业精准制裁,企图遏制中国制造业向世界高端水平迈进。另外,中国劳动力成本随着经济增长不断上升,已经明显高于印度等一些发展中国家,这些国家积极承接国际劳动密集型产业及资本,侵蚀着中国制造业的成本优势。

面对“双向挤压”,为应对挑战,2015 年 5 月 8 日,国务院发布《中国制造 2025》战略规划,提出实现制造业强国三步走战略目标,并提出诸如提高国家制造业创新能力、推进信息化与工业化深度融合、强化工业基础能力、加强质量品牌建设、全面推行绿色制造、积极发展服务型制造和生产性服务业等战略任务和重点。要实现这些目标,关键在于制造业技术水平与创新能力的提高,而生产性服务业对于制造业技术水平和创新能力的提升有着至关重要的作用(任旺兵,2008)。

1.1.3 探讨迈向后工业化时代的产业布局理论,服务国家战略需求

中国逐步迈向后工业化时代,中国人文地理学者需要基于经济变化和中国特色制度进一步认识“经济”和“空间”。服务业与制造业融合发生在后工业化时代,是产业结构升级的产物。西方国家较早进入后工业化时代,形成了以服务业为主体的国民经济结构,制造业比重虽然较低,但主要是技术密集型产业部门,且与生产性服务业融合程度较高。2012 年,服务业占中国经济的比重首次超过制造业;2015 年,服务业占中国经济的比重持续上升,首次超过 50%,中国进入了服务经济时代。国际产业布局理论前沿一般在西方发达国家,这些国家早已进入后工业化时代。而中国制造业发展具有与西方国家完全不一样的过程,同时具有西方国家没有出现过的问题,对此,中国人文地理学界还缺乏在特有的制度背景下去深刻理解内在蕴含的规律(贺灿飞和朱晟君,2020)。未来如何从工业化阶段向后工业化阶段过渡,如何从制造大国迈向制造强国,新的发展模式将如何重塑中国产业空间。需要及时把握国家战略方向和经济社会建设,探讨新时代产业布局理论。

为弥补传统产业政策的不足,基于“关联法则”研究框架视角,分析中国区域产业发展演化规律,总结中国产业发展与空间布局的规律和预测方法,是今后地理学者开拓的方向之一(贺灿飞和朱晟君,2020)。传统工业地理的劳动地域分工研究认为,区域等级是制定新地域和功能分工的依据,即管理调控、设计和研发职能在大城市地区发展,专业技术制造业在成熟的工业城市和地区发展,“松脚型”的低技术制造业适宜在区域分散化生

产（贺灿飞等,2021）。随着全球化研究的推进,劳动地域分工研究逐渐转向价值链分工,更关注价值链分工、价值链跨域流动与价值分工空间不平等,应借助生产组织、价值流动等方向来理解劳动力空间配置(Smith et al.，2002)。传统产业发展策略仅关注地理邻近的区域,而基于关联法则制定的产业政策充分考虑地方发展条件和区域间协同发展等问题,且抗外部风险能力强,可以为未来中国及各区域产业的中长期发展提供结构性思路。

1.1.4　京津冀产业协同发展面临新形势和新要求

促进京津冀产业协同成为实现区域内循环的重要途径。新形势下,未来的国际竞争可能会出现产业链与产业链的竞争、产业集群与产业集群的竞争。在这种背景下,大城市群率先形成内循环是当前的必选项。京津冀地区是北方经济发展最有活力的地区,是中国参与国际竞争的核心与引擎(陆大道,2009,2015)。亟须通过探索产业协同发展新模式,促进城市群内部产业分工和结构优化,实现城市群内部协调发展,提升城市群整体实力。

当前,京津冀协同发展进入关键时期,对产业协同任务提出新要求,产业协同仍存在现实问题亟待解决。产业协同是京津冀协同发展的内容之一,在新时期要加快突破跨区域机制体制障碍,探索协同创新模式,制定出一批先试先行政策,促进三地产业实现真正的融合,创造产业协同发展的典范。然而,跨区域产业协作的主导力量是市场和企业。实际上,京津冀产业存在两个方面问题。一方面是在京龙头企业的配套布局在津冀地区仅占一成左右,长三角和珠三角地区占到三成左右。另一方面是北京技术输出越过津冀,流向东南沿海地区,说明三地产业链上下协同不足、创新链高效衔接不够❶。为解决实际问题,有必要加强京津冀产业协同研究,为制定产业对接机制、提升北京核心带动能力、增强津冀承接能力、缩小创新水平差异等提供理论与实证分析支持(毛汉英,2017)。

1.1.5　生产性服务业与制造业的空间协同有待探析

分析单元对把握生产性服务业与制造业的空间协同关系具有重要性。随着生产方式从“福特制”转向“后福特制”,生产性服务业逐渐成为主导产业,推动区域经济增长,重构城市体系。有别于西方的是,中国生产性服务业的空间效应需考虑两产业投入产出联系的影响。作为承接发达国家制造业投资的目的地,中国制造业与服务业并行发展。因此,两产业空间关系也应具有独特特征与模式。然而,已有研究仍存在争论,一些学者论证了两产业在同一城市或邻近城市的协同效应(Ke et al.，2014),一些学者则认为制造业集聚对生产性服务业集聚没有影响(陈建军等，2009)。显然,分析单元对科学把握制造业和生产性服务业空间关系具有重要影响(杨帆,2018)。

为科学安排京津冀生产性服务业与制造业空间组织,发挥两产业空间协同对巨型城市区域的塑造作用,有必要从多尺度视角综合分析两产业协同特征、模式、规律与政策启

❶ 北京市人大常委会财政经济办公室. 关于北京市“十四五”时期促进京津冀产业协同发展的调研报告[EB/OL].（2021-1-11）http://www.bjrd.gov.cn/rdzl/rdllysjhk/202003q/202003ztgz/202101/t20210111_2211220.html.

示。生产性服务业作为中国新兴产业部门,带来了深刻的城市化效应,引起了城市体系的重组,城市体系结构的重心逐渐从中小城市转向大城市,并成为巨型城市区域发展的重要机制。同时,两产业在区域层面存在协同效应。鉴于转型期中国区域产业变化剧烈,因此有必要从多尺度分析区域两产业的空间协同规律,以促进区域一体化发展。针对京津冀地区,在省级空间单元,通过分析北京生产性服务业对津冀制造业的产业关联效应,可识别三省(市)关联薄弱的行业部门,以促进区域均衡发展;在城市空间单元,通过分析城市群规模不同城市间的产业分工与协作,促进中心城市多样化集聚效应的空间溢出;在区(县)空间单元,通过分析与识别首都都市圈中心区和外围产业集聚区(县)互动的空间范围与行业部门,为引导北京城区与产业新城协作、北京城市副中心与固安等环京区(县)一体发展等提供政策参考。

1.2 国内外研究进展

随着生产信息化的加深,知识替代实物资源成为最重要的经济投入要素,作为中间投入的生产性服务业正全面地融入制造业的生产链中(Coffey et al. ,1991; Daniels et al. ,2002)。生产性服务业(包含知识密集型服务业)既是创新要素的生产者,也是创新要素的传递者(Shearmur et al. ,2019),是制造业从外部获取知识和技术的重要途径(Bryson J R et al. ,2007)。KIBS 扮演着中小型制造业企业的知识中介、终端客户与生产者的中间人、售后服务的整合者等多种角色(Liu et al. ,2019)。生产性服务业促进制造业效率提升作用也得到广泛证实(Macpherson,1997; Shearmur et al. ,2015a; Golara et al. ,2021; 顾乃华,2010; 顾乃华等,2006b; 郭怀英,2008; 江静等,2007; 刘明宇等,2010; 陆剑宝等,2012; 宣烨等,2014; 喻春娇等,2012)。鉴于二者具有产业投入产出关系(曹毅等,2009; 程大中,2006; 李博等,2012; 刘书瀚等,2010; 申玉铭等,2007; 喻春娇等,2010),两产业空间协同成为服务业地理的重要研究议题(Beyers W B,1992; 马风华等,2008; 陈建军等,2011a; 邱灵等,2007),已有研究较为薄弱且存在争议(马风华等,2008)。因此,后续对两产业空间协同的两个维度产业关联、空间关系相关文献进行梳理与总结。

1.2.1 生产性服务业与制造业产业关联研究

1.2.1.1 生产性服务业与制造业产业关联特征

由于国外先进入服务化经济阶段,且较早编制投入产出表,相关研究在国外率先开展。利用各国的投入产出表,学者们对国外生产性服务业与制造业的投入关系进行比较研究(方远平等,2013)。富克斯(1987)通过研究美国 1947—1958 年的投入产出表,发现主要服务行业分配给制造业的投入比重都提高了,其中金融、商务服务等生产性服务业提高得最快。对经合组织国家的相关分析发现,制造业是对生产性服务业的主要需求部门(Guerrieri and Meliciani,2004)。庞德良(2016)对日本历史上 4 个年份的两产业联动分析结果表明,制造业对生产性服务业的中间需求出现结构变化,中高技术制造业替代资源和劳动密集型制造业成为需求主体。

21 世纪以来,随着我国服务业的持续发展,一些学者利用投入产出表对中国及主要城市的两大行业的产业关联特征做了详细分析。初期,由于中国制造业比重相对较高,相关研究主要集中在生产性服务业对制造业提升作用、关联程度国际比较等方面。申玉铭等(2007)发现,中国生产性服务业对国民经济的推动作用倾向大于各行业受其他行业的需求拉动作用。程大中(2008)比较中国与经合组织国家2000年投入产出数据发现,与英国、美国等国相比,中国制造业服务性投入消耗相对较小。随后,学者们开始关注两产业,细分行业间的关联差异、互动融合问题。曹毅(2009)对天津市的分析表明,生产性服务业对技术和资源密集型制造业的中间投入分别趋于上升和下降。李博(2012)对大连市的分析发现,中技术型制造业、高技术型制造业与生产性服务业具有正反馈互动机制。楚明钦(2015)研究发现,上海装备制造业对信息与商务服务等的中间需求比较高,以金属制品、仪器仪表业最为突出。

单个国家或地区投入产出分析表除被用于分析地区内产业关联外,也可被用来分析对外产业联系。为此,李江帆和陈泽鹏(2012)提出产品流概念。他们构建了"服务业外向度""服务输出依存度""服务业生产对输出需求的最终依赖度"等评价指标。但是,该方法无法揭示生产性服务业输出与输入地区制造业的对应关系特征。

区域间投入产出表可弥补这一缺点。该研究方法自艾萨德提出以来得到不断的发展,并得到广泛应用(石敏俊等,2012)。利用中国省(区)间投入产出表数据,学者利用该方法的研究主要聚焦于中国省(区)间产业内贸易(张卓颖和石敏俊,2011)、川渝之间产业关联强度测算(韩斌等,2008)、三大最终需求在京津冀之间的影响(吴三忙等,2016)、中国东中西三大地带间的产业关联效应(吴福象和朱蕾,2010)、区域间产业转移(刘新争,2016; 刘红光等,2011)、会展业的省际经济影响(李铁成和刘力,2014)等方面。目前尚未有文献分析两产业区域间的产品贸易。尽管李宵和申玉铭等(2018)通过编制129个行业部门的京津冀区域间投入产出表,并从地区影响力系数、感应度系数方面分析了京津冀地区间生产性服务业产业关联特征,然而该研究没有直接揭示生产性服务业对制造业的投入与关联情况,相关研究有待补充。

1.2.1.2 生产性服务业提升制造业的竞争力

生产性服务业的应用对制造业具有提升作用。Macpherson等(1997)发现生产性服务业外包使用与制造企业创新发展呈正相关,其中技术咨询服务业对制造业企业,尤其是对技术密集型行业的产品开发具有重要作用。陈宪和黄建锋(2004)利用我国1997年投入产出表分析发现,生产者服务业对于制造业生产效率起了重要作用。生产性服务业不仅可提高本地制造业效率,还可通过对外输出带动外部地区制造业的效率提升,促进地区经济增长(Illeris,2005)。

一方面,生产性服务业投入促进本地制造业竞争力的提升(刘胜和陈秀英,2019)。近年来,区域两产业地域服务化成为西方学者关注的热点(Gomes et al., 2019)。地域服务化是指通过建立两产业的密切联系促进区域复兴。Lafuente等(2017)最早提出该概念,其对西班牙2006—2012年17个地区的实证分析发现,地区新成立知识密集型服务业企业与新成立制造业企业具有相互促进的关系。人文地理学国际学术期刊"regional studies"围绕该主题推出一期专刊,探讨在区域层面西方国家地域服务化与制造业复兴的关系(Lafuente et al.,2019)。Sforzi等(2019)对1991年、2001年、2011年西班牙和意大利的比较分析发现,意大利马歇尔式产业区之所以有更好的效益,与相对更高的知识密集型服务业增长有关。学者对欧盟2012—2014年121个地区的OLS回归分析发现,本地技术型KIBS企业的比重与制造业生产率具有正相关性,表明技术型KIBS对区域制造业创新具有促进作用(Vaillant et al. ,2019)。

国内学者持续关注生产性服务业对制造业的提升作用,并注重行业与地域异质性研究。江静(2007)通过细分行业的模型,表明生产性服务业增长促进了制造业整体效率提升,但存在行业差异性;其中物流服务业对劳动密集型制造业影响最明显,而资本密集型制造业在很大程度上受到金融保险业影响,科技服务业对技术密集型制造业影响最大。顾乃华(2010)利用城市面板模型得出借助服务外包,工业企业可整合自身价值链并能够提高获利效率的结论。喻春娇等(2012)对武汉城市圈的计量分析也验证了生产性服务业对制造业效率的提升作用。刘叶和刘伯凡(2016)注意到两产业协同集聚对制造业效率提升作用在不同城市群存在差异。中国台湾学者胡太山对新竹工业园的案例研究发现,知识密集型服务业为园区内高技术制造业提供专业服务,促进了后者创新发展,并逐渐成为其知识和技术的主要来源(Hu T,2017; Hu T et al. ,2013)。

另一方面,生产性服务业投入促进外围地区制造业升级。徐雨森等(2011)以江沪浙三地投入产出数据为基础,对长三角地区分析表明,上海生产性服务业的"中心效应"拉动了整个区域的经济功能;陈晓峰(2016)得出类似结论。周孝等(2016)以北京市、天津市、河北省2012年投入产出表为基础,通过测算生产诱发系数、感应度、影响力等指标,间接分析北京生产性服务业集聚与区域协同发展之间的相互关系,发现北京生产性服务业的集聚发展有利于提高津冀两地制造业的发展水平。杨帆等(2018)基于2008年全国经济普查数据,利用OLS方法实证分析发现,生产性服务业不仅促进了本城市制造业效率的提高,而且提高了500~1 000 km内城市的制造业生产率。

1.2.2 生产性服务业与制造业空间关系研究

国外学者较早开展相关研究,近年来对两产业的空间关系研究主要集中在发展中国家,仍还存在争论(Yeh,et al. , 2017; 杨帆,2018)。

1.2.2.1 在全球范围内,发达国家与发展中国家之间存在层级协作

从全球范围来看,生产性服务业与制造业空间关系(见图1-3)表现在两个方面。一方面,两产业远距离跨国协作。生产性服务业高度集中在全球城市(Sassen,2013)、世界城市(Dicken,2007),知识密集型服务业通常集中在大都市区,特别是首都地区(Vence Deza et al. ,2014; 薛德升和邹小华,2018);而中低端制造业如纺织服装业,以及汽车、半导体产业的装配环节持续转移到发展中国家(Dicken,2003;朱晟群等,2022)。在跨国公司的推动下,二者通过全球生产网络和全球价值链远距离地开展跨国生产协作(Henderson et al. , 2002; Coe et al. , 2004; Neilson et al. , 2014;李玮等,2021)。另一方面,具有关联的两产业在国家层面实现地理邻近,发展中国家和发达国家存在差异(冯鹏飞,2017)。发展中国家接收发达国家中低技术制造业转移,主要是带动配套服务业协同布局。Raff和Von(2001)基于制造业和生产性服务业外商直接投资的空间分布研究发现,美国生产性服务FDI通常都追随制造业的FDI。东南亚国家电子信息代工制造与航空货

运服务业呈协同分布趋势(Bowen et al. ,2003; Bowen et al. ,2006; Leinbach et al. ,2004);而在发达国家,知识密集型服务业与高技术制造业相互促进发展(任皓等,2017)。甚至一些普通制造业也可以生存下来。如英格兰中部地区珠宝和锁具产业,依靠本地专业设计服务等生产性服务的支持得以在激烈国际竞争中幸存并延续(Bryson et al. ,2010)。在2008年经济危机之后,西方一些学者认识到制造业空心化的危险,针对制造业回流现象开展了理论和实证研究(Bailey and De Propris, 2014; Vanchan et al. , 2018; Lund and Steen, 2020)。主张再工业化的西方学者认为,二三产业融合是西方国家保持竞争力的重要方面,而完全将制造业外包可能面临着高端生产性服务业随之丧失的危险(Bryson et al. ,2013; 加里·皮萨诺等,2014)。

1.2.2.2 在国家范围内,大城市是生产性服务供给网络中心和枢纽

特大城市与大城市在生产性服务业对全国制造业服务投入中起着主导作用(见图1-2)。这是因为在全国范围内,生产性服务业具有高度的空间集聚性(李江帆等,2004; 申玉铭等,2009),主要集聚在特大城市与大城市(Shearmur et al. ,2002; Shearmur et al. ,2008a; 杨帆等,2013;申玉铭等,2015)。国家范围内核心城市可以忽略空间摩擦,远距离地对外为制造业提供服务。相关研究分析发现,这种空间互动更多地发生在国家级城市,少数的互动发生在技术先进制造业与高端生产性服务业部门之间(Esparza et al. ,1994; Rusten et al. ,2005)。已有研究表明,生产性服务业对制造业的国家服务网络形成了以超大城市为核心的结构。Schwartz (1993)利用1991年美国企业金融蓝皮书资料,对美国全国范围内都市区企业与其包括的审计、保险、银行、精算咨询等生产性服务提供者的空间关系发现,小都市区的企业倾向于同大都市区的生产性服务业产生联系,且与企业规模呈正比。其他发达国家情况类似(Shearmu et al. ,2008b)。对于发展中国家,如巴西,在全球化时代,尽管其边缘城市可直接获取国外生产性服务业,然而总体上国家核心城市仍然是生产性服务业的主要提供者(Rossi et al. ,2007)。王宝平等(2014)借鉴GaWC的连锁网络模型,分析了电子信息制造上市公司和为其服务的会计、法律、金融服务企业的空间关系;研究发现,在会计类、法律类服务业网络中,北京、上海的联系范围分别是全国性和仅限长三角范围,而深圳、杭州、南京等服务范围局限在本省。潘峰华等(2017,2018)的相关研究得到类似结论。

1.2.2.3 在区域范围内,城市体系内存在等级分层的供给需求关系

在国家区域范围内,相关研究发现,生产性服务业与制造业空间关系受地理距离影响,往往形成等级分层的供给需求关系体系(Esparza et al,1994)(见图1-3)。Esparza 等(1994)基于生产性服务业供给视角,通过对263家商务服务业(会计、广告、计算机、工程及建筑、管理及公共关系服务五大类)企业电话问卷调查分析,发现在区域城市体系内对外服务量呈等级化分布,即服务强度与距离成反比,因此区域的核心城市——芝加哥大都市地区的服务业自给率比较高。Macpherson(1991)对加拿大多伦多市和美国布法罗市医疗器械和化学制品制造企业的调查表明,小城市可获取的外部服务范围明显更小。

此外,由于小型制造企业在获得外部服务时总存在困难(Macpherson A, 1991a, 1991b),早期学者通常更加关注小型制造企业与生产性服务供应者的空间关系问题。

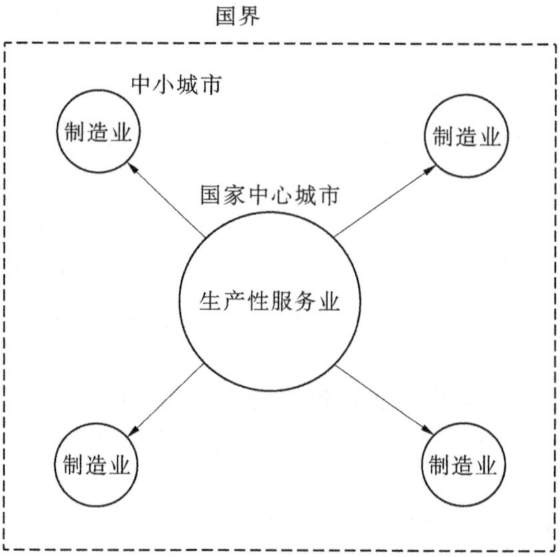

图 1-2　生产性服务业与制造业在国家范围内的空间关系

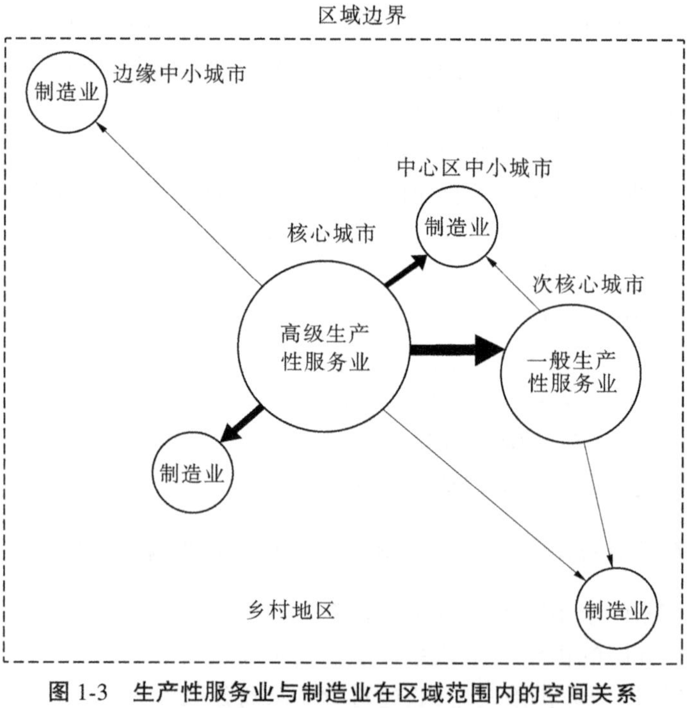

图 1-3　生产性服务业与制造业在区域范围内的空间关系

Macpherson 等(1997)通过问卷和访谈以及计量方法,对美国纽约州四类(家具、科学仪器、合金、电子信息产品制造)中小制造企业的服务业外包使用与创新关系的系列研究发现:在 20 世纪 90 年代初,由于面对面传递服务约束,制造企业的生产性服务业外包选择空间范围限于本县内;当时尽管出现了先进的通信系统,使得边缘地区的制造企业可以到达服务密集区(纽约市),但相对位置可能仍然是制造企业获取创新支持服务的影响因素;因此与邻近纽约都市核心区的同行相比,外围边缘地区的中小制造企业处于劣势

(Macpherson,1997; Makun et al.,1997)。

同一时期,英国学者的研究得出类似结论。1997年对英国中小企业的一项大型问卷调查表明,对专业化的生产性服务业提供者(如会计师、律师)的高度信任决定供需关系的建立,而信任关系又受社交圈地理范围限制(Bennett et al.,1999)。Bennett的调查表明,大部分的外包服务商位于制造企业10 km范围内,几乎所有供应商都限于50 km范围内;Bennett通过空间互动模型的分析发现,中小制造企业在选择商业服务时,优先考虑大的商业服务中心(城市)。因此,除距离外,商务服务提供者的空间结构也对二者的空间关系产生影响,农村和边缘地区的中小制造业企业由于距商务服务中心较远,需要得到更多的政策支持(Bennet et al.,2000)。

另外,区域内生产性服务业对制造业的服务存在距离衰减效应。Shearmur等(2015a)基于知识密集型服务距离与产业创新效率关系的视角,对加拿大魁北克省制造企业KIBS使用的研究表明:与创新越相关的KIBS(如科技服务),越倾向于由蒙特利尔(首位城市)向其他城市提供;而那些与创新不相关的行业,倾向于由本地提供;还发现了距离保护效应,即距大城市越近的地区,其KIBS自给率越低。他认为制造业的创新服务应遵从克里斯泰勒的层次等级模式,位于低等级中心地或腹地的企业倾向于从高级中心地获得相应服务(但管理创新相关服务除外)(Shearmur et al.,2015b)。

中国次国家区域内生产性服务业与制造业的空间关系研究文献相对较多。虽然有学者发现中部省份物流业与制造业有明显的协同集聚(朱慧等,2015),但大多研究主要集中在城市群所在地区,并认为两产业的协调明显提升区域制造业竞争力(杜传忠等,2013)。因此,研究主题主要围绕中心城市生产性服务业与区域制造业的关系展开。在珠三角地区,阎小培等(1999)研究表明,广州多数生产性服务业主要为广东省服务,这一结论与广州生产性服务业外向功能研究结论一致(钟韵等,2010)。闫小培等(2005)对广州市2003年104家生产性服务机构的抽样问卷调查研究表明,80%的客户位于广东省内,其中广州市内占比最高(30%),其次是珠三角(25%)。Yeh等(2015)利用广州、深圳、东莞1 020个生产性服务业企业的问卷数据(2011—2012年),对比分析由生产性服务业"行业内部"与由生产性服务业企业和其客户所形成的"行业间"的城市网络,发现后者所形成的网络更具等级性。在长三角地区,高传胜和刘志彪(2005)较早关注到上海市生产性服务业与长三角制造业区域协同的重要性。徐雨森等(2011)以江、沪、浙三地投入产出数据为基础,分析表明,长三角地区生产性服务业中心上海促进了苏浙制造业的发展。方田红(2015)分析发现,以中小企业为主的上海工业设计企业的主要客户除位于上海市内外,江浙所占比例最大,且主要是民营制造业企业。

与长三角、珠三角相比,京津冀地区由于一体化进展较慢,所以相关研究起步较晚。直到京津冀协同发展战略在2014年成为国家级战略后,相关研究逐步增多(方创琳,2017;李国平,2017)。李宁(2017)使用耦合协调度模型,对京津冀2010—2015年两产业协同发展程度实证分析,表明北京与天津在新兴生产性服务业与先进制造业间的产业协调度相对较高;但河北省与北京市的两产业协调度较低。席强敏等(2017)利用2008年第二次经济普查数据和2007年投入产出表数据,对京津冀地区生产性服务业7个部门和制造业17个部门之间的空间协同集聚度研究发现,两产业空间协同集聚度较低,只有资本密集型制造业与生产性服务业的产业关联和空间邻近关系较为紧密。基于相同研究方法，赵景华等（2018）对 2012 年京津冀地区两产业关联与空间协同集聚研究表明，两大产业细分行业的产业关联不够紧密，且大部分组合间空间不邻近。曾春水等（2018）对京津冀地区城市职能研究表明，生产性服务业核心北京和制造业占比高的河北、天津，形成了中心外围的二三产业空间分布格局。

1.2.2.4 在城市（行政区）内，生产性服务业与制造业是否共聚还存在争论

一些学者论证二者倾向共聚并具有协同效应（Ke et al.，2014），另一些学者则持相反观点（陈建军等，2009）。

（1）一些研究结果表明，生产性服务业与制造业倾向于协同集聚（也有学者用共同集聚、协同分布指代）于城市，且具有行业异质性。Andersson（2004）最早建立产业关联的联立方程模型，研究瑞典功能区制造业客户与生产性服务业的空间分布协同关系。借鉴 Andersson 的建模思路，诸多学者验证了两产业在中国城市层面的空间协同关系。陈建军等（2011）利用就业密度指标，通过建立联立方程，对浙江省 69 个城市和地区的研究发现，两产业间存在协同分布关系，但是发现制造业对生产性服务业区位的影响大于受后者影响的程度，与 Adersson 的结论一致。陈娜等（2013）同样利用城市就业密度指标，通过建立联立方程模型，验证了两产业集聚之间存在空间分布协同效应。Vanchan 对美国 85 家工业设计服务业企业的调查研究结果显示，64.7%的客户位于本地区，说明其主要服务于本地区的制造业，并且这一态势具有一定的稳定性（Vanchan V，2007；Vanchan V et al.，2008）。这导致了美国产业设计服务业的地理分布有着明显的专业化差异，比如汽车产业重地底特律 76%的设计公司为汽车产业服务，而航空产业发达的旧金山一半的设计公司为航空产业服务（Macpherson A D et al.，2010）。

国内外研究表明，不同产业部门具有异质性，高技术制造业与生产性服务业具有较高的协同集聚水平（Andersson M，2006；Gallego J et al.，2015）。陈国亮等（2012）利用 2004—2009 年《中国劳动统计年鉴》就业数据，通过计算共同集聚指数以及建立空间计量模型，对中国 212 个城市的两产业空间关系做了分析。研究结果表明，中国生产性服务业与资本密集型和技术密集型制造业在地级及以上城市表现出越来越高的共同集聚度，且产业关联起促进作用（陈国亮等，2012）。另外，有学者利用 2004—2009 年《中国城市统计年鉴》分行业就业数据，通过固定效应工具变量法的分析得出类似结论（Ke S et al.，2014）。对京津冀 13 个城市，2005—2017 年知识密集型服务业发展的空间格局与关联特征的相关研究表明，制造业集聚度和产业结构高级化对城市知识密集型服务业发展具有显著的促进作用（梁志霞等，2020）。

另外，发展水平较高的城市倾向于同时集聚高端服务业和高技术制造业（陈娜等，2013；王硕等，2012）。王海江等（2014）对分行业的中国城市两产业空间关系分析表明，金融业、科学、信息服务业与制造业只在区域中心城市较强相关。袁志刚和高虹（2015）实证分析了 2003—2012 年中国地级城市两产业的发展关系，发现城镇化和城市规模达到一定程度时，制造业增长才会明显地促进服务业扩张。李仙德（2016）通过分析上海产业网络认为，放弃对制造业科技创新能力的关注，采用退二进三、服务优先的产业政策是不可取的，并建议上海加强两产业的融合发展。Hu et al.（2019）基于演化经济地理学理论，从两产业技术关联视角,利用2008年和2013年两次经济普查数据,分析了中国地级市的产业发展路径。Hu et al.(2019)研究发现,服务业对区域经济具有和制造业同等重要的作用,二者的良性互动对经济具有推动作用;中国产业空间出现两个地区——经济发达地区(经济以高端服务业和高技术制造业为主)和经济欠发达地区(经济以低端服务业和制造业为主)。

(2)也有相关研究结果表明,生产性服务业与制造业在城市空间单元上不一定存在协同集聚。陈国亮(2016)对长三角地区城市与区(县)1994—2014年的实证研究发现,在网络经济下,两产业因争夺资源而出现"挤出效应",呈现出空间非一体化趋势。叶嘉安等基于2008年第二次经济普查数据、2007年广东省投入产出表等数据,利用共同集聚指数、投入产出分析和区位熵等方法,发现广东省两产业在地级市和区(县)两个尺度均不存在空间共聚趋势(Yeh et al.,2017)。De Propris等(2014)基于英国NUTS-2空间单元2010—2015年行业就业数据,分析发现,无论是高技术密集型制造业还是低技术密集型制造业均与KIBS不存在共同集聚;总体上,城市地区更多地集聚着KIBS而非城市地区集聚着大部分的高中技术密集型制造业。于诚等(2014)利用投入产出分析法和计量模型,发现上海市两产业在空间上是可分的。席强敏等(2017)基于经济普查数据和投入产出表数据,利用共同集聚指数和投入产出分析法,发现京津冀地区城市两产业共同集聚度较低。

Duranton等(2005)认为,城市产业分工已经开始让位于基于行业内企业价值链的城市功能分工。由于运输成本的差异,高端服务和管理功能越来越集中于大城市,而生产及辅助服务活动集中于中小城市。因此,在功能分工视角下,大城市将集聚着制造业公司总部和高端生产性服务业,中小城市则吸引着制造业企业的生产分支部门以及一般生产性服务企业。实证分析表明,在荷兰鹿特丹市,知识密集型服务企业倾向于集聚在跨国公司等大公司总部周边(Jacobs et al,2014)。Schiller利用《金融时报》对外投资数据库中2003—2011年跨国公司在珠三角相关数据,综合利用定量和定性分析方法,发现在粤港澳地区,外资企业形成了高端生产性服务功能在香港,中低端生产性服务环节在广州、深圳,而制造活动在珠江东岸和西岸地区的空间格局(Schiller et al.,2015)。随着广州、深圳中心城区生产性服务活动的饱和,其近郊以及东莞、佛山等地成为生产性服务活动的增长中心,而制造业活动向珠三角边缘地区转移(Feng et al., 2020,2022)。对德国各类职业人员空间变化格局的分析表明,与制造活动相关的KIBS就业人员倾向于集中在中小城市(Growe,2016),与生产活动不相关的KIBS就业人员倾向于集中在大城市。有研究发现,在京津冀形成了北京主要承担研发、管理等功能,外围城市主要集中制造活动的"中心—外围"空间布局(冯剑,2018)。因此,区域内多区位制造业企业(总部、生产、研究各环节布局在不同地方)的繁荣将导致两产业在不同等级城市之间形成空间分工。

已有关于城市生产性服务业与制造业空间关系的争论所基于的空间单元往往是"城市行政区",而非"城市聚落实体"。因此,两产业空间关系有待深入城市内部。

1.2.2.5 在大城市内部,郊区制造业的金融、商务等服务需求主要由中心城区满足

生产性服务业在城市内部倾向于集中在城市核心区(Coffey等,2002;邱灵等,2013;

申玉铭等,2009；阎小培,1998；赵群毅,2007)。西方国家城市生产性服务业较早出现了郊区化,尤其是大的都市区(HUallacháin B Ó et al. ,1992)。以美国凤凰城为例,规模较大的生产性服务业企业主要分布在城市核心区,而小型的生产性服务业企业分散到了次中心区或者小城市(HUallacháin B Ó et al. ,2007)。1971—1981 年,英国伦敦地区也出现类似情况(Marshall J N et al. ,1987)。Waiengnier(2020)利用 2014 年比利时布鲁塞尔都市区企业注册数据,通过计算基尼系数和时空距离,分析该区域高级生产性服务业地理分布,发现金融服务业集中分布在市中心,而会计服务业集中度较低,除大型企业外,主要分布在郊区;法律服务业更加分散,与本地市场联系更紧密。

郊区与市中心生产性服务业的服务范围存在显著差别(见图 1-4)。Schwartz 对美国纽约、芝加哥、洛杉矶三大都市区的企业外包金融和专业服务研究发现,郊区/卫星城的企业较少使用邻近的生产性服务商,反而对市中心的生产性服务业依赖程度较高,并且企业规模越大,这种趋势越明显(Schwartz,1992)。Lüthi 通过问卷调查,获取了 258 家具有高级生产性服务企业和高技术制造业企业的价值链关系数据,分析结果表明,在慕尼黑多中心城市化区域,形成了以大慕尼黑地区为中心的本地化价值链空间体系(Lüthi et al. ,2010)。而郊区生产性服务业企业服务范围有限,通常仅为本地中小型企业提供常规性、经常性的服务(Shearmur, 2002)。加拿大埃德特蒙顿市生产性服务业公司的区位与其发展阶段以及是否出口服务相关,出口的企业集中在 CBD 以及内城,而不出口的企业集中在郊区的产业园中(Michalak, 1993)。

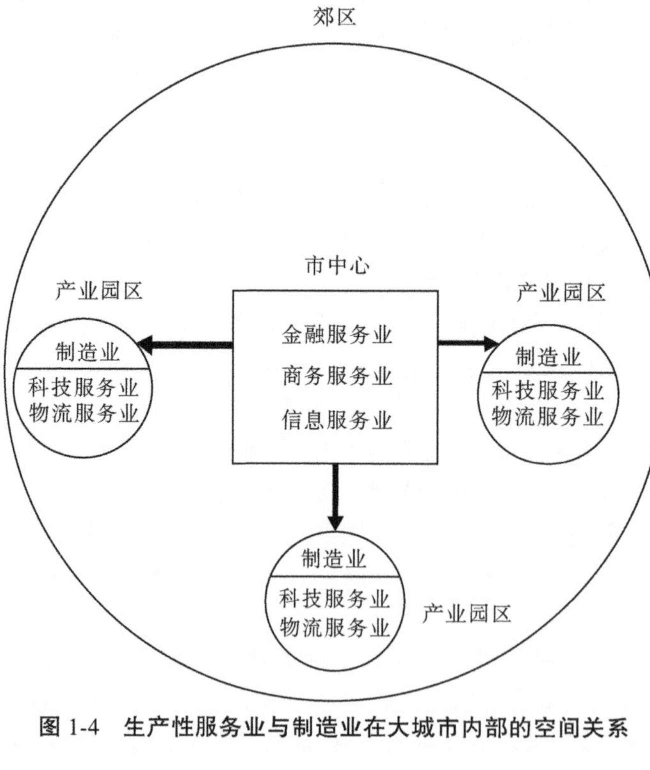

图 1-4 生产性服务业与制造业在大城市内部的空间关系

与商务、金融业服务业不同,技术密集型服务业倾向于追随制造业生产环节的区位。高技术产业园区的健康发展通常离不开生产性服务业的支持与中介作用,特别是知识密集型服务业(王缉慈,2012)。Airoldi 对意大利米兰生产性服务业区位选择的研究发现,技术类服务业在区位上倾向于追随制造业布局(Airoldi et al. ,1997)。法国一些专门性咨询企业,如工程咨询、科研机构则集中在市郊的开发区等,以方便接近客户,体现出郊区化的现象(Shearmur R et al. ,2002)。Andreoni 等(2012)持类似观点,认为在与生产技术关联密切的服务业,需要与制造业邻近分布,并分析了新加坡航空产业园内航空制造业和航空维修服务业共聚的案例。陈菁菁运用莫兰指数、M 函数对杭州市做了实证分析,结果表明金融业与制造业空间邻近性较弱,而商务、计算机服务业等与制造业协同集聚水平最强。一些研究表明,产业集群中科技服务业对制造业的支撑有待提高。梁琦、陆剑宝通过对广东和山西共四个中小城市传统制造业产业集群企业的问卷和访谈调查发现:产业集群企业只充分地使用物流服务业,而对科技服务业使用严重不足。李善同等(2008)对浙江传统产业集群的生产性服务需求和供给状态做了问卷调查和访谈,研究发现,生产性服务业滞后限制了制造业升级。李江帆对广东佛山南海区生产性服务业供求状况调查表明,工业企业存在内化生产服务的现象,对本地生产性服务业的满意度普遍不高。

城市内部高技术制造业倾向于与生产性服务业空间邻近。基于共同集聚指数和 2008 年经济普查数据,席强敏对天津市街道空间单元的分析发现,资本和技术密集型制造业部门趋向于与生产性服务业共聚,而劳动密集型和能源依赖型制造业则相反。江曼琦利用同样的方法和相关数据,对上海市区(县)空间单元的研究表明,技术密集型制造业同信息、商务、科技服务业的共同集聚度较高。袁丰 2001 年基本单位普查和 2008 年经济普查数据,通过核密度方法分析南京市各行业企业空间分布发现,两产业在城市郊区产业园区出现共同集聚(Yuan F et al. ,2017)。而冯鹏飞根据 2008 年和 2013 年北京经济普查数据,利用共同集聚指数和双变量空间自相关分析法,同样以街区为空间单元,发现电子信息制造业和科技、信息服务业具有相对较高的共同集聚水平,且集聚在近郊产业园区内(冯鹏飞和申玉铭,2017;冯鹏飞等,2019)。林晓等运用核密度估计和空间 Tobit 模型分析方法,对上海市街区单元 2005 年、2015 年风险投资企业(属于知识密集型服务业)空间分布与地理邻近性进行分析,结果表明,中外资企业均表现出邻近高技术制造业的分布特征(林晓等,2019)。广州的制造业与生产性服务业布局具有空间相似性,其中科技服务业与制造业的空间相似性最强,金融业与制造业的空间相似性最弱(钟韵等, 2021)。

然而,由于制造业集聚与服务业集聚的特征和动因具有较大差异(刘周洋等, 2009),即使是一些高技术制造业,在空间上与生产性服务业也呈分离格局。如上海医药制造业和咨询行业分布倾向于向城区外围和城区中心布局,二者在空间上呈错位发展(李煜,2017)。类似地,北京汽车制造业与企业管理服务业具有不同微观区位选址(李佳洺等,2018)。公维民等(2021)发现兰州两产业在空间上存在关联的同时具有一定的可分性。基于产业关联-空间关系双重视角,邱灵等(2008)、胡丹(2009)利用北京市 2001 年第二次基本单位普查街区就业数据,通过计算地理联系率指数,发现电子信息制造业与其高投入的部分生产性服务业的空间分布一致性较弱。左双双(2011)对天津滨海新区内电子信息制造业和配套的商务服务业的协同集聚性分析表明,二者产业关联以及空间分布一致性均较差。

1.2.2.6 **影响因素主要有企业规模、行业类型、政府与市场、技术条件等**

国内外学者从企业规模、行业类型、政府与市场、技术条件等多维视角分析了影响生产性服务业与制造业空间关系的因素。

企业规模越大受空间约束越小。从制造业企业角度来看,大型制造企业可远距离获取生产性服务,而中小型企业倾向于从本地或邻近地区获得生产性服务。Bryson(1998)基于社会学家格兰维尼特"强联系""弱联系"的概念,对英国制造企业获取外部知识和技术服务的路径研究发现,大多数中小企业只能通过"强联系"从本地获取服务,而无法通过"弱联系"在更大的空间范围内寻找外部服务商;他进一步指出只有大型制造业企业有能力不顾空间摩擦,在全国乃至全世界选择最合适的生产性服务业;而对于大多数中小企业,尤其是对微型企业来说,它们自身经济实力、社会关系的原因往往在本地选择生产性服务业。又如威尔士的大部分本地制造业企业获得商务服务是通过个人联系或者是银行、会计师、委员会的推荐(Hitchens et al.,1994),往往局限于一定地域(Bryson et al.,1998; Macpherson,1997; O'Farrell et al.,1990)。

生产性服务业企业规模对其服务范围的影响,需要根据服务性质和行业类型来定。如大型的产业设计企业的服务半径更大,甚至可提供出口服务,而小型的产业设计企业通常为本地提供服务(Macpherson et al.,2010)。对于法律等特定行业,由于那些大型的跨国 APS 公司精力有限而通常仅提供标准化服务,地方小型服务企业更加了解本地具体情况,可以满足制造业企业的定制个性化服务需求(Rusten et al.,2005; Hanssens et al.,2012)。因此,偏远地区中小城市的制造企业倾向于使用本地服务。

生产性服务业行业类型影响到与制造业的空间关系选择。前文分析表明,同劳动密集型制造业相比,通常技术密集型制造业对生产性服务业的中间需求较高,与生产性服务业具有较强的空间邻近性。同样,从生产性服务业角度看,服务性质的差异也会影响不同尺度下的空间关系。Illeris 综合丹麦区际投入产出表、问卷数据和访谈资料,依据生产性服务的性质将生产性服务业企业与制造业企业的城际/区际空间关系归纳为三种类型:①后台办公室类,对客户无空间依赖,所提供的服务通常是标准化的、常规的,可通过电子化手段远距离地向客户提供服务,无须面对面的沟通。②不复杂的、定制化的服务(典型的服务类型包括为小型企业提供的一站式计算机服务、一般技术咨询服务,以及律师、会计、银行等服务),为形成供需双方信任关系,需要与客户邻近分布(通常为 50~100 km)。③提供高度专业化的服务(如新软件或工业产品开发、复杂技术咨询、研发咨询、专业金融服务,以及与跨国公司总部相关的管理服务)相关企业,对其客户无空间依赖,由于附加值高,可以忽略长途旅行的成本(Illeris,1994)。

Illeris 提出的第三种类型具有代表性,得到其他学者的验证。利用空间生存函数分析表明,芝加哥不同类服务业部门的供需空间关系在美国城市体系中的空间分布具有差异性,其中计算机服务业具有较大服务半径(Esparza et al.,1994),验证了 Illeris 的第三种类型。Hanssens(2012)基于分析区域和全球因素对生产性服务业采购的影响差异，对比利时根特市汽车工业企业的问卷和访谈研究发现，由于本地生产性服务企业相对于全球企业来说更加了解地方的具体情况，因此法律、保险等服务需要从当地获取；而金融贷款服务、专业性会计、广告服务倾向于由高等级服务中心地城市提供。Gallego 基于分析不同技术密集水平的 KIBS 与制造业空间邻近差异，对欧洲 2000—2007 年 NUTS-2 空间单元 KIBS 专业化水平空间变化及影响因素的实证分析发现，与技术型的 KIBS 相比，市场型的 KIBS 更易于远距离地为制造业企业提供服务(Gallego J et al.,2015)。

事实上，市场型的知识密集型服务业内部也存在异质性。Kautonen(2010)基于地方管道-全球蜂鸣理论，认为芬兰中小企业所使用的本地 KIBS 提供的通常是一般性、例行性的服务(广告、市场、营销通信和媒体)；大部分的公司倾向于同本地客户建立联系，尽管这种联系不是基于亲密关系，并且所提供的服务也是非创新性、常规的；该研究发现，市场型知识密集型服务业在地方的尺度上是常规服务的提供者，同时扮演着知识中介和全球“管道”的角色。

在城市或都市圈尺度内，基于不同分析角度，学者进一步识别了两产业空间关系的行业差异。美国学者 Goe 基于供需双方联系频率的视角，将生产性服务划分为两类，第一类包括研究与开发、产业设计、管理咨询、生产工程服务等，第二类包括数据处理、产品测试、设备维修、软件咨询等。研究发现，在美国纽约州各都市区，第二类服务因需要经常性面对面的接触，中小制造业企业使用者通常会选择本都市区的供应商(Goe et al.,2000)。Billings 在研究美国丹佛大都市区产业共同集聚时发现，制造业和商务服务业四位数行业组合中仅有 12%是显著共同集聚的(Billings,2016)。中国会计师事务所的空间分布不遵从市场客户的分布而主要受注册会计师数量、通信交通条件等影响(李碧花,2014)。可能原因在于部分生产性服务业的客户不仅包含制造业，还包含其自身(Juleff-Tranter,1996；李江帆等,2014a,2014b)。钟韵等(2015)利用经济增长模型，对 1995—2012 年上海与苏州产业关系研究发现，上海科研技术服务业与苏州制造业互动最明显，而金融业则最不明显。李宵等(2018)基于北京市、天津市、河北省 2007 年与 2012 年的投入产出表，运用 MRIO 模型，编制了京津冀区域间 129 部门投入产出表，分析京津冀地区生产性服务业产业关联特征发现，北京市生产性服务业不同部门对天津市、河北省推动作用具有差异，信息服务业最高，其次是科技和物流服务业。

交通与信息通信水平的进步减少了空间邻近的需求，但地理的作用依然存在。地理邻近在早期决定着中小制造业企业获得生产性服务业的机会，进而影响中小制造企业的效率，使得位于大都市区的制造业具有发展优势。到了 21 世纪初，随着信息和通信技术在西方国家的广泛使用，地理距离对边缘地区企业获取大都市区生产性服务业的影响显著下降(Macpherson A, 2008)。相应地，核心城市的区域辐射作用得到加强。

理论上的研究表明，信息化水平的提高促进了区域整合，促进生产性服务业和制造业在空间上形成中心城市、外围腹地的空间分离格局(Alonso-Villar O et al., 2001)。20 世纪 90 年代，Macpherson 等(1997)对美国纽约州中小制造企业服务业外包使用与创新关系的系列研究发现：与纽约都市区的同行相比，边缘地区的中小制造企业选择服务业外包企业的范围受限。到了21世纪初,随着ICT的广泛使用,地理距离对边缘地区企业获取纽约都市区生产性服务业的影响大大下降(Macpherson A, 2008)。欧洲2000—2007年,NUTS-2空间单元KIBS专业化水平空间变化及影响因素的实证分析,同样验证了交通可达性提升以及信息通信工具的应用降低了KIBS与制造业共同集聚的趋势(Gallego J et al., 2015)。同样,中国高速铁路网的建设和运营重塑了生产性服务业的空间格局,大城市生产性服务业更加集聚(覃成林等,2017;唐昭沛等,2021),覆盖的腹地面积更大。同时,有研究表明,中国各省信息技术的扩散和应用推动了生产性服务业集聚,进而提高了集聚区内制造业全要素生产率(余东华等,2018)。

然而,地理距离的作用依然存在。信息化水平的提高并不能完全取代面对面联系,法国城市生产型服务业郊区化之所以并不是随机散开的,而是呈多中心的空间格局,反映了与客户(主要是制造业)面对面联系依然对生产性服务业的区位产生影响(Boiteux-Orain C et al., 2004)。学者基于2008—2016年统计数据,以城市间铁路距离为衡量指标的空间计量分析结果表明,两产业共同集聚程度与离北京的距离成反比(未江涛,2018)。类似的,交通与通信技术的进步并没有完全消除地理的作用,分布在产业集群内依然有利于制造企业较低成本获取生产性服务(Rusten G et al., 2007)。李博等(2019)基于2013年中国工业企业数据库和中国银监会网站银行企业信息,利用最小二乘回归(OLS)模型和Tobit模型,进行定量研究,结果表明,京津冀整体上工业企业距离银行机构越近,融资成本越低。宋昌耀等(2021)对上市民营企业的研究表明,银行与所服务企业之间地理距离对企业贷款规模具有显著负面影响,地理距离越近,贷款额度越多。

市场的开放程度、自由化程度、政府干预水平均会影响两产业的空间关系及二者的关联效应。为探讨在何种条件下新生制造业企业对新生KIBS具有促进作用,Krisztina对欧洲121个地区的空间计量分析发现,工业化地区良好的企业生态系统对于KIBS衍生具有决定性的作用,并且对其周边地区的KIBS衍生具有抑制作用(Horváth K et al.,2019)。未江涛基于2008—2016年城市统计年鉴数据,发现过度行政干预不利于产业协同集聚(未江涛,2018)。另外,有学者研究结果表明,外商直接投资和市场一体化等均是两产业在城市尺度集聚的影响因素(高峰,2007)。

其他因素。在企业层面,个人因素也会影响两产业的空间关系。Rusten研究了关系社会比较明显的挪威中小企业咨询服务的过程,分析了地理扮演的角色,并将影响因素划分了三种类型:①选择本地服务,主要是不完全市场导致信息不畅,基于本地社会关系选择当地的服务,另外出于成本、爱国主义等因素考虑。②选择异地服务,主要是为了克服本地社会关系网络的局限,寻找“新鲜血液”(观点、想法等),寻找相对中立的建议,增加可信度。③忽视地理距离,主要是对地理不敏感的企业,通常技术比较先进,发展前景较好,在选择服务时在市场上选择最合适的提供商,忽视地理距离的影响(Rusten G et al., 2005)。挪威还有一些中小企业选择本地之外的创意服务企业或个人,是因为本地社会联系过于密切,反而容易泄露商业秘密(Rusten G et al.,2004)。

1.2.3 研究进展述评

1.2.3.1 生产性服务业与制造业产业关联研究述评

基于投入产出表数据,国内学者对两产业间的产业关联作了详尽的研究,并取得一些成果。国内外生产性服务业与制造业之间产业分析结果表明,随着国家和区域社会经济的发展,中高技术制造业取代低技术制造业,成为对生产性服务业中间需求主体。其中制造业对金融、商务服务等生产性服务业的中间需求提高得较快。

已有研究多关注国家或者省(市)单个空间单元,目前对省际或城际的跨区域两产业关联的研究还有待加强。由于本地与外地生产性服务业投入都具备促进制造业竞争力提升的潜力,因此需要因地制宜地综合分析省际、地级市间的二三产业互动关系。同时,与国外相比较,中国制造业和生产性服务业的技术水平与发展阶段、城乡关系和城镇体系、政府与市场关系具有中国特色,相关分析需要结合中国实际。

1.2.3.2 生产性服务业与制造业空间关系研究进展述评

国内外学者在不同尺度对生产性服务业与制造业空间关系做了大量研究,并得到一系列成果(见表 1-1)。国内外研究各有不同的发展特点。

表 1-1 多尺度视角下生产性服务业与制造业空间关系研究概况

尺度	研究方法	研究对象/地区	研究结论
全球	网络分析法、案例分析	跨国公司	发达国家与发展中国家之间形成劳动分工;制造业离岸外包有损竞争力
国家之间	问卷调查、案例分析	英国、美国、东南亚一些国家	先进制造业与配套生产性服务业留在发达国家;一般制造业和配套生产性服务业转移到发展中国家
国家内部	网络分析法	巴西、中国、美国、加拿大	国家核心/门户大城市或都市区是全国生产性服务业的供给中心
区域	问卷调查、空间计量、投入产出、网络分析法	省、州、城市群、大型都市区	等级分层的生产性服务业-制造业供给体系;生产性服务业与制造业共聚于城市群,并呈现中心-外围的空间结构

续表 1-1

尺度	研究方法	研究对象/地区	研究结论
城市	统计分析、共同集聚指数、投入产出	国外:城市功能区; 国内:城市行政区	存在争论。有的学者发现生产性服务业与制造业在城市共聚;有的学者发现两者空间依赖性不强
区县/街区/距离	GIS空间分析方法,统计分析、案例分析、问卷调查与访谈、共同集聚指数、空间自相关等	凤凰城、伦敦、布鲁塞尔、纽约、芝加哥、洛杉矶、慕尼黑、埃得蒙顿、米兰、新加坡等;杭州、上海、南京、天津、北京、广州	中心城区生产性服务业仍具有优势,为郊区提供金融等高端服务;郊区生产性服务业提供一般性的服务。科技类服务业与制造业具有集聚倾向;高技术制造业与生产性服务业倾向集聚于产业园区

早期,西方学者在"去工业化"过程中开始研究两产业空间关系,并聚焦于分析边缘地区中小制造业企业的生产性服务业供给问题。随着西方国家经济服务化加深,这一研究议题趋于减少。在 2008 年经济危机之后,发达国家学者开始反思先前"去工业化"时代的观点,并进行关于离岸外包制造业、近岸外包制造业、回流制造业利弊的理论与实证研究。

改革开放以来,我国承接了大量国际转移制造业,进入 21 世纪,我国学者以实现向产业价值链上游攀升和优化区域产业空间布局为目标,研究区域和城市两产业的空间关系规律。东部沿海地区成为大多数学者关注的重点地区。相关研究普遍认为,国家或区域中心城市是全国或区域制造业的生产性服务业供应中心。但在城市层面,还存在较大分歧。另外,由于我国正处在转型期,影响两产业空间的因素随着社会、经济、技术发展具有动态变化性,多尺度视角下相关研究还有待进一步深化。

未来,重点地区两产业的空间关系研究还有以下 3 个方面可以拓展:

(1)在城市层面,定量测度生产性服务业与制造业在区域内核心城市与其他城市之间的行业差异、规模变化,以及空间互动规律。

(2)基于城市实体空间的相关研究。以往多数学者采用城市行政区作为空间单元,导致已有相关研究结论无法指导两产业在城市实体空间上的组织。未来,有待通过更小的空间单元,区分城市建成区与郊区腹地,更好地探究两产业在聚落实体空间之间的互动关系。

(3)中小城市和产业集聚区的研究。微观层面两产业的空间关系研究多主要集中在发达城市与大城市。大城市卫星城、中小城市和产业集聚区制造业占比较高,其配套生产性服务业就近布局的合理性与可能性也是未来研究课题之一。

1.3 研究方案

1.3.1 研究目标

本书以京津冀地区为研究对象,通过定量与定性研究方法,多尺度地探索生产性服务业与制造业在巨型城市区域的空间协同规律与模式。完善和丰富经济地理学关于两产业空间协同认识,为京津冀地区两产业的优化布局和高质量协同发展提供政策建议。

1.3.2 研究内容

本书主要分为绪论、理论基础与研究框架建构、京津冀生产性服务业与制造业发展的时空特征分析、京津冀两产业关联的省际比较、京津冀两产业省区间产业关联、北京与津冀其他各市之间两产业的空间分工协同、京津冀两产业在区县尺度上的分工合作与共聚分析、政策启示,具体分为三大部分,共12章。

(1)第一部分为绪论与理论框架,包括第1章和第2章。

第1章为绪论,介绍研究背景、国内外研究进展和研究方案。第2章为概念界定与理论基础,并提出理论框架。

(2)第二部分为京津冀两产业空间协同的实证研究,包括第3章、第4章、第5章、第6章、第7章、第8章、第9章、第10章。

第3章首先介绍京津冀地区概况,然后依次分析该地区生产性服务业和制造业就业和增加值的发展规模、行业结构、地域分布及外向产品输出变化趋势等特征。第4章分别从行业和功能视角分析了京津冀生产性服务业与制造业的空间格局及演变。第5章从产业总体和细分行业两个层面,基于省市投入产出表数据,对比分析京、津、冀三地两产业产业关联效应的异同。第6章通过构建省(区)间投入产出表数据,基于MIRO模型测度京津冀省(市)间两产业关联特征。同时,定量测度北京生产性服务业对其他12个城市制造业服务规模和行业部门差异,刻画空间规律。第7章利用经济普查数据,基于地级及以上城市层面,分析京津冀13个城市之间两产业的专业化分工与协作关系。第8章基于区(县)尺度,首先分析了京津冀生产性服务业和制造业空间分布特征。接着,通过双变量空间自相关分析了两产业在城-郊之间实现空间协同的地理范围与行业类型的关系。最后,通过共同集聚指数识别共聚指数较高的产业组合。第9章通过个案分析证明,具有价值链关系的部分生产性服务业企业与制造业企业具有在产业集聚区实现协同共聚的可能与必要性。第10章通过定量研究论证了生产性服务业投入对制造业的效率提升作用及其机制。

(3)第三部分。第11章基于前文研究结果,分别从不同尺度提出政策响应的方向;第12章为研究结论与展望部分。

1.3.3 研究方法

本书综合运用经济地理学、区域经济学、城市地理学、空间统计学、计量经济学、产业

经济学等学科的理论知识,对京津冀地区生产性服务业和制造业空间协同做定性与定量研究。主要使用的研究方法有以下三类:

(1)文献分析法。该方法通过资料收集与归纳,提取相关信息,用以达到研究目的。文献类型包括已公开发表的硕士、博士毕业论文,期刊论文,专著,政策文件,经济统计信息,新闻报道等。本书通过收集国内外相关资料,总结两产业互动的研究方法、手段与主要研究领域,通过比较、述评相关成果的优劣,形成本书的研究思路。

(2)定性研究方法。定性研究的目的在于研究者通过对研究对象相关信息的归纳总结,根据已有理论知识寻求研究对象背后深层次问题的解构。定性分析多基于理论框架,通过逐级对问题进行探索,对原有理论进行修正或完善。本书还采用比较分析方法,对比国内外二三产业互动研究的异同。如比较了京津冀三地产业发展特点,比较了不同类型制造业对生产性服务业的中间需求、比较了不同等级城市的产业特点。

(3)定量研究方法。定量研究基于数据和计算公式对研究对象进行分析。本书采用的定量方法借鉴产业经济学的投入产出分析法,对生产性服务业投入到制造业的中间使用进行测算。利用地理信息系统分析软件 ArcGIS10.2,分析两产业的空间分布特点。借鉴区域经济学和空间统计学的共同集聚指数、双变量空间自相关莫兰指数等,对生产性服务业与制造业的空间关系进行定量研究。

(4)横向对比与纵向对比分析相结合。横向对比注重探讨不同细分行业类型两产业的行业组合产业关联与空间关系的同一性与异样性,主要表现为生产性服务业与制造业空间分工或共聚融合发展,对区域空间重构的对比分析;纵向对比分析主要是从多个尺度层面探讨两产业空间协同发展的基本规律及其空间效应,注重从区域一体化和本地化视角全面综合考察问题。

1.3.4　研究技术路线

研究技术路线如图 1-5 所示。

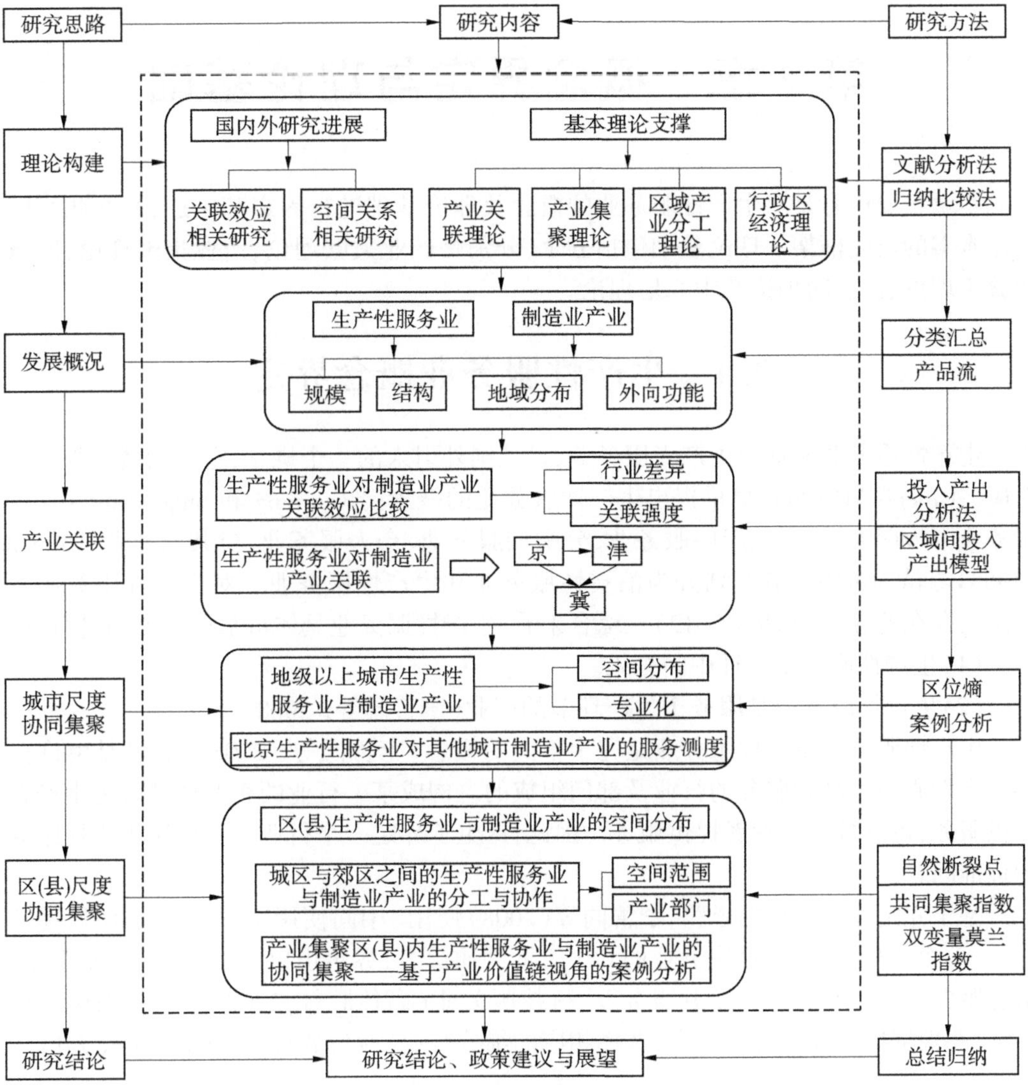
研究思路
研究内容
研究方法
理论构建
国内外研究进展
基本理论支撑
关联效应相关研究
空间关系相关研究
产业关联理论
产业集聚理论
区域产业分工理论
行政区经济理论
文献分析法
归纳比较法
发展概况
生产性服务业
制造业产业
规模
结构
地域分布
外向功能
分类汇总
产品流
产业关联
生产性服务业对制造业产业关联效应比较
行业差异
关联强度
生产性服务业对制造业产业关联
京
津
冀
投入产出分析法
区域间投入产出模型
城市尺度协同集聚
地级以上城市生产性服务业与制造业产业
空间分布
专业化
北京生产性服务业对其他城市制造业产业的服务测度
区位熵
案例分析
区(县)尺度协同集聚
区(县)生产性服务业与制造业产业的空间分布
城区与郊区之间的生产性服务业与制造业产业的分工与协作
空间范围
产业部门
产业集聚区(县)内生产性服务业与制造业产业的协同集聚——基于产业价值链视角的案例分析
自然断裂点
共同集聚指数
双变量莫兰指数
研究结论
研究结论、政策建议与展望
总结归纳
图 1-5 研究技术路线

第 2 章　概念界定与理论基础

本章主要内容是对生产性服务业的概念及理论基础进行界定和阐述,并在此基础上提出本书的研究框架。理论基础包括五个,分别是产业关联理论、产业集聚理论、区域产业分工理论、流空间理论及中心地理论。

2.1　生产性服务业概念界定

生产性服务业又称为生产者服务业,是从国外引入的一个概念,它与消费性服务业相对应。Greenfield(1966)最早提出生产性服务业的概念。Browning 和 Singleman(1975)将服务业分为四大类,即生产性服务业、分配型服务业、个人服务业、公共服务业。Marshall(1988)等认为可将服务业划分为消费性服务业和生产性服务业。对生产性服务业概念界定还存在差异(刘曙华, 2012)。综合来看,生产性服务业具体可从两个方面进行界定:

(1)生产性服务是一种中间投入。

(2)生产性服务业是服务于生产环节的产业(李善同等, 2008)。

生产性服务与生产性服务业是完全不同的概念(李善同等, 2008),后者是由许多提供生产性服务产品和服务的行业及部门组成的。构成某一行业的企业往往既为生产企业提供服务,也直接为消费者提供服务。因此,产生了界定一个行业是否属于生产性服务业的标准问题。

基于先定性后定量的思路,李善同等(2008)使用"中间使用率"和"非居民最终消费比率"两个指标,将生产性服务业的几个方面性质综合,界定出以下五大类:物流服务业、信息服务业、金融服务业、商务服务业、科技服务业(高传胜等,2007)。本书采用该划分方法,并根据国民经济行业分类,选择相应的细分行业(两位数行业代码)(见表 2-1)。

2.2　理论基础

2.2.1　产业关联理论

产业关联理论关注社会经济活动中不同产业间的内在技术经济联系。国民经济由多个不同产业构成,各产业之间存在相互联系和影响的关系。该理论主要是将通过定量分析一段时间内一个国家或地区在经济活动过程中所形成的产业关联表应用于经济预测、产业规划和经济调控领域。尽管每个行业发展规律不同,但彼此之间都存在或强或弱的联系。产业关联表通常包括投入产出表、里昂惕夫表。投入产出表是进行产业关联分析时通常采用的一种基本分析工具,属于国民经济核算统计体系的一部分。

表 2-1　行业分类

生产性服务业行业门类	生产性服务业行业大类及两位数代码	制造业类型	制造业行业大类及两位数代码
交通运输、仓储和邮政（物流服务业）	53 铁路运输业 54 道路运输业 55 水上运输业 56 航空运输业 57 管道运输业 58 装卸搬运和运输代理业 59 仓储业 60 邮政业	劳动密集型制造业	13 农副食品加工业 14 食品制造业 15 酒、饮料和精制茶制造业 16 烟草制品业 17 纺织业 18 纺织服装、服饰业 19 皮革、毛皮、羽毛及其制品和制鞋业 20 木材加工和木、竹、藤、棕、草制品业 21 家具制造业 22 造纸和纸制品业 23 印刷和记录媒介复制业 24 文教、工美、体育和娱乐用品制造业 41 其他制造业
信息传输、软件和信息技术服务（信息服务业）	63 电信、广播电视和卫星传输服务 64 互联网和相关服务 65 软件和信息技术服务业	资本密集型制造业	25 石油加工、炼焦和核燃料加工业 26 化学原料和化学制品制造业 28 化学纤维制造业 29 橡胶和塑料制品业 30 非金属矿物制品业 31 黑色金属冶炼和压延加工业 32 有色金属冶炼和压延加工业 33 金属制品业
金融业（金融服务业）	66 货币金融服务 67 资本市场服务 68 保险业 69 其他金融业		
租赁和商务服务业（商务服务业）	71 租赁业 72 商务服务业		
科学研究和技术服务业（科技服务业）	73 研究和试验发展 74 专业技术服务业 75 科技推广和应用服务业	技术密集型制造业	27 医药制造业 34 通用设备制造业 35 专用设备制造业 36 汽车制造业 37 铁路、船舶、航空航天和其他运输设备制造业 38 电气机械和器材制造业 39 计算机、通信和其他电子设备制造业 40 仪器仪表制造业

单个地区的投入产出表只局限于一个地区内部产业间的经济关系分析,而无法分析多个地区各产业之间的互动和依赖关系(石敏俊等, 2012)。在当前区域经济一体化和经济全球化的背景下,国家内部不同地区的经济联系逐步加强。每个地区产业部门的持续运转离不开其他地区的相关上下游产品与服务(石敏俊等, 2012)。因此,区域间投入产出分析的需求产生了(石敏俊等, 2012)。区域间投入产出模型(interregional input-output model, IRIO 模型)是利用商品和劳务流动,将各区域投入产出模型连接而成的跨区域的投入产出模型,最早由 Isard(1951)提出。它能够系统且完整地反映区际产业间的经济联系,并分析区域间产业的相互关联与影响等(石敏俊等, 2012)。

生产性服务业与制造业具有上下游关系,二者的关联程度随着技术进步和社会分工细化而不断加深,并且可以跨越较远的地理距离,在不同区域之间协同互动。区域内两产业通常包含诸多细分行业部门,不同类型的部门间的跨地区产业关联差异及变化规律是否与单一区域相同,有待进一步探究。

2.2.2　产业集聚理论

产业集聚理论具有较长的演变过程。传统的集聚理论认为,地方可以是企业经营的场所,新的集聚理论认为,地方可作为企业创新的场所(王缉慈,2019)。企业在地方上集聚,可能产生技术溢出,从而促进企业的创新(王缉慈,2010,2016,2019)。企业在地方集聚所产生的集聚经济可分为两类,即地方化经济和城市化经济。前者是指同行业或一组密切相关的企业在地理集聚中获得的利益。后者则是指企业从较大城市中获得的利益。关于集聚的形成是以哪种类型的经济为主,学术界还没有达成共识。两种集聚理论的区别见图 2-1。

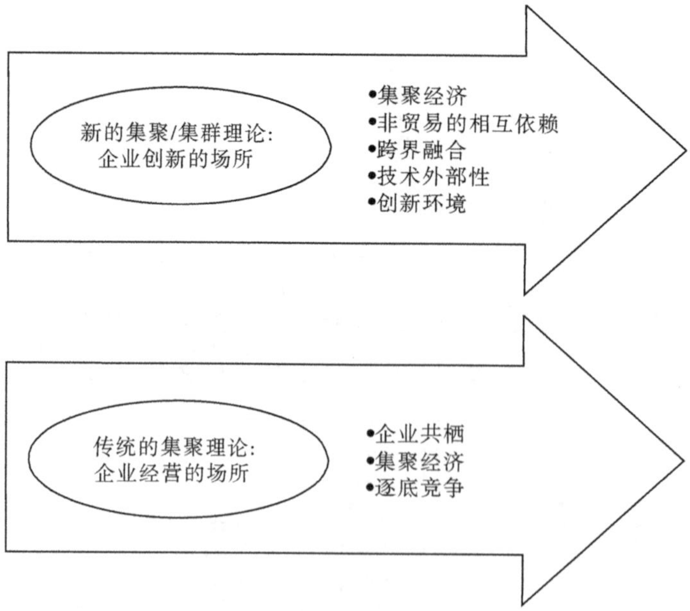

注:该图引自王缉慈等著《创新的空间:产业集群与区域发展》(修订版)。

图 2-1　两种集聚理论的区别

集聚理论主要有两个学派,分别是新产业区理论和波特的集群理论。新产业区理论是相对于由马歇尔开创的产业区理论而言的。传统产业区的特征之一是存在辅助性产业。区内企业是专业化的,通常处在同一行业。新产业区理论是集群理论的重要分支,是一种地方生产系统。新产业区主要由中小企业组成,区内独立的企业之间通过中介机构(包括生产性服务业)结成稳定的合作网络,从而促进区域发展。

新竞争优势学说由迈克·波特于 20 世纪 90 年代提出。在《国家竞争优势》中,波特提出"钻石模型"(王缉慈,2019)。该理论认为一国具有竞争优势的产业,通常聚集在某些城市或少数地区。新竞争优势学派强调相关产业集聚是形成区域竞争优势的重要因素。制造业产业集聚需要垂直角度的供应商、分包商、咨询机构等,这些多属于生产性服务业部门。高端生产性服务业在产业集群中扮演着知识交换器、知识载体、创新桥梁、知识生产者的作用(魏江等,2006)。迈克·波特的价值链分析模型指出,产业链上游的研发,下游的包装、广告、品牌、促销等环节是企业的竞争优势来源。通过吸纳生产性服务业,生产价值链得以延长。因此,服务业是产业集群竞争优势的核心(李善同等,2008)。

共同集聚,又被译为协同集聚(高峰,2007)或结对集聚(张可云和朱春筱,2021),是不同产业在特定地理范围内高度集中的现象。相比产业集聚概念,协同集聚更侧重于不同产业集聚之间的内在联系。最早关注产业共同集聚现象的是埃里森和格莱泽,他们发现美国制造业中同属于某一两位数代码行业部门的几个三位数部门之间存在着共同集聚的现象(Ellison & Glaeser,1997)。随后,该概念被广泛引用,并被国内用以研究不同产业间的空间关系。

产业集聚理论认为,生产性服务业企业是集群中重要的组成部分。作为专业化知识的提供方,生产性服务业企业是新马歇尔式产业集群内创新环境的建造者。在竞争优势理论中,生产性服务业是区域内优势产业的辅助性机构。通过为不同行业客户提供服务,生产性服务业企业搭建起行业间的知识和技术沟通桥梁,为区域产业演进提供孕育环境。比如曾为家电企业服务的工业设计企业,可以将积累起来的相关专业知识转移到生产家具的客户,从而促进知识在不同行业间的传播。

然而,两产业间同时存在着空间"排斥力",是否能与集聚力相抵消,还有待因地制宜地分析。生产性服务业企业和制造业企业具有各自的产业特性,导致各自区位选择具有不同的偏好。制造业企业通常占地面积大,对于地价较为敏感,而生产性服务业企业通常可以支付较高的地租且占地较小。在城市化地区,后者的发展往往对前者的空间形成挤压,迫使前者向郊区转移,这在大城市更为普遍。由此,在空间上两产业之间同时存在集聚效应和挤出效应。此外,由于知识基础的差异(Growe, 2016; Wagner 和 Growe, 2020a)以及技术知识含量的不同(Gallego 和 Maroto,2015),生产性服务业不同部门空间区位具有差异,并且对制造业提升作用具有行业异质性。因此,两产业空间关系同时存在着集聚力与排斥力,需要依据地域与行业部门而具体分析。

2.2.3　区域产业分工理论

区域产业分工理论一直是经济学、地理学的核心理论,主要有国际分工理论和劳动地域分工理论两类。

古典国际分工理论与新国际贸易分工理论。亚当·斯密最早对分工进行了较为全面的理论研究和论述。在论述分工效率提升作用的基础上,亚当·斯密进而分析了国家之间的分工,形成了绝对优势理论。新古典经济学通过引入交易成本的概念,将分工理论模型化(卢明华,2016)。新古典经济学集大成者杨小凯认为,分工水平取决于交易效率。交易效率越高,分工水平则相应越高。

劳动地域分工理论与新劳动空间分工理论。苏联萨乌什金明确提出劳动地域分工的概念和理论,他认为,生产布局在空间上的集中是发展劳动地域分工的基础。新劳动空间分工理论着眼于解释多区位企业不同功能在空间上分离的现象(卢明华,2016)。麦茜认为,技术的发展使企业可以让生产活动不同环节在空间上分离。艾伦·斯科特把劳动空间分工同城市发展相结合,认为随着企业生产和管理分层分解,城市内部会出现管理和控制职能的中心城市,而生产制造功能趋于分散。杜兰东和普加研究认为,西方中心城市与其他城市之间出现了中心城市不断集聚企业总部和相关生产性服务,而产品制造转向中小城市的现象和趋势。

源自国外成熟市场经济条件下的区域产业分工理论,是否适用于解释中国城市与区域产业发展有待进一步验证。在中国特色社会主义经济背景下,虽然市场是资源配置的决定因素,但政府的作用依然不可或缺。由于企业的区位选择和发展战略普遍受到政府政策的引导,因此在分析区域内不同规模与等级的城市产业分工时,需要结合中国特殊的制度背景。

2.2.4 流空间理论

20 世纪后半段,Friedmann et al. 受 Frobel & Scott 新国际劳动分工理论关于全球生产和分工体系思想的启示,认为全球层面的跨国公司以要素“流动”的方式架构起城市间的横向和纵向关联(Friedmann et al. ,1982)。随着信息通信技术的快速提升,信息、人员、资金和技术等要素流在不同空间尺度的行政区边界顺畅流动,重塑着生产的空间组织形式。Taylor 认为这种跨区域的要素流动,打破了中心地—腹地的关联范围局限,使区域空间关联模式开始从“地方空间”孕育的向心型中心地模式,向“流空间”塑造的多中心网络化模式转化(Taylor,2001; Taylor et al. ,2014; Taylor et al. ,2013b);具有形态、功能和治理三个维度特征的多中心城市区域成为新时期重要的区域空间组织形式(Hall et al. ,2006)。其中,专业化分工细化、基础设施拓展、通信技术日趋完备推动的人、资金、信息技术等要素流动架构的城市功能多中心结构,是多中心区域的本质特点,同样也是多中心区域结构演进的关键阶段(Growe,2012; 王成等,2017)。然而 Burger 发现,由于区域主要中心的规模、外部连通性和自给自足程度的差异,大多数区域倾向于形态上多中心而不是功能上多中心(Burger et al. ,2012),见图 2-2。

已有多中心区域结构的实证研究多基于生产性服务业企业内部的要素流,缺少企业间关系的分析。生产性服务业企业与其制造业企业客户之间的交易活动,伴随各种要素在不同空间尺度的流动。因此,生产性服务业与关联制造业塑造的区域空间形态可反映二者的空间关系。本书基于流空间理论,探究中国城市群或大城市内部的生产性服务联系是否突破了传统的中心外围的形态单中心格局,并向功能多中心转变。

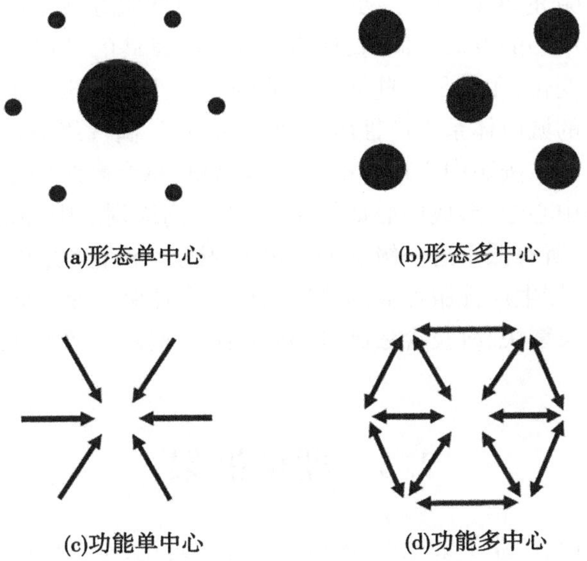

图 2-2　形态多中心和功能多中心

2.2.5　中心地理论

1933 年,德国地理学家克里斯塔勒通过对德国南部城市和中心聚落的调查,提出了中心地理论。中心地是周围区域的中心,是向周围地区消费者提供各种商品和服务的地方。中心地可以是一个城市、一个居民聚居点或一个商业服务业中心。均衡状态下,由某项服务半径所界定的圆形市场区被假定成一个六边形。中心地按等级的高低可以分为高级中心地、中级中心地和低级中心地,其中高级中心地服务范围广、商品档次高、提供的商品和服务种类多,低级中心地服务范围窄、商品档次低、提供的商品和服务种类少,中级中心地供应的商品和服务位于高级中心地和低级中心地之间。另外,高级中心地除具有自己固有的职能外,还具有所有比它等级低的中心地职能。克里斯塔勒认为,中心地空间分布形态会受市场、交通和行政三个原则的影响而形成不同的系统,并且高级中心地、中级中心地和低级中心地分别按照交通原则、行政原则和市场原则进行布局。传统上,中心地理论适用于消费服务业的空间布局,然而,其对于生产性服务业也具有借鉴意义。

基于中心地理论的城市内部生产性服务业空间布局。一方面,生产性服务业空间布局向中心区集聚。中心地理论认为城市内部服务业区位布局存在等级性,不同等级的办公机构和事务所分布于不同等级的中心地。城市中心区集聚高职能的企业、高档次的消费品,城市郊区集聚低职能企业、低档次消费品。随着中心区服务范围扩大、基础设施不断完善、人口集聚度提高,进而增强对服务业如金融、物流、通信、商务等不同等级生产性服务业的必要需求,中心区服务部门趋于多样化。

另一方面,生产性服务业空间布局向城市郊区分散。随着城市规模的逐步扩大及城市人口的不断增加,城市交通、环境、治安等方面呈现的问题日益凸显。此时,城市的集聚不经济开始超过集聚经济,人口出现向郊区流动的现象,城市发展进入“郊区化”,这种

“新郊区化”使得一些新的就业中心逐步形成。城市内部服务业空间分布经历着从单一服务中心向多元服务中心的发展。同时,城市化在不断发展的过程中,服务业内部行业表现出明显的空间分布变化,尤其是一些面向企业的专业性服务部门开始向周边扩散。

基于中心地理论的城市体系生产性服务业空间布局,高等级城市生产性服务业种类齐全且集聚高端服务业。按照中心地理论的基本思想,每个高级中心地都附属几个中级中心地和更多的低级中心地,形成中心地体系,处于较高级别的中心地不仅提供相应级别的商品和服务,还提供所有低于这一级别的商品和服务。换言之,城市等级越高,服务业种类越齐全。另外,高端生产性服务业的迅速发展是全球服务业发展的重要趋势,高端生产性服务业除具有增长率快、科技含量高、创新性强外,高端生产性服务业总会向高等级城市集聚。

2.3　理论框架

基于产业关联理论、产业集聚理论、区域产业分工理论,本书以产业关联度为纵轴,以产业集聚度(空间邻近度)为横轴,构建京津冀两产业空间协同分析框架(见图2-3)。位于第一象限的两产业的产业组合,产业关联度高,并且空间邻近。在第二象限中,两产业的产业关联度高但空间分离,制造业通过“购买”异地的生产性服务来满足需求。因此,制造业集聚区与生产性服务业集聚区之间形成地域产业分工。当某地区或地区间两产业处于第一象限和第二象限时,则定义该地区或地区间两产业实现了空间协同。

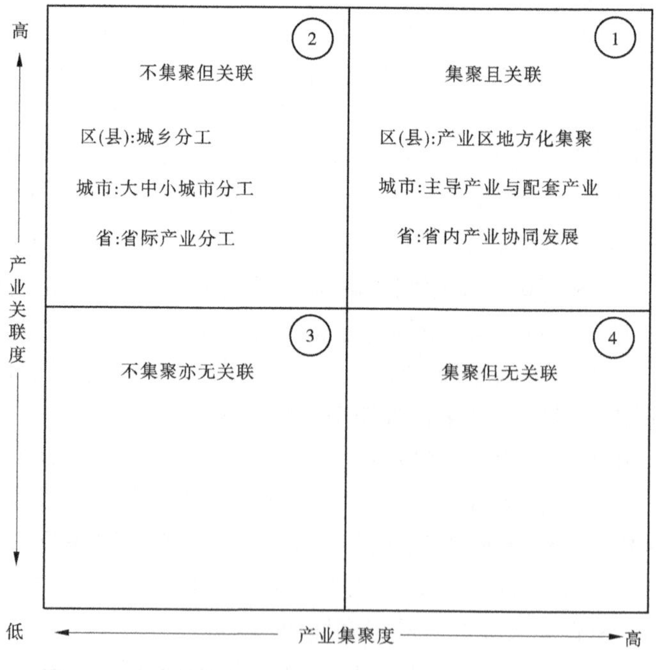

图2-3　生产性服务业与制造业产业空间协同分析框架

此外,在不同空间尺度上,生产性服务业与制造业的空间协同的地理意义具有差异。在省级或地级以上城市尺度上,第二象限的空间协同表现为省(市)间或者不同城市之间第二、三产业的空间分工与协作(见图 2-4)。第一象限的空间协同表现为城市或省域内制造业与生产性服务业具有较强的产业关联。在区(县)尺度,两产业的产业空间分工主要发生在城市中心区与外围郊区之间。同时,在产业集聚区内也会形成配套生产性服务业与园区主导制造业的多产业集聚(见图 2-5)。

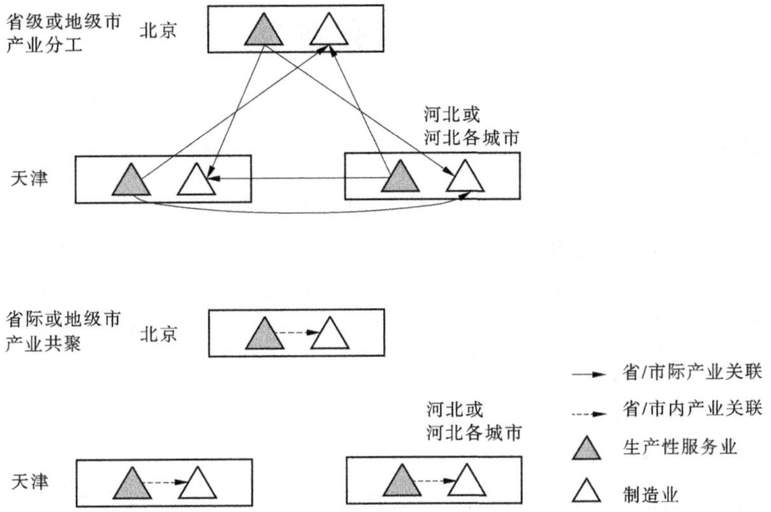

图 2-4　省级或地级以上城市尺度上生产性服务业与制造业空间协同示意图

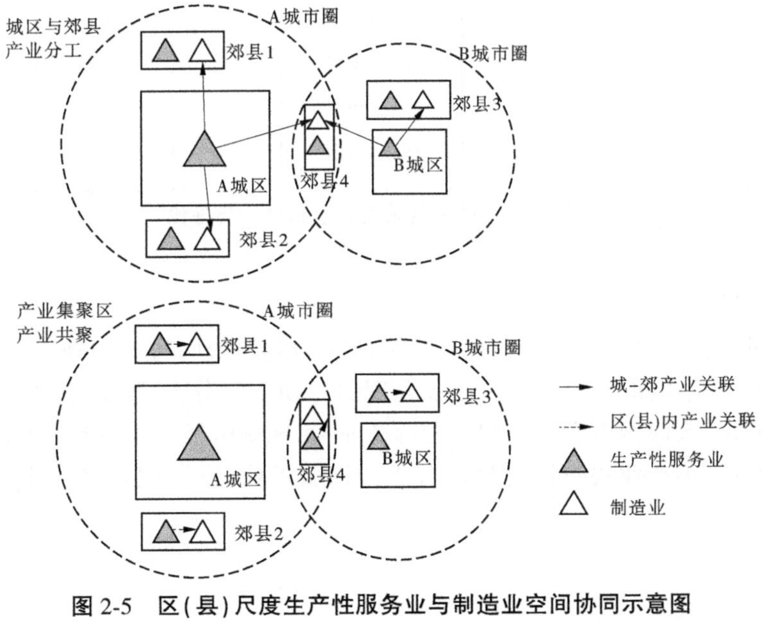

图 2-5　区(县)尺度生产性服务业与制造业空间协同示意图

处在第三象限和第四象限的地区有待通过政府政策引导促进产业集聚或区域产业分工的实现。在第三象限中，制造业的生产性服务业投入水平不高，且在空间上趋向离散分布。当某地主导制造业部门位于该象限时，为促进制造业升级，需要加大培育或者从外部引入配套的生产性服务业。在第四象限中，产业间仅存在地理邻近的优势，上下游投入产出联系较弱。生产性服务业与制造业只是通过共享基础设施、劳动力池等实现城市化集聚外部性。

2.4　研究意义

2.4.1　理论意义

本书通过分析生产性服务业与制造业在京津冀地区，省（市）、地级及以上城市、区（县）三个空间尺度上的空间协同规律，构建产业经济学、经济地理学、城市地理学中产业关联、产业分工、空间分工、产业集聚、城镇体系、城市群等理论与概念的联系，探索在中国特色社会经济制度背景下产业发展与区域发展的关系，丰富服务业地理学对巨型城市区域两产业互动发展规律的认识。

本书主要采用的学科概念与理论见图 2-6。

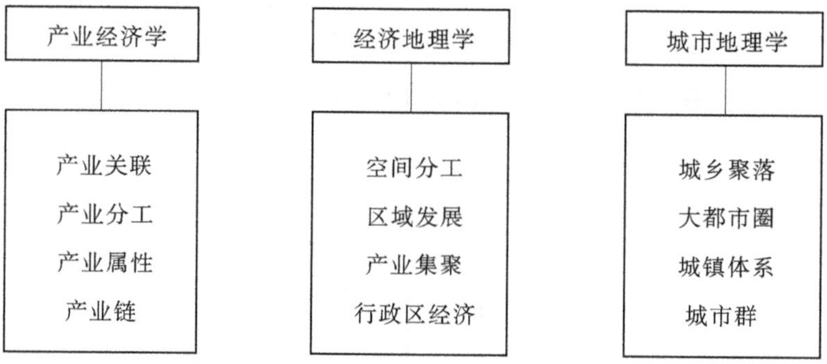

图 2-6　本书主要采用的学科概念与理论

2.4.2　实践意义

本书通过分析多尺度下两产业在京津冀地区的空间协同特点与规律，在宏观上为京津冀三省（市）13 个城市之间两产业形成合理的劳动空间分工，促进京津冀经济一体化；在中观上为北京、天津城市圈等合理布局两产业，实现城市经济腹地与行政区协调提供政策建议；在微观上为产业集聚区合理配置生产性服务业，发展创新型产业集群提供政策建议。

第 3 章　京津冀生产性服务业与制造业发展特征

本章首先对研究区地理位置、历史演变做了简要介绍与回顾。然后,对京津冀生产性服务业与制造业的就业和增加值规模、部门结构、地域分布以及对外产品流的总体特征,以及变化趋势依次进行了分析。这为后续分析生产性服务业对制造业的产业关联与空间协同关系提供了背景信息。

3.1　研究数据与研究区介绍

3.1.1　数据来源及处理

就业数据来自北京、天津、河北三省(市)2008 年、2013 年、2018 年三次经济普查数据库。由于国民经济行业分类的调整,历次普查采用的行业分类标准有所调整。为便于比较,本章以《国民经济行业分类》(GB/T 4754—2011)为基础,根据两位数代码,将三次经济普查的行业分类统一。参照周锐波和李晓雯(2017)的研究,将制造业划分为劳动密集型制造业、资本密集型制造业、技术密集型制造业,由两位数行业分类代码 13~41 共 29 个部门构成(见表 2-1);生产性服务业则依 2.1 节界定,由 53~60、63~69、71~75 共 20 个部门构成。

增加值数据来自 2007 年、2012 年、2017 年京津冀三省(市)投入产出表。为便于与经济普查数据比较,本书将 139 个部门投入产出表中的行业分类合并汇总,与两位数行业部门相对应(见附录 A)。

3.1.2　研究区介绍

京津冀地区包含北京市、天津市两个直辖市和河北省的 11 个地级市,面积 21.6 万 km^2,约占全国的 2.3%。2020 年常住人口 1.07 亿人,占全国的 7.6%,人口城镇化率为 66.71%。2020 年 GDP 规模为 8.6 万亿元,占全国的 8.5%。由于研究期内部分区(县)行政区划调整,为便于比较分析,将空间单元做适当合并汇总。如天津市滨海新区由原唐沽区、原汉沽区和原大港区合并而得(中共天津市委党史研究室,2016),共得到 205 个区(县)空间单元。

京津冀地区与沿海发达的长三角地区、珠三角地区共同构成中国沿海三大经济区。从相对位置来看,京津冀地区地处中国北方各大经济区的交会处,是中国北方通向全世界最直接、最便捷的海上要冲(彭秀良和魏占杰,2017)。该地区腹地广阔,又具有西连蒙俄,东通日韩的海陆通道,具备成长为世界级城市群的条件(彭秀良和魏占杰,2017)。

历史上,京津冀地区城镇体系经历了漫长的发育过程。在明成祖朱棣正式迁都北京后,北京开始带动周边地区城镇发展。北京的需求成为周边城市发展的唯一动力源(彭秀良和魏占杰,2017)。由于当时全国经济中心与政治中心的分离,为解决北京粮食需求而疏通的京杭运河,使得沿线的天津、通州、沧州兴起与发展。另外,为卫护北京而建立的卫所,后来发展成为区域中心城市,以天津最为典型。明代,北京是该地区唯一一座有规模的城市。清代版图的扩大,使得北京不再成为"边疆",北京周边城市军事防卫功能下降,而经济政治功能相应上升。张家口、天津商品经济发展起来,保定、承德因部分地区分担北京的文化与政治功能而得到发展。

第二次鸦片战争后,天津被迫开埠,率先于京冀地区开启城市近代化历程,并给京冀地区新型工矿城市和交通枢纽城市的兴起创造了条件。洋务运动中天津军事工业的发展需求,促使建立开平煤矿(唐山),运煤需求又促进了中国第一条铁路修建和配套的秦皇岛港口发展。随后,华北地区在中国率先建成以北京为中心的铁路系统,既促进了石家庄、唐山、秦皇岛的繁荣,也促进了张家口工商业的发展和廊坊的形成。天津开埠后至中华人民共和国成立前,尽管北京的需求依然左右着京津冀地区的发展方向,但天津快速发展,并辐射广阔腹地。

1949 年以后,京津冀城市群的各个城市出现了功能趋同化的现象。中华人民共和国成立后,在计划经济时期,变消费城市为生产城市的政策,以及以行政等级来区分城市的模式导致首都北京的城市功能综合化,天津则相对衰落。随着沧州于 1983 年、廊坊于 1988 年先后设为地级市,京津冀地区城市体系趋于稳定。各行政中心城市即为区域中心城市,各城市行政区之间又缺乏协调,导致京津冀城市间产业结构同质化严重。改革开放后,京津冀地区进入了一个崭新的发展阶段,市场开始发挥作用,成为推动京津冀发展的重要动力,然而政府作用依然存在较大影响。直到 2014 年,京津冀区域协同才进入实质实施阶段。

三地间差异悬殊的产业结构,也是实现区域协同的障碍之一。2001 年以来,京津冀地区经济持续增长,产业结构变化显著。自 2001 年至 2018 年,整个京津冀地区三次产业结构从 11:46:44 转变为 4:34:61,第三产业开始在区域经济发展中处于主体地位。其中,北京、天津、河北三省(市)的三次产业增加值结构分别从 3:36:61、4:49:47、16:50:34 转变为 0:19:81、1:40:59、9:45:46(见图 3-1)。天津和河北产业结构先后实现了从二三一转变为三二一,但与北京产业结构的差异仍然显著。

生产性服务业和制造业分别是第三产业和第二产业的主体。自从加入世界贸易组织之后,京津冀生产性服务业始终保持迅猛增长(见图 3-2),其就业人员数由 2004 年的 312.7 万人增至 2018 年的 1 035.1 万人,实现对制造业的超越。而京津冀地区制造业先升后降,就业人员总量从 2004 年至 2013 年持续增长,由 620.7 万人增至 850.9 万人,但到 2018 年又下降至 622.0 万人。京津冀生产性服务业增加值从 2002 年至 2017 年迅速增长,从 2 973 亿元增至 25 791 亿元。制造业增加值增长较慢,在 2017 年仅为 19 672 亿元,被生产性服务业超越(见图 3-3)。

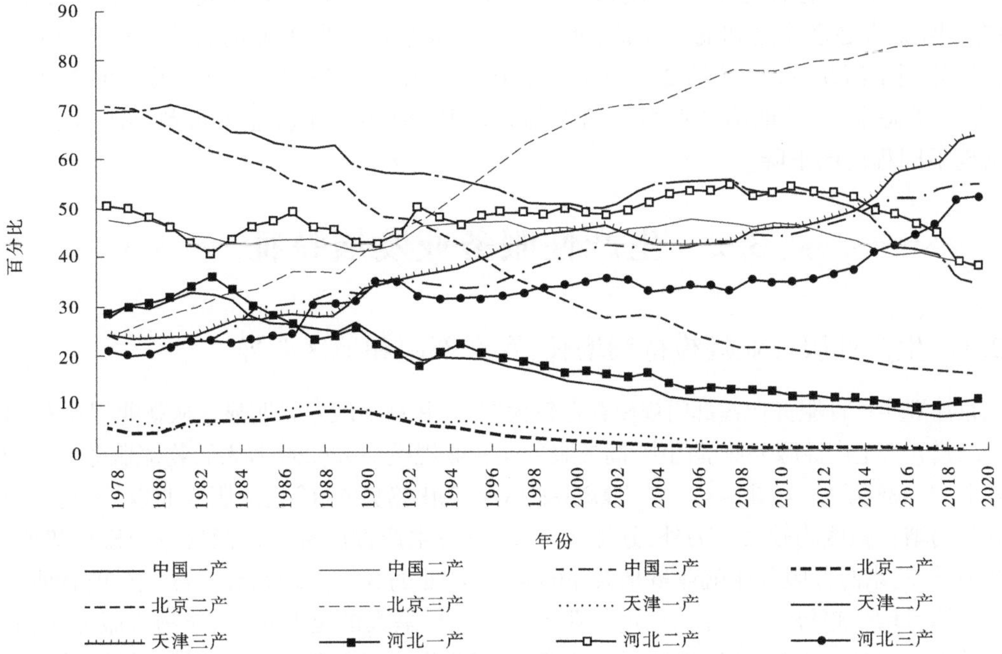

图 3-1　改革开放以来中国、北京、天津、河北三次产业增加值比重

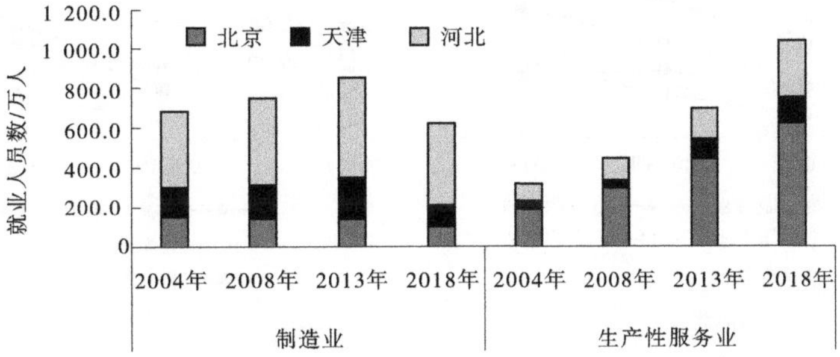

图 3-2　京津冀地区生产性服务业与制造业就业人员数

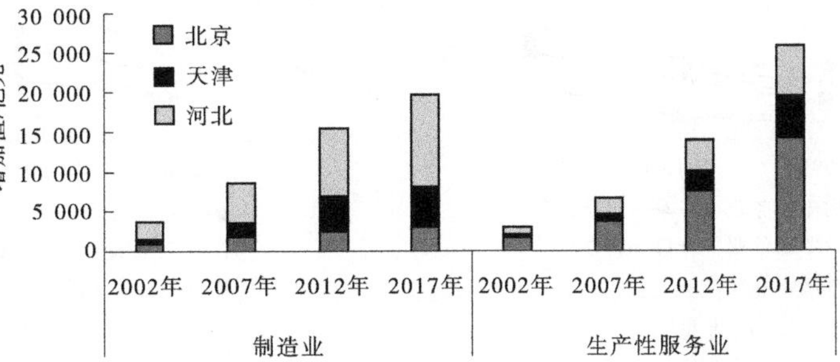

图 3-3　京津冀地区生产性服务业与制造业增加值

分地域看,河北省是京津冀制造业就业主体,2018 年就业总量是京津之和的 2 倍,2017 年增加值是京津之和的 1.4 倍;北京是京津冀生产性服务业的就业主体,2018 年就业总量分别是河北、天津的约 2 倍和 4 倍,2017 年增加值分别是河北、天津的 2.3 倍和 2.6 倍。动态来看,三地两产业增加值均保持增长,但制造业就业人员数 2013—2018 年都出现不同程度的下降。

3.2　生产性服务业发展特征

3.2.1　生产性服务业规模持续增长,存在部门和地区差异

京津冀生产性服务业各部门规模存在较大差异,并且地区差异明显。从就业规模看,2018 年京津冀五大生产性服务业部门中,商务服务业就业规模最大(299 万人),物流服务业就业规模最小,为 135 万人(见图 3-4)。从 2008—2018 年变化趋势看,除物流服务业以外,其余四个行业部门增长幅度均较大。另外,分地区看,北京各生产性服务业部门就业规模优势明显,如 2018 年北京商务服务业就业量是天津的 4 倍,河北的 3 倍。动态看三省(市)的就业规模虽然总体呈增长趋势,但也存在一定行业差异。差异最大的是北京、天津物流服务业,北京增长较为平缓且在 2013 年后出现下降趋势,但河北物流服务业在研究期始终保持增长。

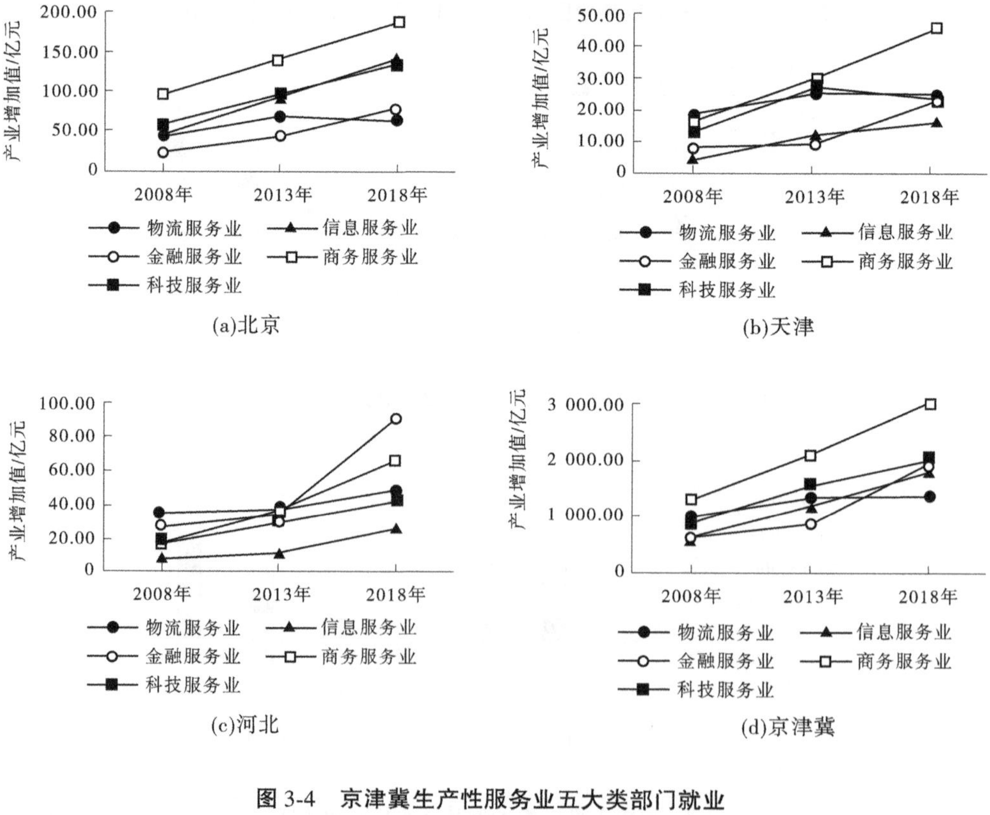

图 3-4　京津冀生产性服务业五大类部门就业

增加值方面,2017 年京津冀五大生产性服务业部门中,金融业增加值最高,达 8 529

亿元,远高于其他部门(见图 3-5)。商务服务业增加值最低,仅为 3 508 亿元。动态来看,物流服务业增加值在 2013 年后增长相对缓慢,而科技服务业和信息服务业增长幅度更大,在 2017 年超过了物流服务业的增加值。分地区看,2017 年北京、天津增加值最高的行业都是金融服务业,分别为 4 700 亿元和 1 700 亿元;而河北省生产性服务业增加值规模最大的部门是物流服务业,为 2 492 亿元。

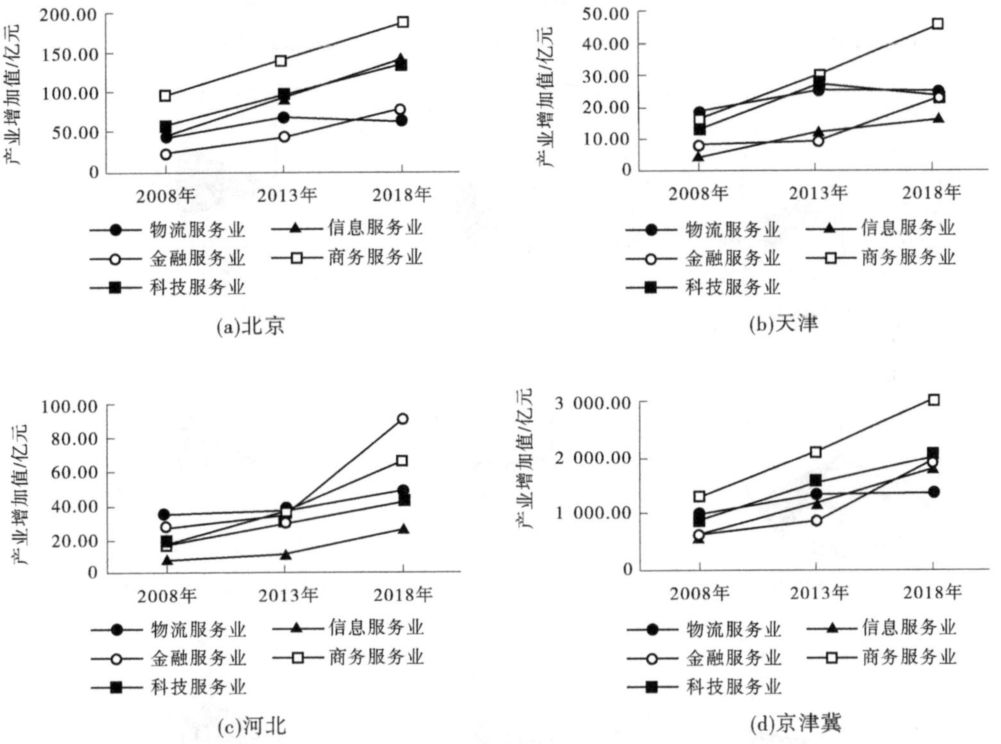

图 3-5　京津冀生产性服务业五大类部门增加值

3.2.2　生产性服务业部门结构趋于优化,且存在地区差异性

京津冀生产性服务业部门构成结构趋向优化,物流服务业占比逐步减小,信息、金融服务业占比逐步增加。生产性服务业总就业中物流服务业份额从 2008 年的 23%下降至 2018 年的 13%(见图 3-6);而信息和金融服务业就业占京津冀生产性服务业总就业的比重分别从 2008 年的 13%、14%增长至 2018 年的 18%、19%。分地区而言,三地生产性服务业构成差异明显。北京信息服务业的占比远高于天津、河北,如 2018 年北京信息服务业比重为 23%,而天津、河北分别仅为 12%、10%。北京、河北的部门结构变化趋势与京津冀总体相似;而天津市商务服务业、科技服务业变化趋势与区域整体不同,其中商务服务业占比出现增长,科技服务业占比出现下降。

增加值结构同样得到优化。2007—2017 年,京津冀物流服务业占比下降,从 30%降至 17%,而其他部门占比增加,如科技服务业占比从 13%增至 19%,金融服务业占比从 29%增至 33%(见图 3-7)。分地区来看,北京各部门占比变化不大,而天津、河北变化较

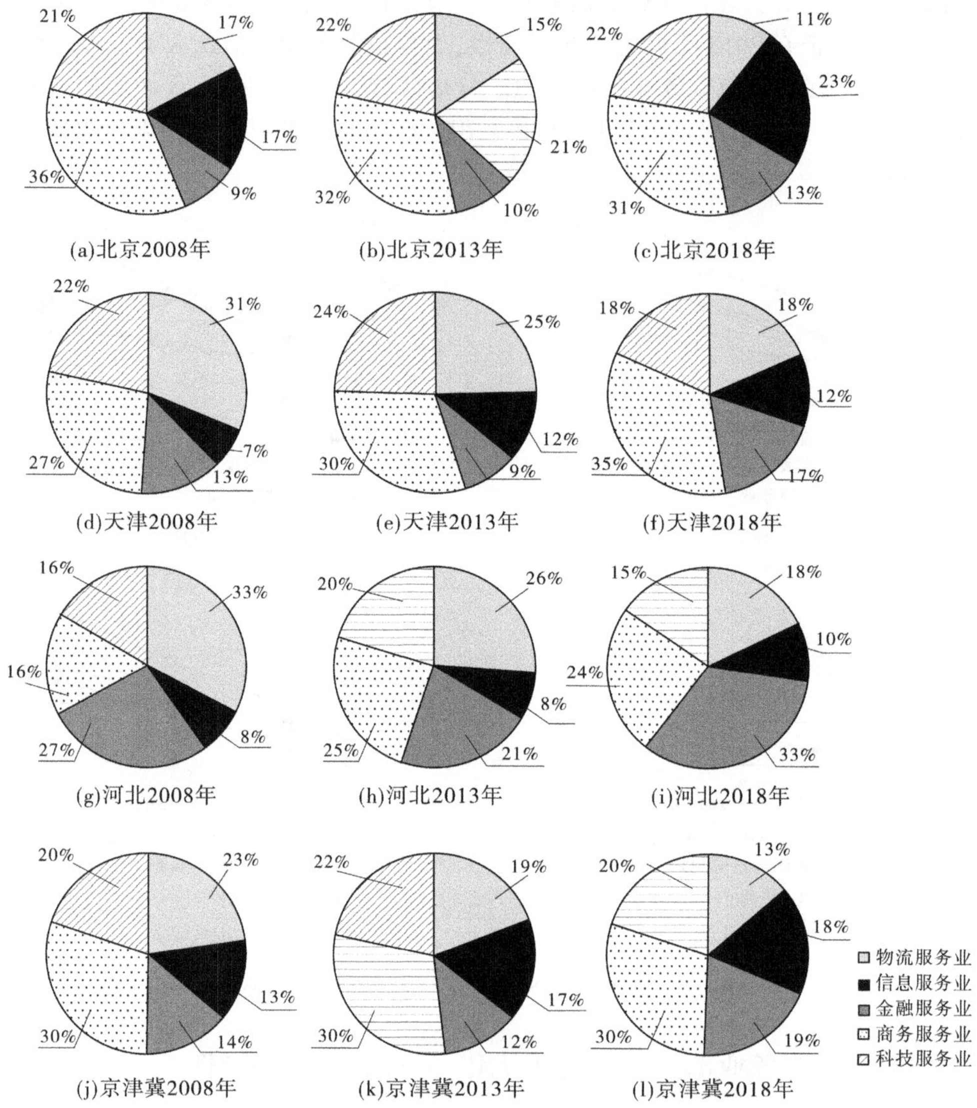

图 3-6　京津冀生产性服务业五大类部门就业比重变化

为显著。其中,天津物流业增加值占全市生产性服务业总额的比重从 2007 年的 34%降到 2017 年的 12%,与此同时,金融、科技、商务服务业的份额均约增加了 1 倍;河北物流业增加值占全省生产性服务业的比重由 2007 年的 56%降到 2017 年的 40%,依然保持在较高水平,同期,金融服务业份额从 17%增加至 33%,增长了近 1 倍。

从两位数细分行业来看,京津冀三地就业规模排名前五位的部门具有较大相似性,均包含商务服务业、专业技术服务业、金融服务业。北京、天津就业规模最大的生产性服务业部门为商务服务业,河北为金融服务业。但三地排在次位的部门各不相同:北京第二大生产性服务业就业部门为软件和信息技术服务业;天津第二大生产性服务业就业部门为专业技术服务业或金融业;河北第二大生产性服务业就业部门为道路运输业或商务服务

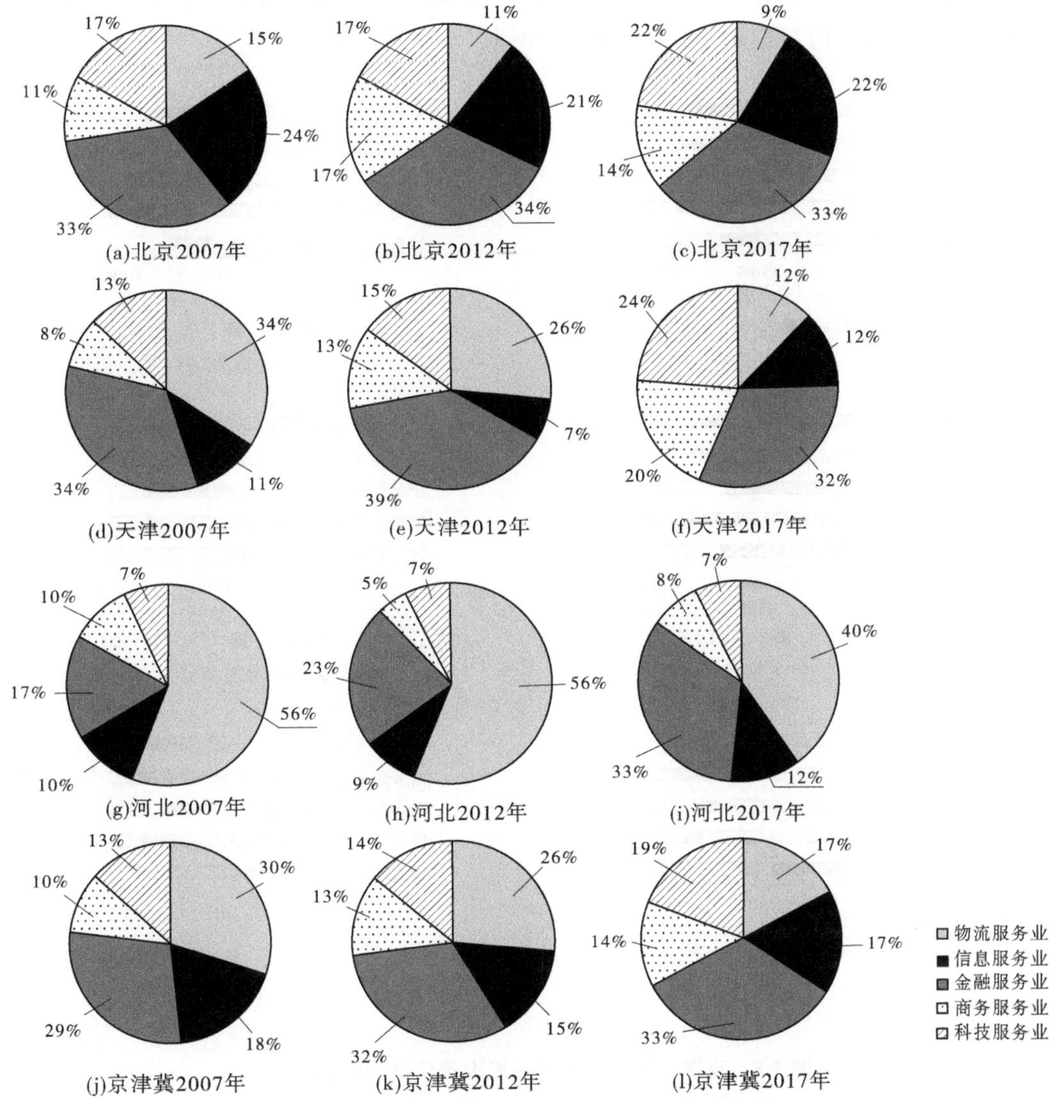

图 3-7　京津冀生产性服务业五大类部门增加值比重变化

业。京津冀生产性服务业就业各两位数部门增加值排序与就业部门排序不同。金融服务业是细分行业中增加值最高的部门，而商务服务业的占比明显较小。但与就业相比，三地增加值的细分行业排序出现变化。如河北首位部门是道路运输业(而非商务服务业)。

3.2.3　生产性服务业主要集中于北京，河北、天津仅在部分行业部门中具有优势

北京是京津冀生产性服务业核心，生产性服务业总量以及信息、科技、商务服务业各部门占据主体地位(见图 3-8)。其中，以信息服务业的占比最高，2018 年，北京信息服务业就业和增加值分别占京津冀地区总量的 77%和 69%。物流服务业方面，河北省比较突出，其就业占该京津冀总量的 46%，增加值占京津冀总量的 57%。金融服务业方面，就业

与增加值的地域分布稍有不同。其中在就业方面，河北与北京大体相当，均占 40%左右，但北京金融业增加值约占京津冀的 60%，而河北与天津各约占 20%。

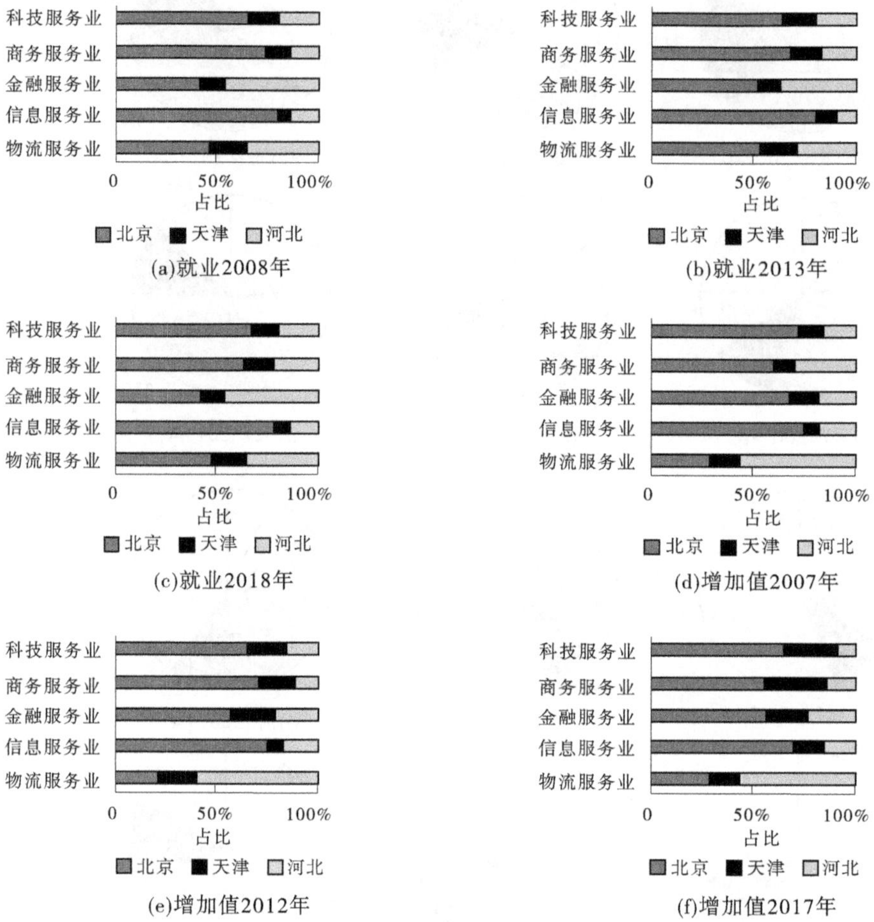

图 3-8　京津冀生产性服务业五大部门增加值省域分布

从两位数细分行业来看，京津冀生产性服务业主要集中于北京，河北、天津仅在部分生产性服务业中具有一定占比。物流服务业方面，虽然北京在航空运输业、管道运输业、铁路运输业等物流服务业细分部门占有较大优势(见图 3-9)，但是天津、河北在水上运输业、其他运输与装卸搬运、仓储业、道路运输业方面较为突出。动态来看，河北省在货币金融服务、租赁业的份额，天津在研究和试验发展、专业技术服务业的份额有一定提高。

3.2.4　三省(市)均为生产性服务业净流出地，但存在较大差异

产品流概念由李江帆和陈泽鹏(2012)最早提出，旨在弥补区位商、“城市流”在测定服务输出中的局限性。两人构建了“服务业外向度”“服务输出依存度”“服务业生产对输出需求的最终依赖度”等评价指标。为定量测度京津冀各地区不同生产性服务业部门的

服务输出强度，本节直接采用服务业调出调入额测度。

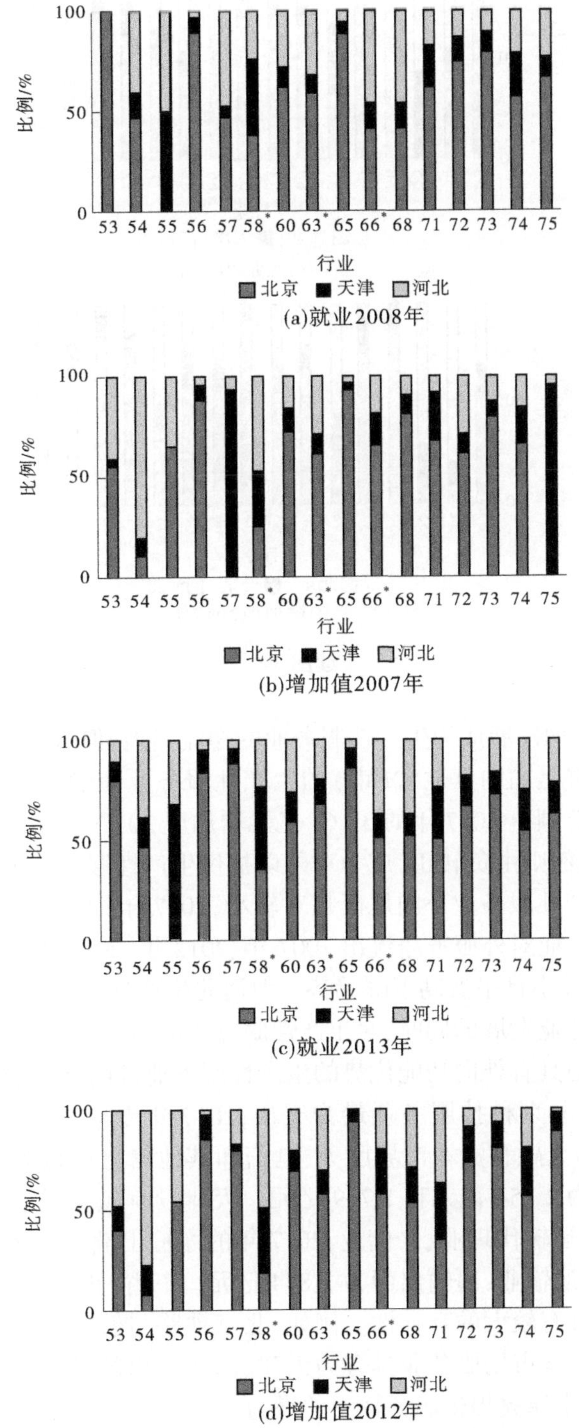

图 3-9　京津冀生产性服务业细分行业部门就业和增加值省域分布

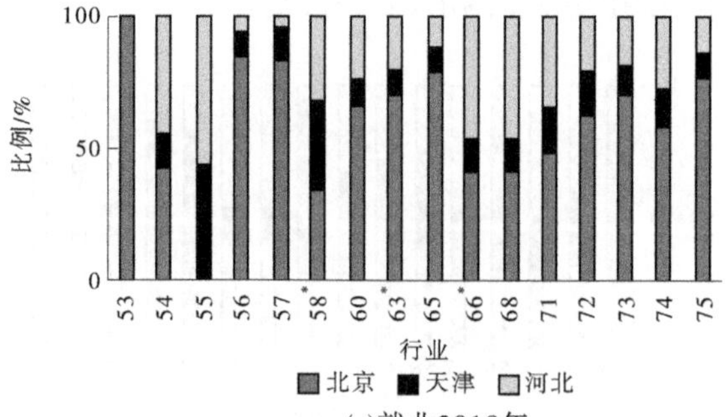

(e)就业2018年

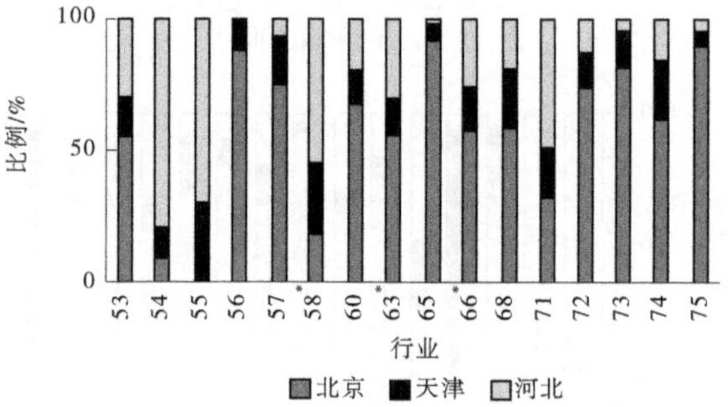

(f)增加值2017年

续图 3-9

京津冀三省(市)均发展成为生产性服务业的净流出地,但差异较大(见图 3-10)。从净流出来看,北京始终是国内其他省(市)的生产性服务业净输送地,并且随着时间推移而稳步增强,净输出总额由 2007 年的 3 167 亿元增加至 2017 年的 8 488 亿元。天津生产性服务业产品净输出额则由负转正,成为对外以提供生产性服务业为主的城市。然而,与北京相比,天津的生产性服务业外向规模相对较小,2017 年约为 1 200 亿元,仅为北京的 1/7。河北生产性服务业对外服务净流出 2007 年、2012 年、2017 年分别为 726 亿元、-346 亿元、571 亿元,总量较小且呈波动下降趋势。但河北生产性服务业的输出量与输入量增长趋势明显,表明制造业发展的同时,对生产性服务业的需求与供给也在增长。

分行业来看,三地具有外向功能优势的生产性服务业部门具有较大的部门差异,且形成一定的互补趋势。北京科技服务业最为突出,2017 年专业技术服务业为 3 290 亿元(见表 3-1);北京货币金融和资本市场服务、电信和其他信息传输服务业分别排在第二、第三位,净流出分别为 2 154 亿元和 1 779 亿元。天津没有超过千亿的净输出部门,最为突出的是装卸搬运和运输代理业、仓储业,2017 年的净输出额为 707 亿元;河北省净输出额最大的部门是道路运输业,净输出额为 1 844 亿元。三省(市)在物流服务业、金融服务业、信息服务业领域具有较大的互补性。例如,北京铁路与航空运输业、软件和信息技术服务业、货币金融和资本市场服务业具有为天津、河北输出的潜力。天津水上运输业、河北道路运输业具有为京津冀提供服务输出的潜力。

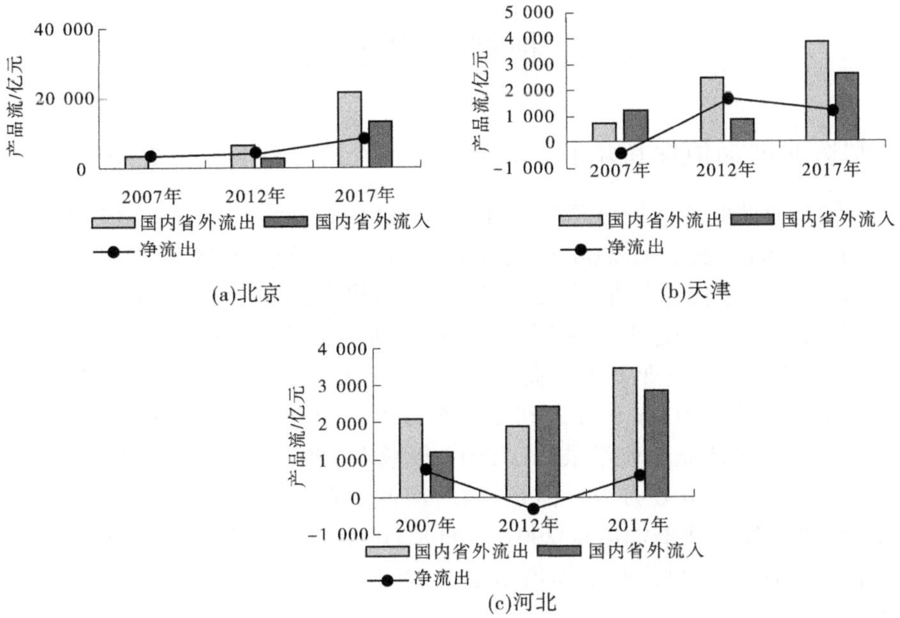

图 3-10　京津冀生产性服务业产品流

表 3-1　京津冀生产性服务业细分行业部门净流出

部门	净流出/亿元								
	2007 年			2012 年			2017 年		
	北京	天津	河北	北京	天津	河北	北京	天津	河北
铁路运输业	261	−170	−111	313	−194	−288	559	−54	−204
道路运输业	−69	−98	639	−497	218	1 448	−1 506	36	1 844
水上运输业	−60	67	−206	−222	555	−37	−340	47	−61
航空运输业	107	−43	−87	712	−1	−184	889	−81	−94
管道运输业	−24	−10	−3	40	−5	3	78	21	3
装卸搬运和运输代理业	70	−107	118	373	−126	−13	998	707	−53
仓储业	55	−146	206	−44	168	10			
邮政业	33	13	13	140	31	20	220	9	8
电信和其他信息传输服务业	279	10	155	532	85	290	1 779	364	835
软件和信息技术服务业	746	23	51	68	−30	−78	105	−198	−131
货币金融和资本市场服务业	1 023	−65	−6	1 182	240	−1 321	2 154	−193	−528
保险业	84	23	−132	−104	−59	−59	156	85	−294
租赁业	0	−120	−243	−10	−422	−36	−194	−255	−42
商务服务业	78	11	216	−77	119	−112	−2 761	−75	−837
研究与试验发展业	29	13	−5	63	150	21	1 342	198	−98
专业技术服务业	498	99	129	1 274	545	2	3 290	445	232
科技交流和推广服务业	126	−3	−6	206	51	−11	1 720	−7	−9

3.3　制造业发展特征

3.3.1　制造业增加值保持增长，而就业规模在 2013 年后开始下降

京津冀制造业就业和增加值总量呈现出不同的变化趋势。京津冀制造业就业量总体上呈现波动下降的趋势，从 2008 年的 736.1 万人下降至 2018 年的 620.4 万人（见图 3-11）。北京制造业就业较早进入下降通道，而津冀制造业就业量稳步增长到 2013 年。但 2013—2018 年，因受到京津冀协同发展规划实施，以及淘汰落后产能等环境规制因素的影响，津冀制造业就业开始下降。三地相比，北京、天津下降趋势较为明显，两市 2018 年制造业总量分别为 96.8 万人和 117.6 万人，比 2013 年分别减少了 37.1 万人和 97.8 万人。而河北制造业就业量虽然比 2013 年减少 100 万人，但依然保有较大规模，在 2018 年的就业总量为 406.0 万人。但是，从增加值来看，京津冀及各省（市）制造业总量持续增长。该地区制造业增加值从 2007 年的 8 710 亿元增加到 2017 年的 15 207 亿元，增长近 2 倍。其中，天津制造业增加值增幅最大，从 714 亿元增加到 5 289 亿元，增加 7 倍多。北京和河北分别增长了 3 倍和 2 倍。因此，虽然京津冀制造业从业人数波动下降，但增加值依然保持着正增长，表明制造业的劳动生产率在不断提高。

京津冀制造业就业人员数和增加值见图 3-11。

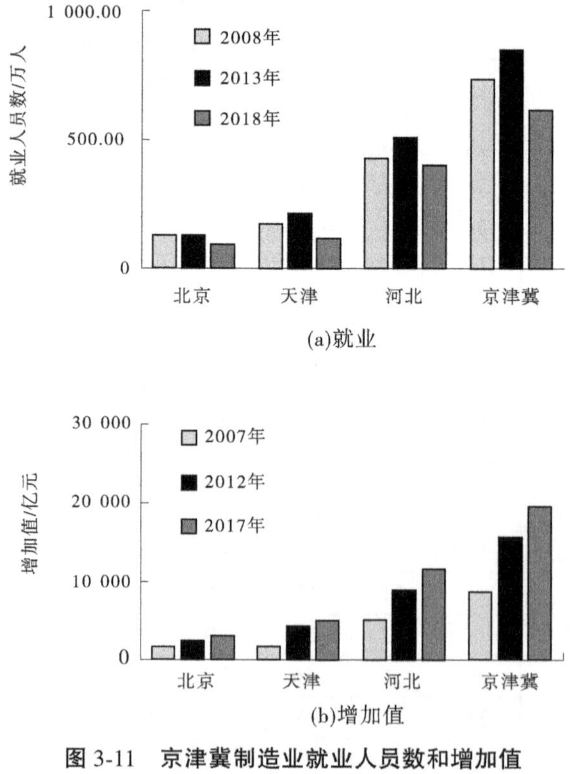

图 3-11　京津冀制造业就业人员数和增加值

此外，不同类型的制造业变化趋势有较大差异。在就业人员数方面，京津冀劳动密集

型、资本密集型、技术密集型制造业 2008—2018 年呈现波动下降趋势（见图 3-12）。在增加值方面，技术密集型、劳动密集型制造业始终增长，而资本密集型制造业先升后降。同时，三省（市）出现不同特征。其中，北京技术密集型制造业增加值保持快速增长，从 2007 年 915 亿元增加到 2017 年的 1 866 亿元，增长了 1 倍（见图 3-13）；天津三类制造业增加

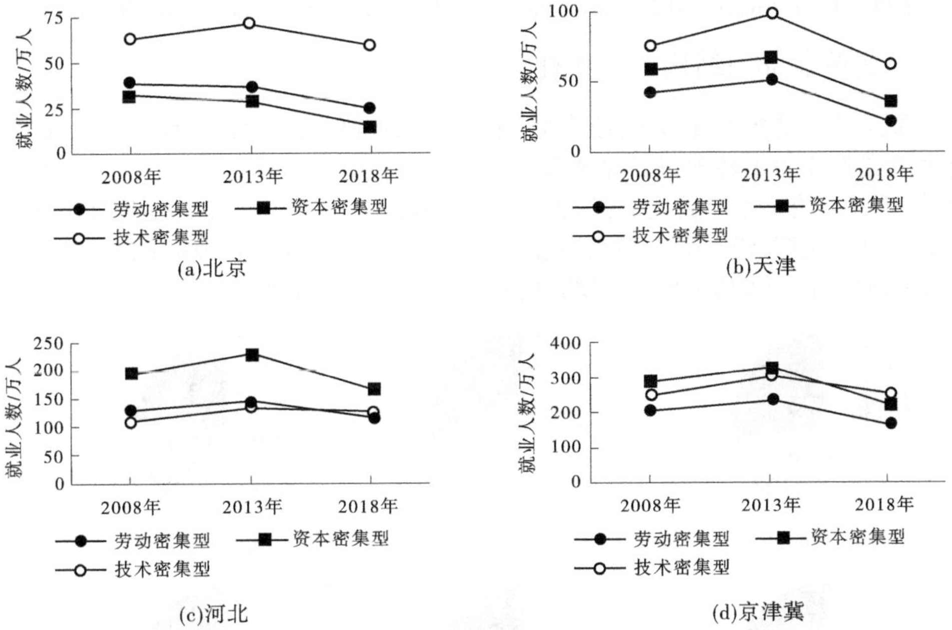

图 3-12　京津冀制造业各类型就业规模

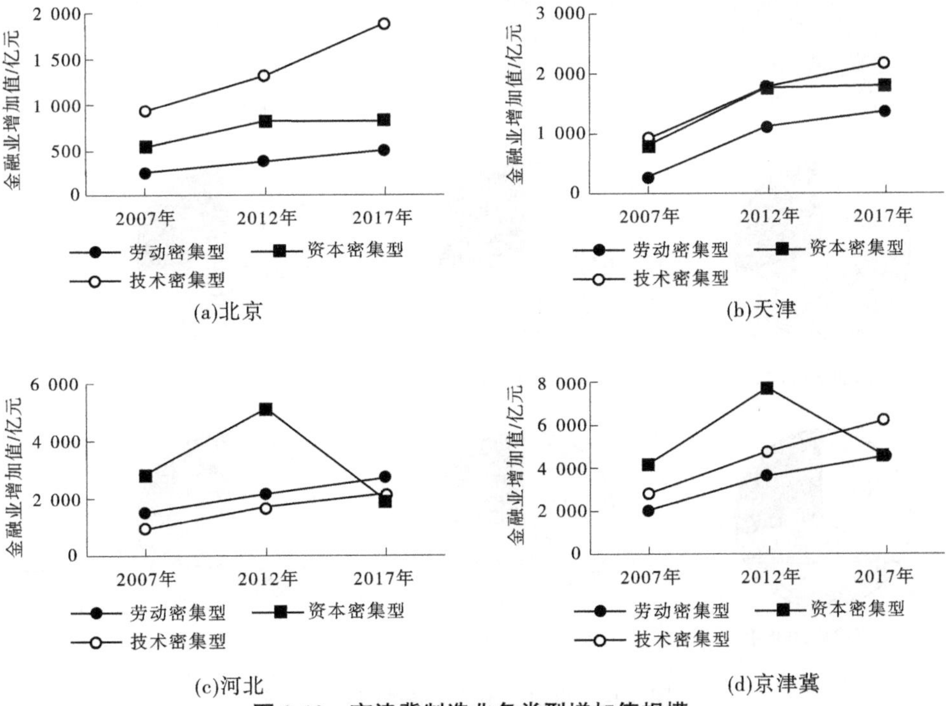

图 3-13　京津冀制造业各类型增加值规模

值均保持较快增长；河北省资本密集型制造业增加值则呈现过山车式变化，在2012年达到5 100亿元后，在2017年降到1 928亿元。

综合来看，京津冀三省（市）技术密集型制造业在就业和增加值方面均保持正向增长；劳动密集型制造业就业量虽波动下降，但增加值稳步增长；资本密集型制造业就业波动下降的同时，其增加值在2012年后出现增长停滞（北京、天津）或者下降（河北省）的情况。

3.3.2　制造业部门结构趋于优化

从制造业的结构来看，无论是就业方面还是增加值方面，京津冀整体均呈现出由以资本密集型制造业为主转向以技术密集型制造业为主的部门结构变化。在就业方面，自2008年到2018年，京津冀技术密集型制造业的比例由33%增至39%，增加了6百分点；而同期劳动密集型、资本密集型制造业就业份额分别由28%和39%下降至26%和35%（见图3-14）。在增加值方面，京津冀技术密集型制造业增加值份额由2007年的31%增

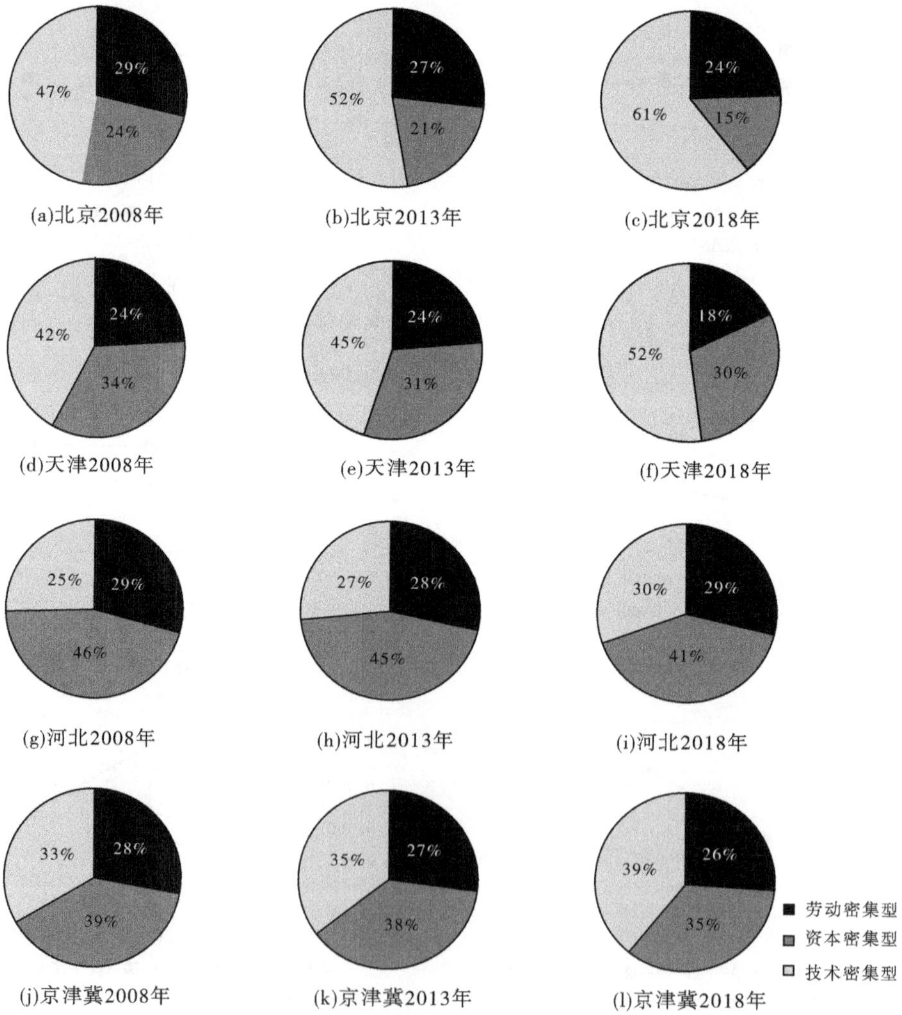

图3-14　京津冀制造业各类型就业构成

加至 2017 年的 40%,而同期资本密集型制造业增加值份额从 46%下降到 30%(见图 3-15)。

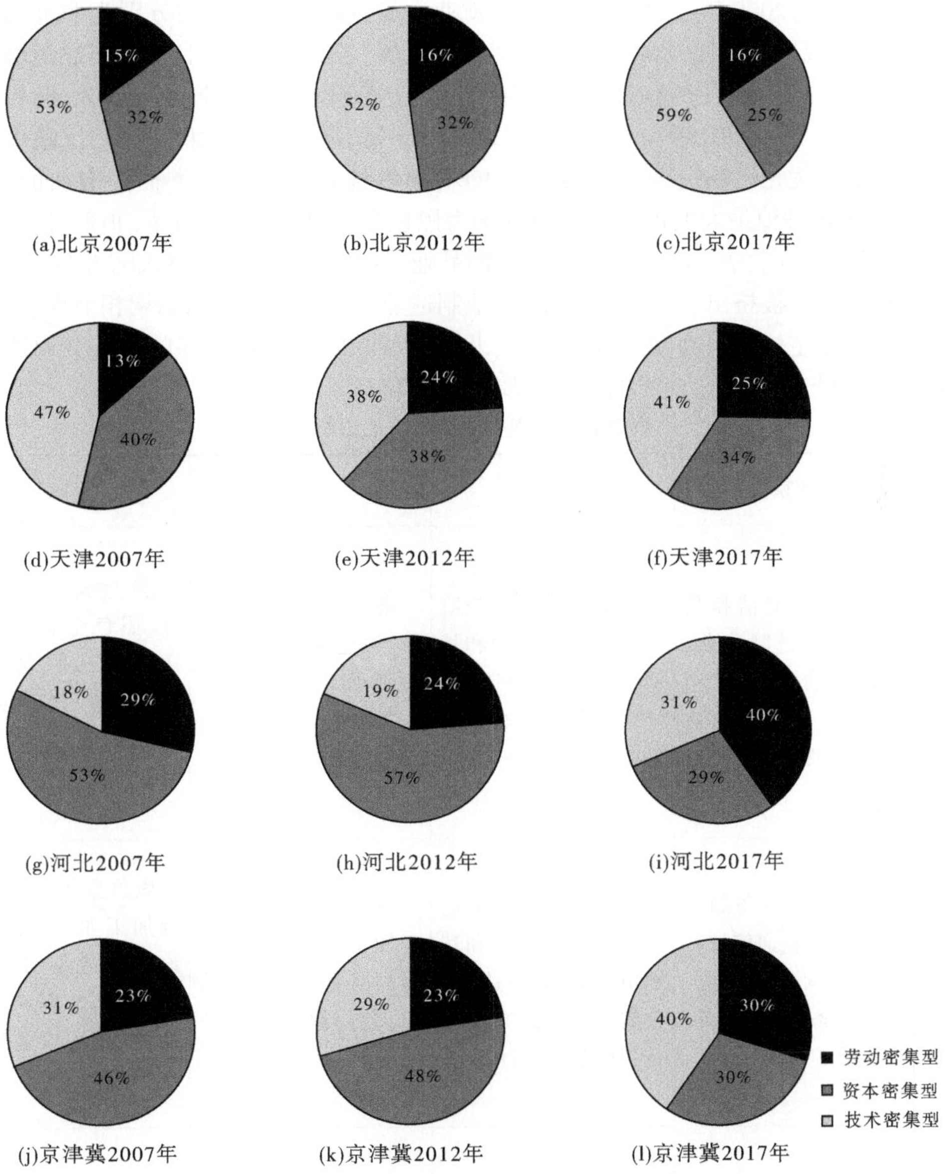

图 3-15　京津冀制造业各类型增加值构成

但是,北京、天津与河北的制造业结构差异明显。北京、天津形成了以技术密集型制造业为主体的制造业结构;2018 年北京、天津技术密集型制造业占制造业总就业的比例分别为 61%和 52%,增加值份额分别为 59%和 41%。与之相比,河北大多年份以资本密集型制造业为主,其就业和增加值份额总体保持在 40%以上。但在 2017 年,河北资本密集型制造业增加值降至 29%,而劳动密集型制造业增加值份额增长到 40%。这可能是钢铁等产业部门产能过剩以及受环保整顿与管制政策实施影响的结果。

从细分行业来看，京津冀地区前五位部门主要由装备制造业与重化工业组成，三地部门结构重合度高。2008 年、2013 年、2018 年就业人员数最多的前五项分别为非金属矿物制品业、黑色金属冶炼和压延加工业（简称“黑色金属”）、通用设备制造业、交通运输设备制造业、金属制品业（见表 3-2）。但排序有所调整，交通设备制造业、金属制品业由 2008 年第四、第五位提升到 2018 年的第一、第二位，而金属冶炼业排名相应下降，反映出京津冀工业结构有所优化。制造业各细分部门的增加值排名前五情况类似。增加值方面，2008 年京津冀增加值最大的前五个部门分别为黑色金属、ICT、化工制品、非金属矿物、交通运输设备制造业（见表 3-3）；2018 年金属制品业、通用设备制造业挤入前五名，而 ICT、非金属矿物制品业被挤出。另外，京津冀三地制造业具有较大的部门结构相似性，主要反映在三地制造业主体部门高度重合。比如，北京、天津 2017 年首位部门都是交通运输设备制造业；天津与河北制造业中的黑色金属占比均较高。

表 3-2 京津冀就业规模最大的前五位制造业部门

年份	北京	天津	河北	京津冀
2008	计算机、通信和其他电子设备制造业，交通运输设备，专用设备，通用设备制造业，纺织服装、服饰业	交通运输设备制造业，计算机、通信和其他电子设备制造业，金属制品业，通用设备制造业	非金属矿物制品业，黑色金属冶炼和压延加工业，通用设备制造业，纺织业，金属制品业	非金属矿物制品业，黑色金属冶炼和压延加工业，通用设备制造业，交通运输设备制造业，金属制品业
2013	交通运输设备制造业，计算机、通信和其他电子设备制造业，专用设备，通用设备，非金属矿物制品业	交通运输设备制造业，计算机、通信和其他电子设备制造业，金属制品业，通用设备制造业，专用设备	黑色金属冶炼和压延加工业，非金属矿物制品业，金属制品业，纺织业，通用设备制造业	黑色金属冶炼和压延加工业，交通运输设备制造业，金属制品业，非金属矿物制品业，通用设备制造业
2018	交通运输设备制造业，计算机、通信和其他电子设备制造业，专用设备，医药制造业，通用设备	有色金属冶炼和压延加工业，其他，家具，石油加工、炼焦和核燃料加工业，造纸和纸制品业	造纸和纸制品业，家具，印刷和记录媒介复制业，有色金属冶炼和压延加工业，石油加工、炼焦和核燃料加工业	交通运输设备制造业，金属制品业，黑色金属冶炼和压延加工业，通用设备制造业，非金属矿物制品业

表 3-3　京津冀增加值规模最大的前五位制造业部门

年份	北京	天津	河北	京津冀
2007	计算机、通信和其他电子设备制造业，交通运输设备制造业，化学原料和化学制品，专用设备，黑色金属冶炼和压延加工业	计算机、通信和其他电子设备，黑色金属冶炼和压延加工业，交通运输设备制造业，电气机械和器材，化学原料和化学制品	黑色金属冶炼和压延加工业，非金属矿物制品业，化学原料和化学制品，通用设备，纺织业	黑色金属冶炼和压延加工业，计算机、通信和其他电子设备，化学原料和化学制品，非金属矿物制品业，交通运输设备制造业
2012	交通运输设备制造业，计算机、通信和其他电子设备，化学原料和化学制品，医药制品，通用设备	黑色金属冶炼和压延加工业，交通运输设备制造业，计算机、通信和其他电子设备，食品，化学原料和化学制品	黑色金属冶炼和压延加工业，金属制品，非金属矿物制品业，化学原料和化学制品，交通运输设备制造业	黑色金属冶炼和压延加工业，交通运输设备制造业，化学原料和化学制品，计算机、通信和其他电子设备，金属制品
2017	交通运输设备制造业，医药制品，计算机、通信和其他电子设备，通用设备，化学原料和化学制品制造业	交通运输设备制造业，化学原料和化学制品，计算机、通信和其他电子设备，石油加工、炼焦和核燃料加工业，黑色金属冶炼和压延加工业	黑色金属冶炼和压延加工业，金属制品，交通运输设备制造业，化学原料和化学制品，非金属矿物制品业	黑色金属冶炼和压延加工业，交通运输设备制造业，化学原料和化学制品制造业，金属制品业，通用设备制造业

3.3.3　河北资本密集型和劳动密集型制造业占据京津冀主体

从地域分布来看，京津冀制造业主要位于河北。在就业方面，河北制造业占京津冀地区制造业份额为 54%～65%，始终占据主体。在增加值方面，河北制造业占该地区制造业的份额从 2007 年的 60%持续增加到 2017 年的 66%。

分类型来看，技术密集型制造业的省(市)域分布与制造业总体具有显著差异。河北资本密集型和劳动密集型制造业占据京津冀主体地位，且与北京和天津之间保持较大的差距；虽然河北技术密集型制造业就业总量具有较大优势，在 2018 年，京、津、冀三地就业量地区占比分别为 24%、25%、51%；但是技术密集型制造业的增加值在京、津、冀三地间差距不大，2017 年三地占比分别为 31%、35%、34%。其中，技术密集型的计算机设备、仪器仪表设备、交通运输设备制造业在北京、天津的比例甚至高于河北（见图 3-16、图 3-17）。这表明京津两地制造业的劳动生产率远高于河北。河北制造业有待通过进一步依靠加大生产性服务业投入等措施实现制造业高质量发展。

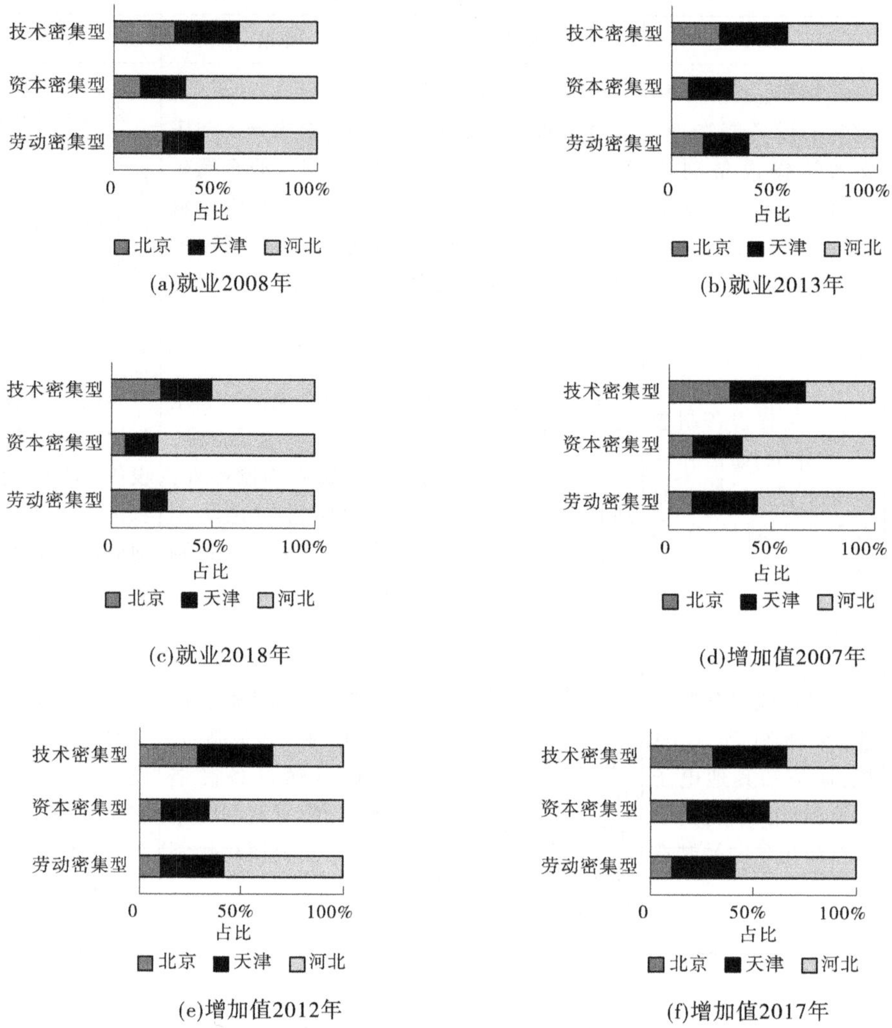

图 3-16 京津冀各类型制造业就业和增加值的省域分布

3.3.4 京津交通运输设备制造业具有对外输出优势

从净输出总量指标来看,北京对外不承担制造业输出功能,天津和河北则是制造业外向净输出地。虽然北京制造业产品流出量和流入量均较高,但这仅反映出北京作为国家交通枢纽,是制造业产品的集散中心。而从净输出来看,北京除在 2012 年稍稍大于 0 外,其余时间均为负,表明北京制造业整体上不承担外向经济功能。天津制造业净输出在 2007—2012 年持续增长,在 2017 年又明显下降(见图 3-18)。河北制造业净输出额变化趋势与天津相似,从绝对量看,河北净输出规模远大于天津。2017 年河北对外净输出达 6 411 亿元,而天津仅为 409 亿元。

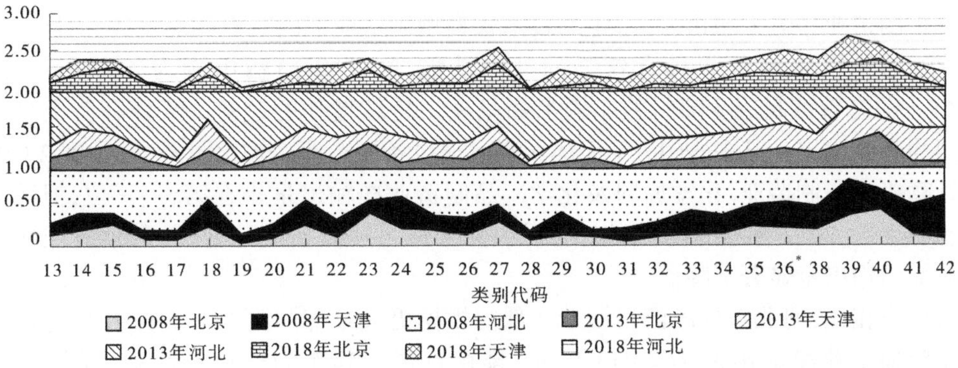

(a)就业

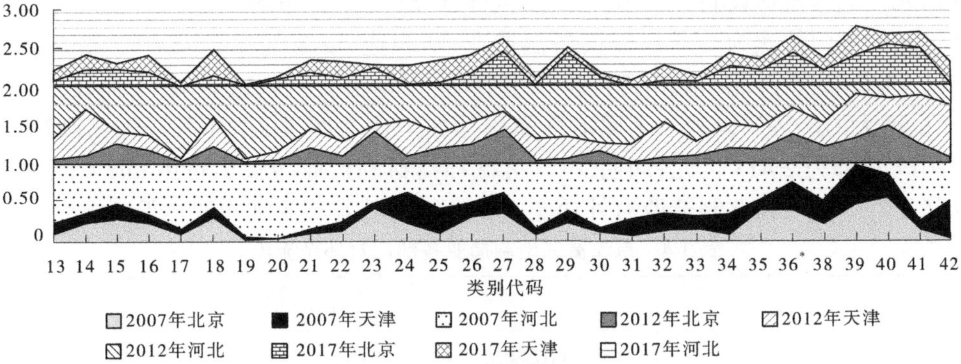

(b)增加值

注：* 代表与国民行业分类标准不同，由国民行业分类标准中 36、37 合并为 36*。

图 3-17　京津冀制造业细分部门就业和增加值的省(市)域分布

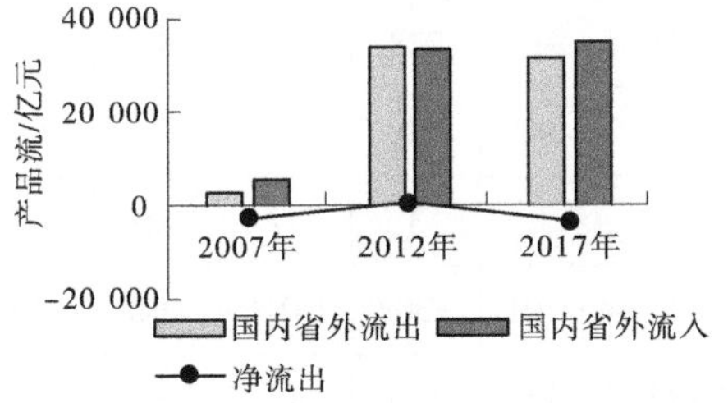

(a)北京

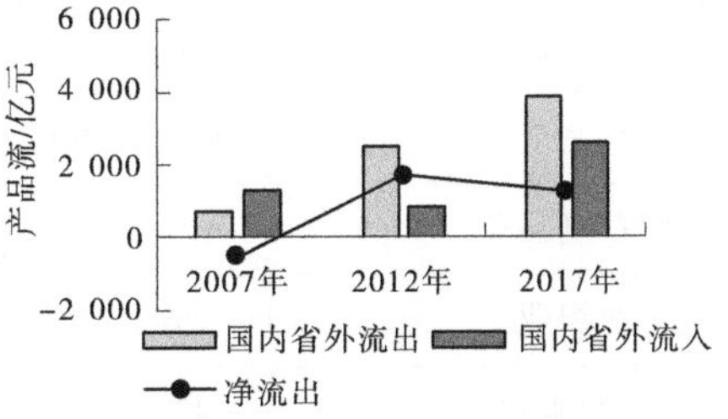

(b)天津

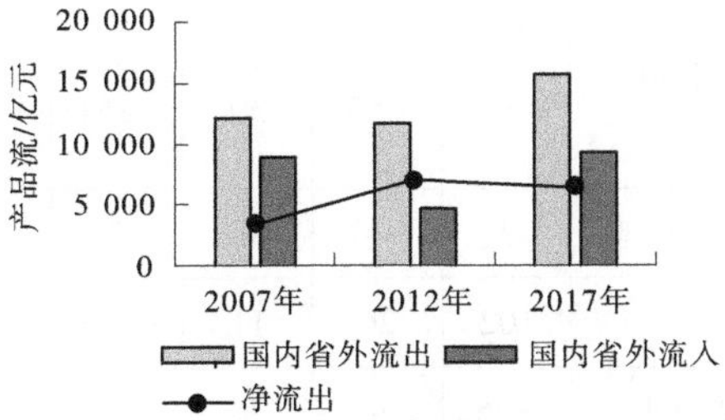

(c)河北

图 3-18　京津冀制造业产品流

北京和天津的制造业中交通运输设备制造业在对外输出中优势明显。虽然北京总体上对外是制造业净输入城市,在特定的技术密集型制造业部门具有相对优势。具体来看,北京交通运输设备制造业具有较强的外向功能,2017年净输出额为4 207亿元(见表3-4)。动态看该制造业部门的净输出额呈现出持续增长的趋势。天津在各类型制造业部门均有净输出。其中,2017年天津交通运输设备制造业净输出量最大,达到2 039亿元。计算机设备制造业、化学原料及化学制品制造业净输出量排在第二、三位,但数值较小。动态来看,2017年与2012年相比,天津除交通运输设备制造业外,其他各类净输出制造业部门输出量显著下降。

与京津相比,河北对外净流出制造业部门规模更大且部门更多。2017年黑色金属冶炼和压延加工业净输出额为2 413亿元,排在首位。其次为金属制品业,净输出额为2 070亿元。电气机械设备制造业净流出大于1 000亿元,净输出额大于500亿元小于1 000亿元的部门依次为交通运输设备制造业、纺织业、皮革毛皮制品业、橡胶和塑料制品业等。动态来看,河北净输出部门呈现出劳动、资本密集型制造业减少,而技术密集型制造业呈增大的趋势。以黑色金属冶炼和压延加工业为例,2007年其净输出高达2 951亿元,2017年降为2 413亿元;同期,电气机械和器材制造业净输出量由261亿元增加到1 008亿元。这表明河北制造业对外功能的产品结构随着产业结构调整得到提升。

表3-4 京津冀三地制造业各部门对外净流出

行业部门	净流出/亿元								
	2007年			2012年			2017年		
	北京	天津	河北	北京	天津	河北	北京	天津	河北
农副食品加工业	−168	−35	224	−155	207	430	−691	7	220
食品制造业	−4	25	435	−9	778	567	86	72	499
饮料制造业	43	60	141	94	70	237	−69	−24	262
烟草制品业	−9	−2	−42	−15	3	97	−28	−105	17
纺织业	−126	−16	449	−101	−303	1 016	−148	−173	760
纺织服装	−48	−52	122	−181	116	45	−388	48	−202
皮革、毛皮、羽毛(绒)及其制品业	−46	−23	148	−127	−76	549	−205	−186	544
木材加工及木、竹、藤、棕、草制品业	−64	−53	39	−151	−114	−139	−184	−89	18
家具制造业	2	−47	162	2	−2	38	0	−19	4
造纸及纸制品业	102	26	11	−204	−33	−31	−578	7	69
印刷业和记录媒介的复制业	−26	9	76	−309	−172	−44	−391	−138	14
文教体育用品制造业	−86	−18	−49	−292	57	−28	−501	−10	−73

续表 3-4

行业部门	净流出/万元								
	2007 年			2012 年			2017 年		
	北京	天津	河北	北京	天津	河北	北京	天津	河北
石油加工、炼焦及核燃料加工业	-163	99	-1 185	173	16	-61	-803	-575	-960
化学原料及化学制品制造业	57	74	-244	68	235	-460	-379	199	175
医药制造业	-199	31	94	90	76	128	76	-37	-88
化学纤维制造业	-2	-6	13	31	20	38	8	-1	-133
橡胶和塑料制品业	-69	-135	173	-286	-37	283	-525	-130	549
非金属矿物制品业	-176	-212	1 134	-593	-653	407	-725	-661	210
黑色金属冶炼和压延加工业	-360	-49	2 951	-1 625	26	4 207	-1 682	-48	2 413
有色金属冶炼和压延加工业	-162	-47	-123	1 655	-107	-491	1 325	0	-1 026
金属制品业	-158	-145	-815	-336	-82	274	-1 359	-24	2 070
通用设备制造业	126	61	194	263	-54	-69	407	-9	276
专用设备制造业	7	-106	-731	321	-68	157	563	104	342
交通运输设备制造业	177	617	29	2 989	1 370	433	4 207	2 039	855
电气机械和器材制造业	-245	-25	261	-162	-270	86	-543	-245	1 008
计算机、通信和其他电子设备制造业	-925	857	-252	- 370	709	-509	-1 059	206	-530
仪器仪表及文化、办公用机械制造业	41	64	-94	14	-21	-49	42	-50	-47
工艺品及其他制造业	-56	-49	92	11	36	-163	-21	-59	-332

3.4　本章小结

本章介绍了京津冀生产性服务业与制造业的发展历程、细分行业部门结构特征，得出以下结论：

(1)京津冀生产性服务业始终保持迅猛增长，实现对制造业的超越。京津冀生产性服务业各部门规模存在较大差异，并且地区差异明显。北京是京津冀生产性服务业的核心，在生产性服务业总量以及信息、科技、商务服务业各部门占据主体地位。河北、天津在部分服务业具有一定份额。动态来看，京津冀生产性服务业部门构成结构趋向优化，物流服务业占比逐步减少，信息、金融服务业占比逐步增加。从对外功能来看，京津冀三地在2017年都成为生产性服务业净输出地，但北京占据了绝对的优势且集中在科技、金融和信息服务业，而天津、河北各有侧重，但规模相对较小。

（2）京津冀三地制造业呈现出不同的变化趋势。京津冀制造业就业量总体上呈现波动下降的趋势；京津冀及各省（市）制造业增加值总量保持增长。从制造业的结构来看，无论是就业方面还是增加值方面，京津冀均呈现出由以资本密集型制造业为主转向以技术密集型制造业为主的变化趋势。地域上，虽然河北制造业约占京津冀的2/3，但技术密集型制造业在三省（区）之间相对均衡。对外输出方面，交通运输设备制造业是北京、天津的最大输出部门，河北则以黑色金属冶炼和压延加工业、金属制品业为主。动态来看，天津制造业对外净输出下降明显，河北制造业对外功能的产品结构随着时间演进得到优化。

第 4 章　京津冀生产性服务业与制造业空间格局及演变

本章首先介绍京津冀生产性服务业与制造业的发展概况，然后分别从行业分工和功能分工两个视角分析京津冀地区两类经济部门从业人员的空间分布及演变特征，为后文分析二者空间关系提供背景信息。

4.1　京津冀生产性服务业与制造业发展概况

4.1.1　发展历程

自 2001 年中国正式加入世界贸易组织以来，京津冀地区经济得到持续增长，并经历了剧烈的转变。总体上，京津冀地区制造业就业人员数 2004—2013 年持续增长，由 682.7 万人增至 850.9 万人。在此期间，生产性服务业以更快的速度增长，由 312.7 万人增至 690.8 万人。然而到 2018 年，由于三地制造业就业同时下降，京津冀制造业就业人员数降为 622.0 万人。与之相反，生产性服务业则继续保持迅猛增长趋势，达 1 035.1 万人，实现对制造业的反超。这标志着生产性服务业开始成为京津冀经济主体，而制造业正在经历结构性的调整。

2004—2018 年，河北、北京始终分别是京津冀制造业和生产性服务业的主体，天津则居中。然而，2008 年后，河北和天津的生产性服务业规模明显快速增加。

4.1.2　部门结构

明晰京津冀生产性服务业和制造业内部细分部门的构成差异，有助于辅助分析二者的空间关系。

2013 年，京津冀生产性服务业各部门发展十分不均衡，前 6 项约占总体的 80%（见图 4-1）。就业人员数最多的部门是商务服务业，其次是专业技术服务业，软件和信息技术服务业。其余三项分别是道路运输业、货币金融服务业、科技推广和应用服务业。而管道运输业、水上运输业、仓储业等规模最小。

制造业各部门同样具有较大差异（见图 4-2）。从业人员数最多的是黑色金属冶炼业，多达 90 万人。交通运输设备制造业，金属制品业，以及非金属矿物制品业三部门从业人员数均超过 60 万人。规模较大的部门还有通用和专用设备制造业，计算机、通信和其他电子设备制造业，化学制品业，电气机械和器材制造业等。规模最小的部门依次为烟草制造业、废弃资源业、化学纤维制造业等。

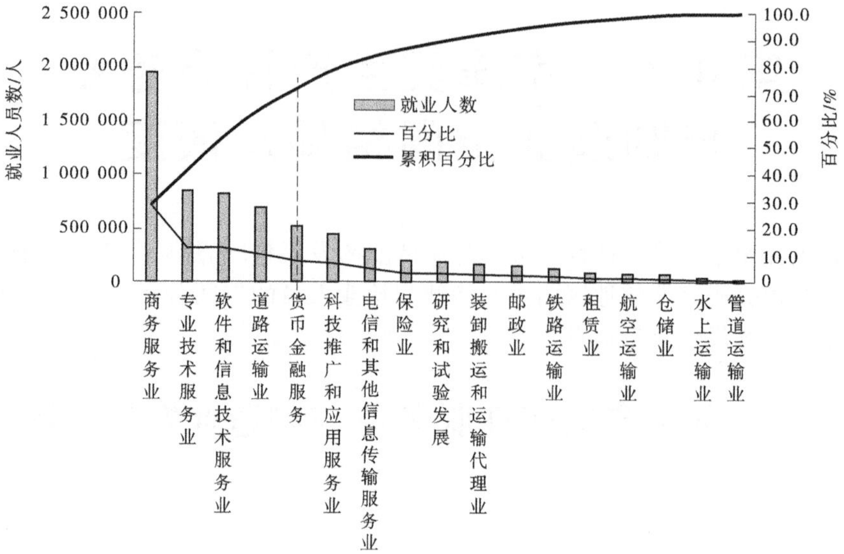

图 4-1　2013 年京津冀生产性服务业两位数部门就业人员数和所占比重

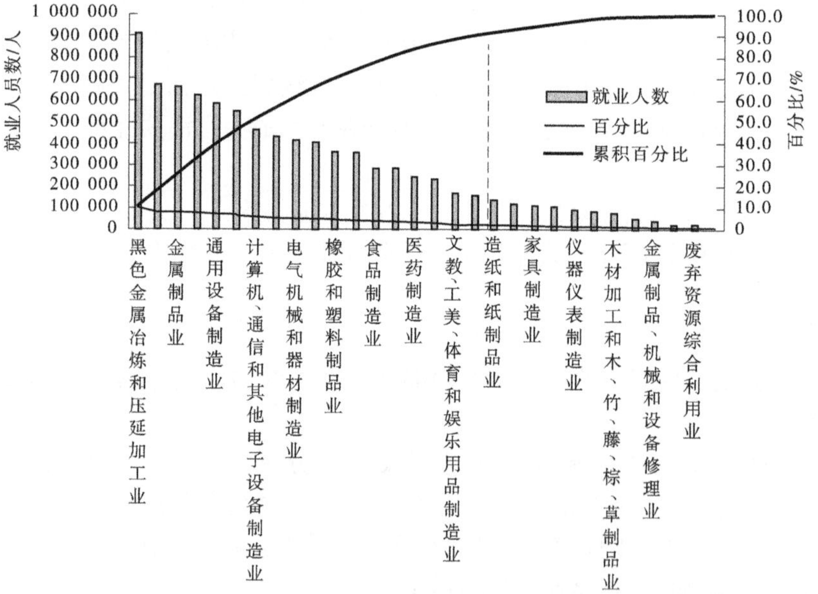

图 4-2　2013 年京津冀制造业两位数部门就业人员数和所占比重

4.1.3　空间分布

4.1.3.1　地级以上城市

由于 2018 年第四次经济普查分行业就业数据暂时无法获取，现对 2013 年京津冀 13 个城市的就业空间分布特征作简要描述（见表 4-1）。无论是制造业还是生产性服务业，京津二市与河北各地市对比悬殊。虽然生产性服务业是首都经济主体,但其制造业规模依然偏大,占京津冀总量的 15. 3%,仅次于天津市,从侧面印证了疏解北京一般制造业的必要性。天津生产性服务业位居次位,其规模是石家庄的 2. 7 倍,而其制造业规模是石家庄的 2. 1 倍。河北石家庄、唐山、沧州、保定制造业规模均超过 60 万人,但生产性服务业规模仅石家庄超过 30 万人。可以看出,石家庄生产性服务业在河北省内具有首位度。

表 4-1 京津冀 13 个地级及以上城市制造业和生产性服务业就业情况(2013 年)

城市	制造业		生产性服务业	
	总就业人员数/人	占比/%	总就业人员数/人	占比/%
北京市	1 264 167	15. 3	3 851 282	63. 9
天津市	2 096 801	25. 4	936 370	15. 5
石家庄市	986 729	12. 0	343 235	5. 7
唐山市	730 997	8. 9	159 723	2. 6
沧州市	581 825	7. 0	129 795	2. 2
保定市	635 749	7. 7	129 363	2. 1
邯郸市	454 435	5. 5	125 486	2. 1
廊坊市	398 676	4. 8	76 528	1. 3
秦皇岛市	190 159	2. 3	70 567	1. 2
承德市	121 088	1. 5	60 381	1. 0
张家口市	136 419	1. 7	56 565	0. 9
邢台市	374 879	4. 5	56 115	0. 9
衡水市	282 961	3. 4	35 508	0. 6
总计	8 254 885	100. 0	6 030 918	100. 0

4. 1. 3. 2 县域尺度

地级及以上城市行政区无法区分城区与郊区,不能精确刻画京津冀的经济活动空间分布特征。为此,以区(县)占京津冀制造业或生产性服务业比重为指标,做空间分布分析。

生产性服务业呈现出京津两大核心与河北各市城区次级中心的分布格局,其中就业比在 5%以上的区(县)都位于中心城区。另外,在北京、天津呈现出从中心城区到外围郊区递减的趋势(滨海新区除外),反映出生产性服务业具有极强的向心区位偏好。

与生产性服务业相比,制造业空间集中度较小,没有区(县)就业比重高于 5%。制造业规模较大的区(县)主要分布在大中城市近郊与远郊,以及资源丰富的地区。比重为1%~5%的区(县)中,位于城市郊区的有天津滨海新区、西青区、武清区等,北京昌平区、大兴区等,石家庄藁城区等,唐山市丰南区、丰润区等。资源丰富的区(县)主要有唐山迁安市(铁)、沧州献县(石油)、武安市(铁)、辛集市(钡盐)等。

总体上看,京津冀生产性服务业和制造业均具有集中分布的特征,为衡量其集中水平,利用 Geodata 软件做空间相关性分析。全局莫兰 I 值计算结果如表 4-2 所示。2008 年京津冀区(县)生产性服务业集聚水平的莫兰 I 为 0.488,2013 年为 0.397,研究期集聚水平变动的莫兰 I 值为 0.206,均在 0.5%的置信水平上通过检验且为正值。制造业集聚水平及其变动,同样显著为正。这说明京津冀生产性服务业和制造业静态及动态的集聚水平均呈现出空间关联性,即高值(或者高增长)区(县)对其周边区(县)具有空间溢出效应。

表 4-2 京津冀区(县)生产性服务业和制造业集聚水平全局莫兰 I 值计算结果

年份	生产性服务业集聚水平	制造业集聚水平
2008 年	0.488***	0.413***
2013 年	0.397***	0.404***
2008—2013 年	0.206***	0.344***

注：***表示在 95%置信水平上显著。

4.2 基于行业视角的空间格局及演变

本节从分行业部门视角介绍京津冀生产性服务业与制造业的空间分布格局及演变。

4.2.1 行业空间分布格局

(1)2008 年结果。为了解 2008 年京津冀区(县)尺度产业的空间分布格局及相关性,本节利用 SPSS 软件,导入 2008 年京津冀地区区(县)层面产业数据,提取前 4 项主因子,共解释 76%方差(见表 4-3)。

因子 1 与软件和信息技术服务业,科技推广和应用服务业,研究和试验发展,电信、互联网和相关服务,专业技术服务业等部门的载荷较高(见表 4-4),因此可将因子 1 称为信息与科技服务因子。

因子 2 与三类制造业以及仓储业、装卸搬运和运输代理业、水上运输业等物流业部门的载荷较高。这反映了在区(县)尺度上,物流业与制造业具有较高的空间分布一致性。在空间上,制造业因子主要集中在京津唐区(县)。

因子 3 与商务服务业、道路运输业、租赁业高度相关,可称为商务和道路服务因子。在空间上呈现出双核的格局。其中,一核心为朝阳区和丰台区以及东西城区,另一核心为滨海新区。前者为北京市中心城区,是企业总部及各类商务服务业企业的集中地。滨海新区则依靠制造业的发展带来相关商务和货运业的发展。

表 4-3　2008 年主成分分析提取载荷解释方差

因子	特征向量			提取载荷			旋转后载荷		
	值	方差/%	累积百分比	值	方差/%	累积百分比	值	方差/%	累积百分比
1	7.506	44.154	44.154	7.506	44.154	44.154	5.054	29.727	29.727
2	2.839	16.701	60.856	2.839	16.701	60.856	3.842	22.599	52.327
3	1.390	8.179	69.035	1.390	8.179	69.035	2.457	14.45	66.777
4	1.210	7.118	76.153	1.210	7.118	76.153	1.594	9.376	76.153
5	1.057	6.215	82.368						
6	0.833	4.901	87.268						
7	0.664	3.906	91.175						
8	0.45	2.646	93.821						
9	0.378	2.224	96.045						
10	0.202	1.188	97.233						
11	0.176	1.037	98.27						
12	0.114	0.673	98.943						
13	0.088	0.52	99.463						
14	0.055	0.321	99.784						
15	0.026	0.155	99.939						
16	0.009	0.052	99.991						
17	0.002	0.009	100						

因子 4 与航空运输业、邮政业高度相关,可称为航空及快递业因子。机场的区位之便使该因子得分最高。

表 4-4　2008 年各产业部门的因子载荷

行业部门	因子 1	行业部门	因子 2	行业部门	因子 3	行业部门	因子 4
软件和信息技术服务业	0. 976	资本密集型制造业	0. 877	商务服务业	0. 773	航空运输业	0. 804
科技推广和应用服务业	0. 964	仓储业	0. 781	道路运输业	0. 764	邮政业	0. 666
研究和试验发展	0. 933	装卸搬运和运输代理业	0. 752	租赁业	0. 600	劳动密集型制造业	0. 445
电信、互联网和相关服务	0. 907	技术密集型制造业	0. 681	仓储业	0. 537	技术密集型制造业	0. 228
专业技术服务业	0. 775	水上运输业	0. 663	装卸搬运和运输代理业	0. 403	装卸搬运和运输代理业	0. 188
商务服务业	0. 494	劳动密集型制造业	0. 658	专业技术服务业	0. 390	资本密集型制造业	0. 157
技术密集型制造业	0. 492	租赁业	0. 524	邮政业	0. 340	租赁业	0. 151
租赁业	0. 491	铁路运输业	0. 343	研究和试验发展	0. 307	商务服务业	0. 149
资本密集型制造业	0. 216	专业技术服务业	0. 275	电信、互联网和相关服务	0. 191	专业技术服务业	0. 081
装卸搬运和运输代理业	0. 201	道路运输业	0. 162	科技推广和应用服务业	0. 154	仓储业	0. 057
道路运输业	0. 169	航空运输业	0. 151	水上运输业	0. 124	道路运输业	0. 052
仓储业	0. 108	商务服务业	0. 14	铁路运输业	0. 080	电信、互联网和相关服务	0. 037
劳动密集型制造业	0. 091	研究和试验发展	0. 102	资本密集型制造业	0. 065	研究和试验发展	0. 02
邮政业	0. 066	科技推广和应用服务业	0. 082	技术密集型制造业	0. 039	科技推广和应用服务业	0
航空运输业	−0. 043	软件和信息技术服务业	0. 069	航空运输业	0. 02	软件和信息技术服务业	−0. 01
铁路运输业	−0. 044	电信、互联网和相关服务	0. 034	软件和信息技术服务业	−0. 025	铁路运输业	−0. 255
水上运输业	−0. 085	邮政业	−0. 026	劳动密集型制造业	−0. 118	水上运输业	−0. 264

综合 4 个因子的正值空间分布,可以发现,各类产业类型在京津冀的空间分布具有差异。其中,知识密集型服务业,如科技服务业和信息服务业高度集中在北京城区;商务服务业和物流服务运输业呈现北京和天津双中心的格局;制造业及相关货运仓储业主要分布在京津走廊;而航空运输业和快递业具有机场邻近的区位特点。

(2)2013 年结果。2013 年的主成分分析提取特征向量大于 1 的有 4 个因子,共解释 82%的方差(见表 4-5)。从各因子载荷(见表 4-6)来看,与 2008 年相比,各因子的构成变化不大,反映出各产业的关联性相对较为稳定。

对 2013 年京津冀制造业和生产性服务业各部门的主成分分析结果表明:产业部门之间的关联性较为稳定;生产性服务业,尤其是知识密集型服务业的分布格局较为稳定,京津冀产业分布格局演变的动力主要来自制造业部门。

表 4-5　2013 年主成分分析提取载荷解释方差

因子	特征向量			提取载荷			旋转后载荷		
	值	方差	累积百分比/%	值	方差	累积百分比/%	值	方差	累积百分比/%
1	7. 935	46. 678	46. 678	7. 935	46. 678	46. 678	5. 536	32. 566	32. 566
2	3. 212	18. 894	65. 572	3. 212	18. 894	65. 572	3. 416	20. 093	52. 659
3	1. 693	9. 956	75. 528	1. 693	9. 956	75. 528	3. 143	18. 489	71. 148
4	1. 182	6. 951	82. 48	1. 182	6. 951	82. 48	1. 926	11. 331	82. 48
5	0. 957	5. 629	88. 109						
6	0. 604	3. 553	91. 661						
7	0. 492	2. 896	94. 557						
8	0. 279	1. 64	96. 198						
9	0. 221	1. 3	97. 497						
10	0. 152	0. 894	98. 391						
11	0. 125	0. 736	99. 127						
12	0. 055	0. 326	99. 453						
13	0. 034	0. 199	99. 652						
14	0. 025	0. 146	99. 797						
15	0. 019	0. 113	99. 91						
16	0. 009	0. 054	99. 964						
17	0. 006	0. 036	100						

表 4-6　2013 年各产业部门的因子载荷

行业部门	因子 1	行业部门	因子 2	行业部门	因子 3	行业部门	因子 4
软件和信息技术服务业	0.983	资本密集型制造业	0.926	租赁业	0.76	航空运输业	0.92
铁路运输业	0.945	仓储业	0.767	商务服务业	0.756	邮政业	0.877
研究和试验发展	0.929	劳动和资源密集型制造业	0.715	道路运输业	0.726	装卸搬运和运输代理业	0.396
电信、互联网和相关服务	0.917	水上运输业	0.693	装卸搬运和运输代理业	0.581	商务服务业	0.194
科技推广和应用服务业	0.804	技术密集型制造业	0.675	科技推广和应用服务业	0.532	劳动和资源密集型制造业	0.164
专业技术服务业	0.788	装卸搬运和运输代理业	0.564	专业技术服务业	0.526	租赁业	0.161
商务服务业	0.565	租赁业	0.321	仓储业	0.446	技术密集型制造业	0.127
技术密集型制造业	0.423	专业技术服务业	0.187	研究和试验发展	0.326	资本密集型制造业	0.1
租赁业	0.365	航空运输业	0.158	电信、互联网和相关服务	0.321	专业技术服务业	0.077
装卸搬运和运输代理业	0.163	道路运输业	0.119	邮政业	0.311	科技推广和应用服务业	0.076
道路运输业	0.131	科技推广和应用服务业	0.104	水上运输业	0.213	研究和试验发展	0.067
资本密集型制造业	0.111	商务服务业	0.074	资本密集型制造业	0.101	电信、互联网和相关服务	0.064
邮政业	0.093	软件和信息技术服务业	0.063	技术密集型制造业	0.051	道路运输业	0.048
仓储业	0.046	研究和试验发展	0.059	软件和信息技术服务业	0.051	仓储业	0.026
劳动和资源密集型制造业	0.012	电信、互联网和相关服务	0.046	航空运输业	−0.009	软件和信息技术服务业	−0.003
航空运输业	−0.027	邮政业	0.042	劳动和资源密集型制造业	−0.049	铁路运输业	−0.045
水上运输业	−0.093	铁路运输业	0.033	铁路运输业	−0.052	水上运输业	−0.112

4.2.2 行业空间演变模式

动态因子分析提取特征向量值大于 1 的因子有 6 个，共解释 70%的方差（见表 4-7）。

因子 1 与科技推广和应用服务业以及软件和信息技术服务业的份额增长高度呈正相关关系（见表 4-8）。

表 4-7 2008—2013 年区（县）就业变动主成分分析提取载荷解释方差

因子	特征向量			提取载荷			旋转后载荷		
	值	方差/%	累积百分比/%	值	方差/%	累积百分比/%	值	方差/%	累积百分比/%
1	3.463	20.373	20.373	3.463	20.373	20.373	2.849	16.759	16.759
2	2.572	15.132	35.506	2.572	15.132	35.506	2.273	13.373	30.131
3	2.119	12.465	47.971	2.119	12.465	47.971	2.229	13.113	43.244
4	1.545	9.088	57.059	1.545	9.088	57.059	1.873	11.016	54.26
5	1.301	7.65	64.709	1.301	7.65	64.709	1.539	9.056	63.316
6	1.036	6.091	70.801	1.036	6.091	70.801	1.272	7.485	70.801
7	0.915	5.384	76.185						
8	0.815	4.792	80.977						
9	0.76	4.473	85.45						
10	0.541	3.183	88.633						
11	0.479	2.815	91.448						
12	0.397	2.336	93.784						
13	0.341	2.008	95.791						
14	0.262	1.539	97.33						
15	0.194	1.143	98.473						
16	0.181	1.066	99.539						
17	0.078	0.461	100						

表 4-8　2008—2013 年区(县)就业变动的因子载荷

行业部门	因子 1	行业部门	因子 2	行业部门	因子 3
科技推广和应用服务业	0. 943	研究和试验发展业	0. 806	邮政业	0. 854
软件和信息技术服务业	0. 901	商务服务业	0. 8	专业技术服务业	0. 756
租赁业	0. 352	道路运输业	0. 764	装卸搬运和运输代理业	0. 681
研究和试验发展业	0. 297	仓储业	0. 473	电信、互联网和相关服务	0. 239
⋮	⋮	⋮	⋮	⋮	⋮
铁路运输业	−0. 878	航空运输业	−0. 288	航空运输业	−0. 588
行业部门	因子 4	行业部门	因子 5	行业部门	因子 6
劳动和资源密集型制造业	0. 854	水上运输业	0. 785	电信、互联网和相关服务	0. 825
资本密集型制造业	0. 822	航空运输业	0. 431	装卸搬运和运输代理业	0. 382
租赁业	0. 504	邮政业	0. 204	专业技术服务业	0. 179
装卸搬运和运输代理业	0. 245	电信、互联网和相关服务	0. 161	商务服务业	0. 12
⋮	⋮	⋮	⋮	⋮	⋮
邮政业	−0. 148	技术密集型制造业	−0. 572	仓储业	−0. 527

因子 2 与研究和试验发展业、商务服务业、道路运输业的份额增长高度相关。从空间上看,得分最高的两个区分别是北京大兴区和天津北辰区。另外,得分次高的区如昌平区、海淀区、武清区、东丽区,也主要为京津两城的郊区产业新区或新城的所在地(2008 因子 2)。这表明,因子 2 代表的三类异质的服务部门的增长,与原有高份额的制造产业基础具有一定关联。

因子 3 与邮政业、专业技术服务业、装卸搬运和运输代理业的份额增长高度相关。该因子得分较高的区有北京顺义区、朝阳区,天津的东丽区、北辰区、河北区、津南区,石家庄的长安区等。

因子 4 与劳动和资源密集型制造业、资本密集型制造业的增长高度相关,反映制造业的增长。增长最高的是武清区、献县、辛集市、藁城区、宁河区、宝坻区、曹妃甸区、黄骅市等。冀中南多数区(县)均为正向增长,而北京全市区(县),天津以及石家庄、张家口、邢台等地的城区增长较慢或负增长。

因子 5 与水上运输业的增长高度相关。滨海新区、曹妃甸区、东亭县等沿海港口所在地区,以及河西区、朝阳区水运公司总部所在地的得分较高。因子 6 与电信、互联网和相关服务的增长高度相关。在空间上主要增长地区为北京东城区、朝阳区、海淀区、昌平区、石景山区、大兴区,天津东丽区、西青区,石家庄桥西区。

通过与 4.2.1 行业空间分布格局相比,可以进一步识别京津冀各类型产业的空间趋势。知识密集型服务业部门,如科技推广和应用服务业、软件和信息技术服务业等,总体上空间变化不明显;或进一步向原集聚中心集中,或向原集聚中心的邻近空间单元溢出(如北京昌平区和大兴区);与之相反,非技术密集型制造业空间变化剧烈。其增长中心位于京津中点——武清区,同时天津其他郊区区县和河北石家庄、唐山、沧州郊区均有显著增加。物流类生产性服务业则具有较大的行业部门异质性。

4.3　基于功能视角的空间格局及演变

为判断京津冀地区经济活动是否已经进入功能分工阶段,本节以空间单元某职业类型就业人员数占京津冀该职业总就业人员数的比重为指标,通过 ArcGis10.2 软件,以自然断裂点方法进行可视化分析。

由于 2020 年人口普查数据结果还未公布,本节以最近的两次人口普查数据(2000 年和 2010 年)为依据分析管理控制功能、科技研发与信息咨询功能、组织管理和邮电功能、生产制造功能在京津冀的空间分布及演变。

4.3.1　功能空间分布格局

管理控制功能,由国家机关、党群组织、企业、事业单位负责人职业大类所代表。在空间上,北京海淀区和朝阳区最为集中,其次为北京东城区和西城区。比重大于 1% 的区(县)多位于京津二市。河北省内,仅石家庄、唐山、秦皇岛城区,以及廊坊霸州,沧州任丘较为显著。

科技研发与信息咨询功能,由专业技术人员职业大类代表。与管理控制功能类似,该功能高度集中于北京的海淀区、朝阳区、东城区、西城区等城区,反映了首都北京在知识信息领域的人才优势。同时,天津滨海新区、河西区、南开区比重较高。与京津高集聚中心相比,河北各地级市中除沧州、任丘外,仅城区显示为低级的集聚中心,如石家庄新华区、桥西区,保定新市区等。

组织管理与邮电传输功能,由办事人员及其相关人员代表。该功能的空间分布与科技研发及专业咨询功能较为类似。但与之相比,河北省省会石家庄市的城区集中分布水平更高,反映出组织管理与邮电传输功能存在着行政中心区位选择。

生产制造功能,由生产、运输设备操作人员这一职业类型所代表。与前三个功能类型相比,尽管功能分布相对较为广泛。在唐山丰润区、古冶区、路北区,秦皇岛海港区,石家庄长安区,沧州任丘市,邯郸峰峰矿区也有较高的分布。然而总体上,依然更加集中于京津地区及其周边。

与 2000 年相比,2010 年管理控制功能总体上变化不明显,在空间上,北京海淀区和朝阳区依然最为集中,但丰台区和大兴区有明显的增强;同时,该功能在天津南开区、河西区和滨海新区的集中度也显著增加。类似地,科技研发及专业咨询功能、组织管理和电信传输功能,总体空间格局变化不大。生产制造功能的新增高集中区(县)略有增多,较明显的有天津武清区、保定高碑店等。

4.3.2 功能空间演变模式

从动态分析可看出各项功能类型的变化趋势。管理控制功能,北京大兴区增长最为突出,昌平区、朝阳区也有较大的增长。该功能增强的还有环京的廊坊市、三河市、庐阳区、霸州市、文安县,天津南开区、河西区、北辰区等,唐山迁安市、丰润区、路北区等,沧州任丘市、河间市,保定安新县、新市区、满城区,石家庄新华区、桥西区、裕华区,邢台桥西区、桥东区、宁晋县,邯郸武安市和永年区。

科技研发及信息咨询功能,空间格局未变,继续向原高集中区(县)集聚。类似地,组织管理和电信传输功能,进一步向北京高度集中,其次为石家庄城区和天津滨海新区。生产制造功能变化较大,具有在城市内部尺度郊区化、在城市群内部尺度多中心增长的趋势,反映出较强的空间溢出。其中,郊区化表现在:京津二市中心城区呈下降趋势,而外围区(县)呈增加趋势;石家庄、唐山、保定也出现类似情况。城市群内部出现多个生产制造功能的强增长市(县、区),如京津轴线的三河市、武清区、霸州市等,位于冀中的任丘市、河间市,冀南的永年区、磁县等。在空间上,这些高增长区(县)与管理控制功能中高增长区(县)的空间一致性较高。

4.3.3 行业分工与功能分工空间格局的比较

为分析行业分工与功能分工视角下京津冀生产和生产服务活动空间布局的差异,本书采用皮尔森相关系数,建立京津冀区(县)尺度上的产业-功能相关性矩阵(见表 4-9)。

制造业与生产制造业的相关性系数为 0.77,表明二者具有较高的空间一致性。而生产性服务业与管理控制、科研与专业咨询、组织管理与邮电的空间一致性较高,其相关性系数均大于 0.80。由此可知,行业内分工(企业管理、生产、市场营销功能异地运营)还未取代行业间分工,成为京津冀城市群内部城市之间的经济活动分工的主导形式。

可能的原因是跨城市的多区位企业还未成为京津冀城市群地区企业的主要空间组织

形式,导致企业在城市群城市之间的跨区域协作还不明显。企业管理控制功能、科技研发及信息咨询功能、组织管理和电信传输功能、生产制造功能等,都倾向于在同一直辖市或地级市的城区与郊区之间布局[见图 4-3(a)]。而在城市之间的产业协作仍然以行业为依据[见图 4-3(b)]。

表 4-9　京津冀功能空间分布与行业空间分布的皮尔森相关系数

项目	管理控制	科研及信息咨询	组织管理与邮电	生产制造
制造业	0. 472 864	0. 336 37	0. 298 774	0. 769 299
生产性服务业	0. 818 975	0. 942 518	0. 928 475	0. 491 324

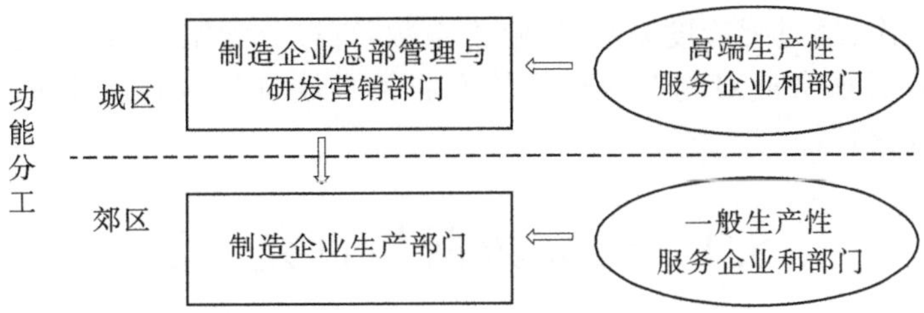

(a)

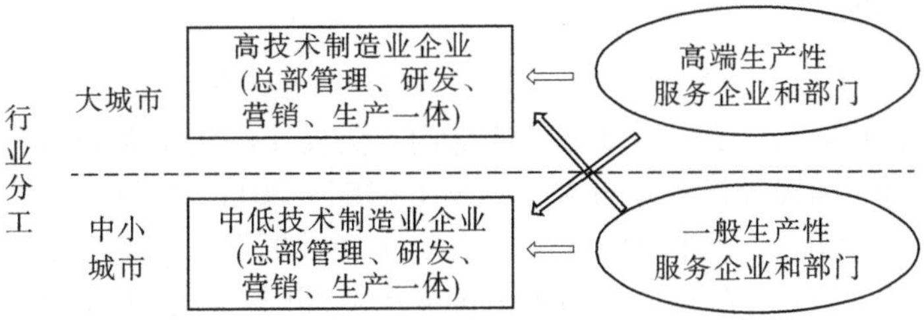

(b)

图 4-3　京津冀功能分工与行业分工示意图

4.4　本章小结

本章通过利用两次经济普查数据和两次人口普查数据,从产业和职业两个角度分析了京津冀城市群地区生产性服务业与制造业的空间格局及变化模式。共得出以下结论:

(1)从数据看,无论是从行业角度还是从功能角度来看,京津冀生产性服务业高度集中于北京、天津城区及近郊,制造业主要集中于京津轴线以及唐山沿海区(县)。

(2)从动态看,制造业呈现出北京重要性下降,天津、石家庄、沧州重要性增加的趋势。生产性服务业在北京和天津地位增强的同时,石家庄的重要性也有所上升。

(3)虽然随着城际交通、通信水平的提升,企业在城际、省际之间多区位经营成为趋势,使得功能分工视角成为一种可能。但是,由于京津冀城市之间在研究期内,受行政壁垒等因素的影响,企业多区位组织并未成为主导。因此,本书认为,行业分工依然是京津冀经济空间组织的主导力量。

第 5 章　京津冀三省(市)生产性服务业与制造业产业关联特征比较分析

生产性服务业为制造业提供重要的中间产品,与制造业具有上下游的产业联系。前文已对京津冀生产性服务业与制造业的主要部门构成做了介绍,本章着重分析生产性服务业与制造业的产业关联,以探究前者对后者的投入规律和变化趋势。首先,基于投入产出表数据,定量分析京津冀两产业间的中间投入和中间需求结构变化特征,并比较了三地之间的异同。其次,通过感应度系数、影响力系数、直接分配系数、直接投入系数等比较分析三省(市)生产性服务业对制造业整体的产业关联效应和对制造业细分行业的产业关联强度及动态变化特征。

5.1　研究数据与研究方法

5.1.1　研究数据

本章数据来自北京、天津、河北三省(市)地 2007 年、2012 年、2017 年三个年份投入产出表,分别包括 144、139、142 个细分行业部门。为便于与经济普查数据相比较,按照国家统计局所公布的《国民经济行业分类》(GB/T 4754—2011)所列两位数行业分类表,将行业部门分类统一匹配。42 部门投入产出表中生产性服务业部门与两位数行业部门的对应关系见表 5-1。另外, 对投入产出表中细分产业部门的重新汇总,生成两位数行业分类

表 5-1　42 部门投入产出表与经济普查中生产性服务业的行业分类对照

42 部门投入产出表分类	两位数代码分类
交通运输、仓储和邮政(简称物流服务业)	53 铁路运输业;54 道路运输业; 55 水上运输业; 56 航空运输业;57 管道运输业;58 装卸搬运和运输代理业;59 仓储业; 60 邮政业
信息传输、软件和信息技术服务(简称信息服务业)	63+64 电信和其他信息传输服务业;65 软件和信息技术服务业
金融(全称金融服务业)	66+67+69 货币金融服务、资本市场服务和其他金融业; 68 保险业
租赁和商务服务(简称商务服务业)	71 租赁业;72 商务服务业
科学研究和技术服务(简称科技服务业)	73 研究和试验发展业; 74 专业技术服务业; 75 科技推广和应用服务业

的投入产出表。由于部分投入产出表中的行业部门无法划分为标准的两位数行业部门,为了便于比较,本书将经济普查数据中电信、广播电视和卫星传输服务(代码 63)、互联网和相关服务(代码 64)合并,与投入产出表中“电信和其他信息传输服务业”对应;将货币金融服务(代码 66)、资本市场服务(代码 67)、其他金融业(代码 69)合并,使之与投入产出表中的“金融业”相对应。

42 部门的投入产出表与经济普查中制造业的行业分类对照见表 5-2。

表 5-2　42 部门的投入产出表与经济普查中制造业的行业分类对照

42 部门的投入产出表分类	两位数代码分类
食品和烟草	农副食品加工业,食品制造业,饮料制造业,烟草制品业
纺织品	纺织业
纺织服装鞋帽皮革羽绒及其制品	纺织服装,皮革、毛皮、羽毛(绒)及其制品业
木材加工品和家具	木材加工和木、竹、藤、棕、草制品业,家具制造业
造纸印刷和文教体育用品	造纸和纸制品业,印刷和记录媒介复制业,文教体育用品制造业
石油、炼焦产品和核燃料加工品	石油加工、炼焦及核燃料加工业
化学产品	化学原料和化学制品制造业,医药制造业,化学纤维制造业,橡胶和塑料制品业
非金属矿物制品	非金属矿物制品业
金属冶炼和压延加工品	黑色金属冶炼和压延加工业,有色金属冶炼和压延加工业
金属制品	金属制品业
通用和专用设备	通用设备制造业,专用设备制造业
交通运输设备	汽车制造业,铁路、船舶、航空航天和其他运输设备制造业
电气机械和器材	电气机械和器材制造业
通信设备、计算机和其他电子设备	计算机、通信和其他电子设备制造业
仪器仪表	仪器仪表制造业
其他制造产品	其他制造业
废品废料	废弃资源综合利用业

投入产出表样例见图 5-1。

地区 2012 年投入产出表(按当年生产者价格计算)　　　　计量单位:万元

产出 / 投入		中间使用				最终使用											进口	国内省外流入	其他	总产出
		农林牧渔产品和服务	…	公共管理和社会组织	中间使用合计	最终消费					资本形成总额			出口	国内省外流出	合计				
						居民消费			政府消费	合计	固定资本形成总额	存货增加	合计							
						农村居民消费	城镇居民消费	小计												
中间投入	农林牧渔产品和服务	第Ⅰ象限				第Ⅱ象限														
	…																			
	…																			
	…																			
	…																			
	公共管理和社会组织																			
	中间投入合计																			
增加值	劳动者报酬	第Ⅲ象限																		
	生产税净额																			
	固定资产折旧																			
	营业盈余																			
	增加值合计																			
总投入																				

图 5-1　投入产出表样例

5.1.2　研究方法

经济学家里昂惕夫在 1936 年提出投入产出法对产业问题进行定量分析。学者通常利用影响力系数、感应度系数、直接投入系数、直接分配系数等指标分析服务业与国民经济各产业的关联程度(李冠霖,2002;邱灵等,2007;陈曦等,2015)。指标介绍如下:

(1)直接投入系数:记为 a_{ij} ,表示在经济活动过程中第 j 产品部门的单位总产出直接使用的第 i 产品部门的价值量。用第 j 产品部门的总投入 X_j 去除该产品部门生产经营中直接使用的第 i 产品部门的价值量 x_{ij} ,用公式表示为

$$a_{ij} = \frac{x_{ij}}{X_j} \tag{5-1}$$

(2)直接分配系数(h_{ij}):国民经济各部门提供的货物和服务在各中间使用和最终使用之间的分配使用比例。用公式表示为

$$h_{ij} = \frac{x_{ij}}{X_i} \tag{5-2}$$

式中：x_{ij} 为第 i 部门提供给第 j 部门中间使用的货物或服务的价值量；X_i 为第 i 部门或服务的总产出。

(3)影响力系数(F_j)：某产业部门增加一个单位最终使用时，对经济中各产业的生产需求波及程度，也可理解为某一产业对其他产业的辐射带动作用，也称后向关联系数。计算公式如下

$$F_j = \frac{\sum_{j=1}^{n} \bar{b}_{ij}}{\frac{1}{n}\sum_{i=1}^{n}\sum_{j=1}^{n} \bar{b}_{ij}} \quad (j = 1,2,\cdots,n) \tag{5-3}$$

式中：$\sum_{j=1}^{n} \bar{b}_{ij}$ 为里昂惕夫逆矩阵的 j 列之和；$\frac{1}{n}\sum_{i=1}^{n}\sum_{j=1}^{n} \bar{b}_{ij}$ 为里昂惕夫逆矩阵的 j 列和的平均值。当 $F_j=1$ 时，表示第 j 部门对国民经济所产生的波及影响程度等于所有行业平均影响水平。影响力系数越大，表示第 j 部门对其他部门的拉动作用越大。

(4)感应度系数(E_i)：国民经济各部门均增加一个单位最终使用时，某一部门由此受到的需求感应程度，即其他部门发展变化对某一产业的制约情况，也称前向关联系数。计算公式如下

$$E_i = \frac{\sum_{i=1}^{n} \bar{b}_{ij}}{\frac{1}{n}\sum_{i=1}^{n}\sum_{j=1}^{n} \bar{b}_{ij}} \quad (j = 1,2,\cdots,n) \tag{5-4}$$

式中：$\sum_{i=1}^{n} \bar{b}_{ij}$ 为里昂惕夫逆矩阵的 i 行之和；$\frac{1}{n}\sum_{i=1}^{n}\sum_{j=1}^{n} \bar{b}_{ij}$ 为里昂惕夫逆矩阵的 i 行和的平均值。当 $E_i = 1$ 时，表示第 i 部门所受到的感应程度等于社会平均感应度水平。感应度系数越大，该部门对国民经济的推动作用就越大，该部门就越具有基础产业的特征。

为进一步分析生产性服务业对制造业的生产需求波及和需求感应程度，本书借鉴王红杰等(2018)、王琪延和徐玲(2013)的研究方法，将影响力系数和感应度系数的计算公式分别调整为式(5-5)、式(5-6)：

$$e_{1j} = \frac{C_{1j}}{\frac{1}{n}\sum_{j=1}^{n}\sum_{i=1}^{n} C_{ij}} \quad (i,j = 1,2,\cdots,n) \tag{5-5}$$

$$e_{1i} = \frac{C_{1i}}{\frac{1}{n}\sum_{j=1}^{n}\sum_{i=1}^{n} C_{ij}} \quad (i,j = 1,2,\cdots,n) \tag{5-6}$$

式中：C_{1j} 为某产业 j(生产性服务业)对制造业的影响力系数；C_{i1} 为某产业 i(生产性服务业)对制造业的感应度系数。

5.2 三省(市)生产性服务业与制造业中间需求和中间投入的比较分析

5.2.1 制造业对生产性服务业的中间需求规模持续增大,结构有待优化

制造业对生产性服务业的中间需求量在京、津、冀三地存在较大差异(见表5-3)。具体表现在三地制造业使用生产性服务业产品规模及其占生产性服务业总中间分配的比重具有较大差异。2016年,三地制造业对生产性服务业的中间使用总量分别为1 080.6亿元、2 069.9亿元、2 660.2亿元;三地制造业使用的生产性服务业分别占本省(市)生产性服务业总中间产品的4.7%、22.3%、26.3%。显然,天津、河北两地制造业对生产性服务业的需求规模更大,而北京制造业对生产性服务业需求相对较少。这与三地的产业结构和规模一致:北京经济服务化水平高,生产性服务业的客户主要为生产性服务业自身,具有自我强化特征;天津、河北仍处于工业化中期,制造业是生产性服务业的主要用户,且总体需求规模大,相对于其他行业占比更大。

动态来看,京、津、冀三地制造业整体对生产性服务业的中间需求总量,自2007年至2017年呈现出增长的趋势(见表5-3、见表5-4)。

首先,从中间需求量来看,2007—2017年,北京、天津制造业中间使用的生产性服务业的价值量波动上升,分别由514.8亿元、1 226亿元波动增加至1 080.6亿元、2 069.9亿元。河北制造业相应中间需求量则一直保持增长态势,由2007年的1 271.9亿元增加至2017年的2 660.2亿元。从增速来看,天津制造业相应中间投入需求增长最快,河北次之,北京最慢。由第3章分析可知,三地制造业就业规模自2013年起开始下降,但这并未影响生产性服务业的中间需求继续增长。这从侧面反映出京、津、冀三地制造业的效率,在对生产性服务业需求增加的同时也在增长。

其次,从制造业对生产性服务业中间需求占比,以及与其他行业对生产性服务业的中间需求占比来看,京、津、冀三地制造业的重要性虽呈下降趋势,但津、冀两地制造业仍然是生产性服务业的较大需求部门。2007年,津、冀制造业是两地生产性服务业最大的"用户",分别消耗了57.4%和46.7%的生产性服务业中间服务产品。同年,北京制造业占用了13.9%的生产性服务业中间产品,排在所有行业的第三位。2012年起,三地的制造业

表5-3 京津冀三地各部门使用的生产性服务业中间投入及占比

使用部门	中间需求量/亿元			中间需求量占比/%			制造业平均需求量/万元		
	北京	天津	河北	北京	天津	河北	北京	天津	河北
2007年制造业	541.8	1 226.0	1 271.9	13.9	57.4	46.7	139.1	296.5	162.6
2012年制造业	809.0	1 049.1	2 288.8	10.1	26.6	37.1	245.4	234.9	244.5
2016年制造业	1 080.6	2 069.9	2 660.2	4.7	22.3	26.3	415.6	520.7	122.0

中间需求占比都有所下降。与 2007 年相比,天津下降了 30.8%,河北下降了 9.6%,北京下降了 3.8%。在京津冀协同发展战略正式推进,并开始实施“非首都功能疏解”(武义青和冷宣荣,2022)措施的影响下,北京 2017 年制造业对生产性服务业的中间需求量占比仅为 4.7%,已经低于批发零售业、建筑业和公共产品供应业部门。这可能不利于通过二三产业融合促进北京产业创新发展。天津、河北虽有所下降,但依然是第二大中间需求部门(见表 5-4),并且远高于建筑业和公共产品供应业、批发零售业的需求占比,表明天津、河北生产性服务业更多地服务于制造业的需求。

表 5-4　2017 年京津冀三地各部门使用的生产性服务业中间需求量及占比

使用部门	中间需求量/亿元			中间需求量占比/%		
	北京	天津	河北	北京	天津	河北
农林牧渔业	21.9	33.8	228.3	0.1	0.4	2.3
采矿业	54.1	153.1	446.3	0.2	1.7	4.4
制造业	1 080.6	2 069.9	2 660.2	4.7	22.3	26.3
建筑业和公共产品供应业	1 310.1	1 028.8	1 035.6	5.6	11.1	10.2
生产性服务业	17 035.2	3 915.1	3 475.3	73.3	42.2	34.3
批发零售业	1 821.1	1 296.4	1 139.5	7.8	14.0	11.3
房地产业	375.9	246.0	280.9	1.6	2.7	2.8
教育卫生文化体育等服务业	633.8	180.5	250.8	2.7	1.9	2.5
政府	632.2	123.8	195.0	2.7	1.3	1.9
其他服务业	259.7	226.9	407.1	1.1	2.4	4.0
所有部门	23 224.6	9 274.4	10 118.9	100.0	100.0	100.0

从需求结构来看,京津冀地区制造业整体对物流、金融、商务服务业三个部门的中间需求较高,而对信息和科技服务业的需求相对不高。具体而言,2017 年该地区制造业对物流、商务、金融服务业中间投入量达 1 400 亿元以上,但对科技、信息服务业的需求量却仅为 162 亿元和 60 亿元(见图 5-2)。动态来看,制造业对物流、商务、金融服务业的需求量增长迅速且占比一直较高,而对科技、信息服务业的需求保持在较低水平(见图 5-2)。从京津冀比较来看,北京制造业对商务、科技服务业的需求比例高于天津、河北,而对金融、物流服务业的需求比例相对较低(见图 5-3)。

5.2.2　生产性服务业对制造业的中间投入集中度高

京津冀生产性服务业对制造业的中间投入主要集中于资本和技术密集型制造业部门。北京的中间投入集中于技术密集型部门,天津与河北则以资本密集型为主,技术密集型为辅。如图 5-4 所示,2017 年北京各类生产性服务业对技术密集型制造业中间投入较为突出,且占比均超过了总量的 50%,反映了北京高精尖产业结构建设已经取得一定水平。天津和河北金融服务业、物流服务业对资本密集型的投入比重较高,而科技、信息、商务服务业对技

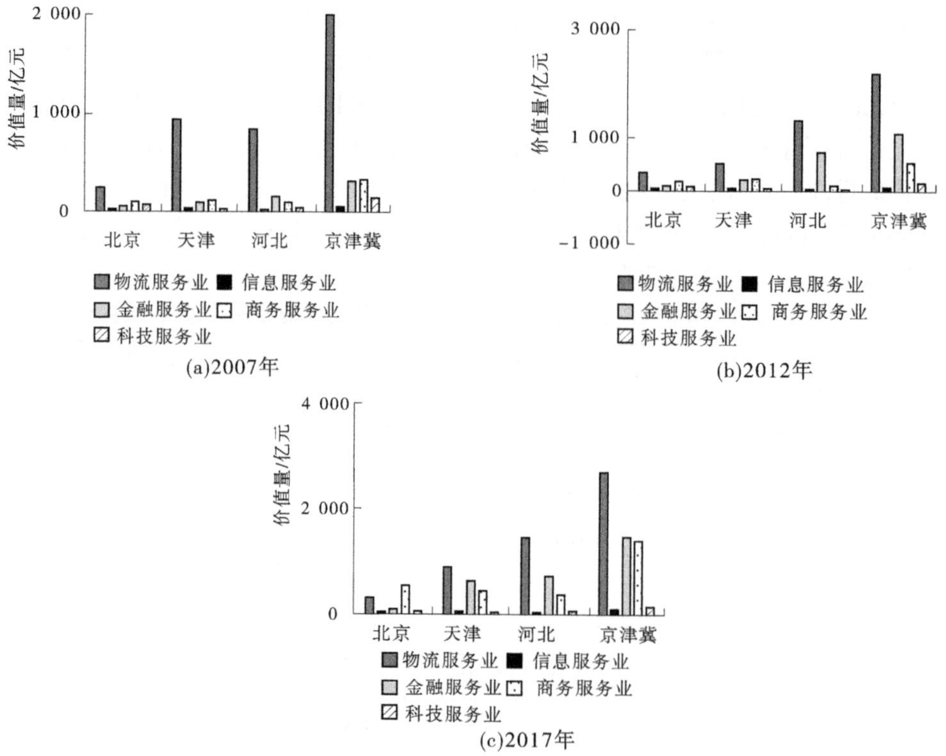

图 5-2　京津冀制造业对五类生产性服务业的需求规模

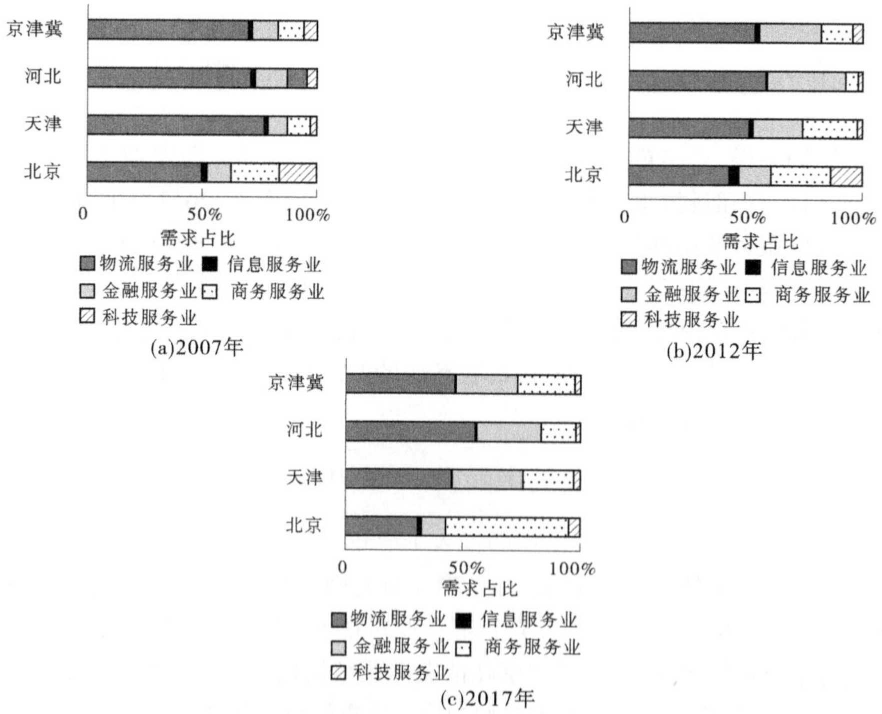

图 5-3　京津冀制造业对五类生产性服务业的中间需求结构

术密集型制造业中间投入占比较高。虽然科技服务业对制造业的中间投入总量不大,但其对技术密集型的投入份额高于劳动和资本密集型制造业。

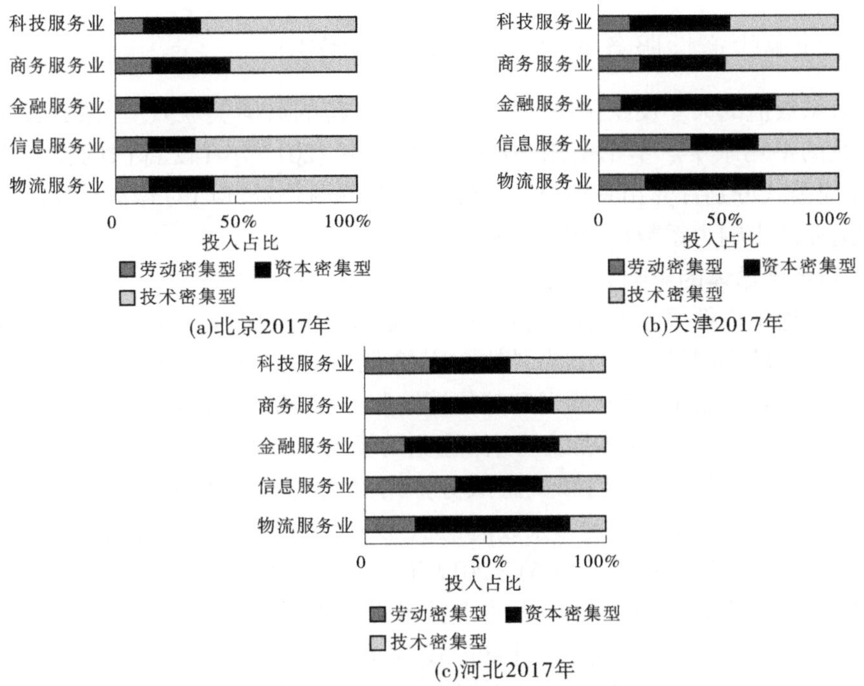

图5-4　2017年京津冀生产性服务业对三类制造业的投入结构

为动态分析京、津、冀制造业各部门与生产性服务业各部门的中间投入对应关系,本节以2007年、2012年、2017年生产性服务业各部门投入到制造业各部门的价值流量为指标,提取生产性服务业-制造业5×17产业部门间价值流量矩阵,并通过桑基图进行可视化分析(见表5-5)。

表5-5　京津冀5个主要制造业部门生产性服务业投入占比

地区	2007年	2012年	2017年
京津冀	60.0%	67.7%	65.2%
北京	53.4%	71.4%	68.7%
天津	76.4%	72.1%	69.8%
河北	63.7%	64.5%	61.8%

京津冀生产性服务业对制造业的中间投入主要集中在化学工业、金属冶炼、交通运输设备、食品和烟草、通用和专用设备制造业5大部门。2017年京津冀这五个部门的生产性服务业中间投入占制造业的65.2%,北京、天津、河北三地相应的比重分别为68.7%、69.8%、61.8%。动态来看,2007—2017年,化学工业、金属冶炼、交通运输设备制造业、食品和烟草、通用和专用设备制造业等5项制造业部门一直是京津冀地区及其各省(市)制造业对生产性服务业需求的主体。尽管5类制造业部门的排序出现变动,但其总需求比重一直维持在较高水平。

5.3　三省(市)生产性服务业与制造业产业关联特征比较分析

5.3.1　京津冀生产性服务业对制造业的拉动作用

影响力系数值的大小反映国民经济某行业对经济的后向关联效应,系数大于 1 表明高于各行业的平均水平。本书利用 2007 年、2012 年、2017 年 142 部门的投入产出表数据,基于相应公式分别计算出京津冀生产性服务业各两位数部门对经济总体的影响力系数和对制造业的影响力系数(见附录 B)。

5.3.1.1　对经济总体的影响力系数分析

京津冀三地生产性服务业不同部门对经济总体的影响力系数各有侧重。2007 年三地影响力大于 1 的部门较多,北京为科技交流和推广、专业技术服务业、软件和信息技术服务业;天津为道路、水上、装卸搬运和其他运输服务,邮政业、软件与信息技术服务业、保险业等;河北仅软件和信息技术服务业、保险业显著大于平均水平,与全国平均水平相比,三省(市)科技类的服务业部门和金融服务业对经济的拉动作用较强(见图 5-5)。与 2007 年相比,2012 年三地的影响力系数值稍小,仅京津水上运输、装卸搬运服务业等部门显著地对经济起到拉动作用(见图 5-6)。2017 年三地生产性服务业对地区经济拉动作用明显(或与全国相比)的部门,北京为商务、专业技术、科技推广和应用服务业、装卸搬运和运输代理业;天津仅有装卸搬运服务业;河北部门较多,包括商务服务业、铁路运输业、航空运输业、管道运输业、邮政业、软件和信息技术服务业、专业技术服务业等(见图 5-7)。由此可见,三地对经济起拉动作用的生产性服务业部门在不同时间节点具有一定差异。

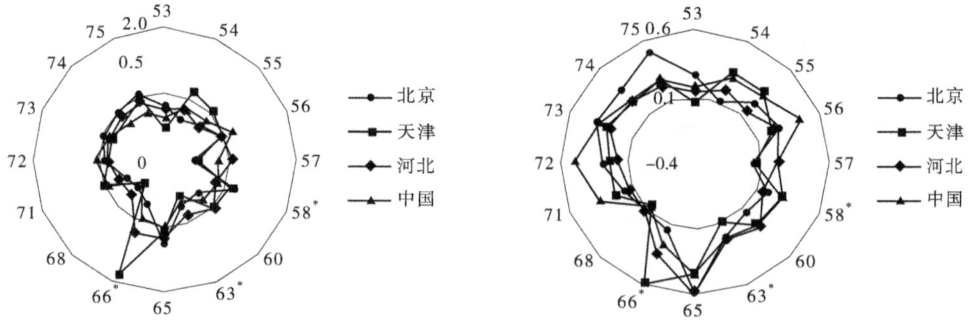

(a)2007年对全行业　　(b)2007年对制造业

注:两位数行业代码 53~75 分别表示:53 铁路运输业;54 道路运输业;55 水上运输业;56 航空运输业;57 管道运输业;58* 其他运输与装卸搬运、仓储业;60 邮政业;63* 电信、广播电视和卫星传输服务;65 软件与信息技术服务业;66* 货币金融、资本市场与其他金融服务业;68 保险业;71 租赁业;72 商务服务业;73 研究和试验发展;74 专业技术服务业;75 科技交流与推广应用服务业,下同。

* 表示和国民行业分类标准不同,由国民行业分类标准中 58、59 合并为 58*;由国民行业分类标准中 63、64 合并为 63*;由国民行业分类标准中 66、67、69 合并为 66*,下同。

图 5-5　京津冀和中国生产性服务业细分行业的影响力系数

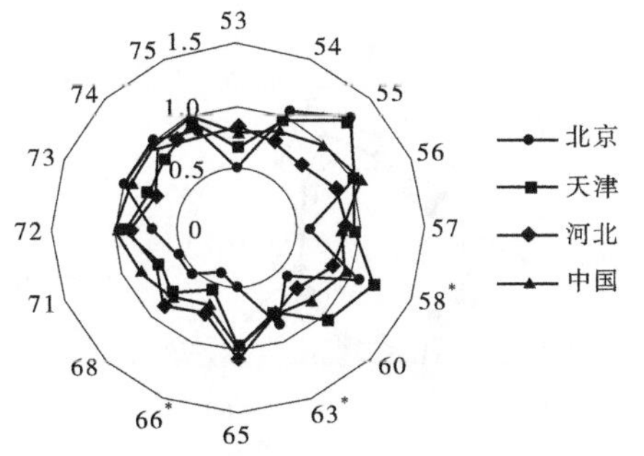

(c)2012年对全行业

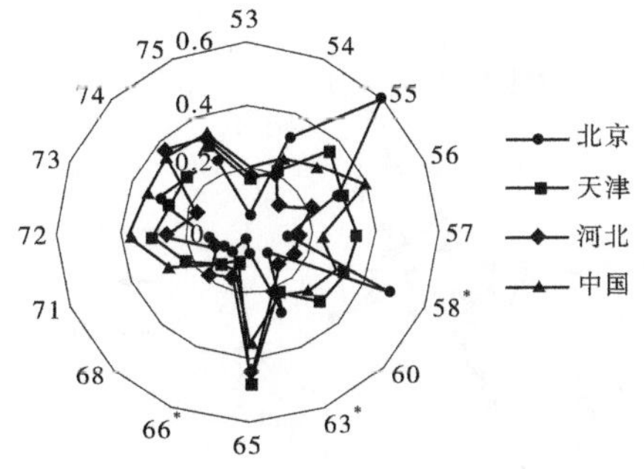

(d)2012年对制造业

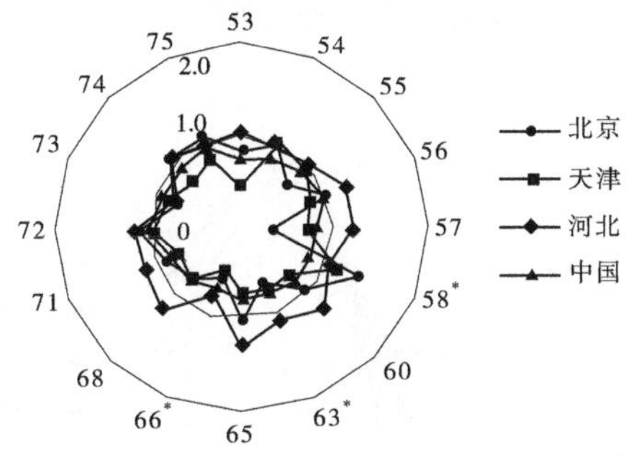

(e)2017年对全行业

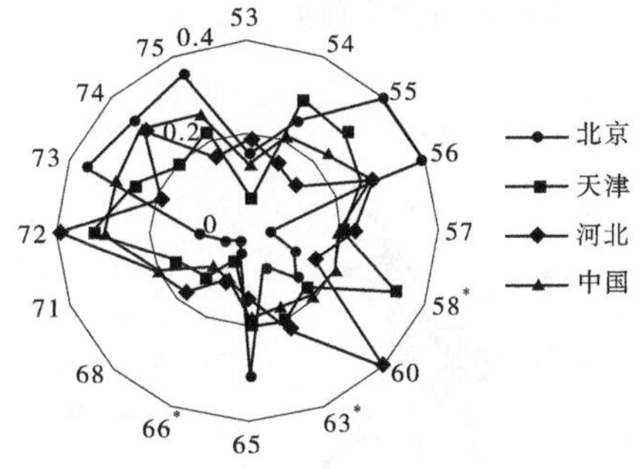

(f)2017年对制造业

续图 5-5

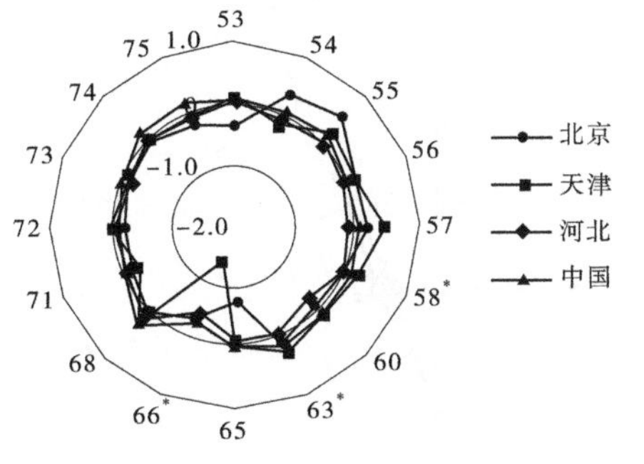

(a)2007—2012年对全行业

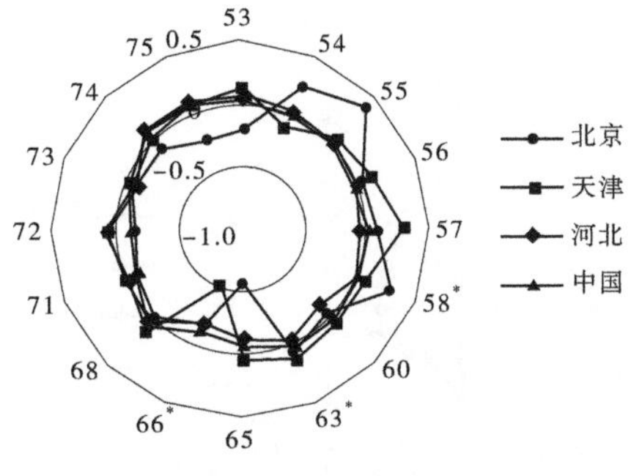

(b)2007—2012年对制造业

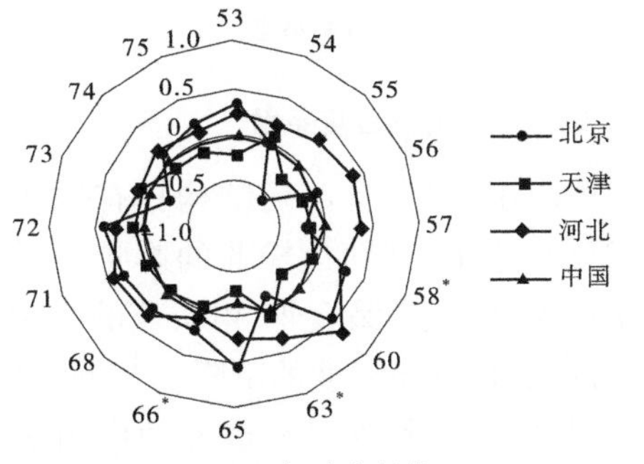

(c)2012—2017年对全行业

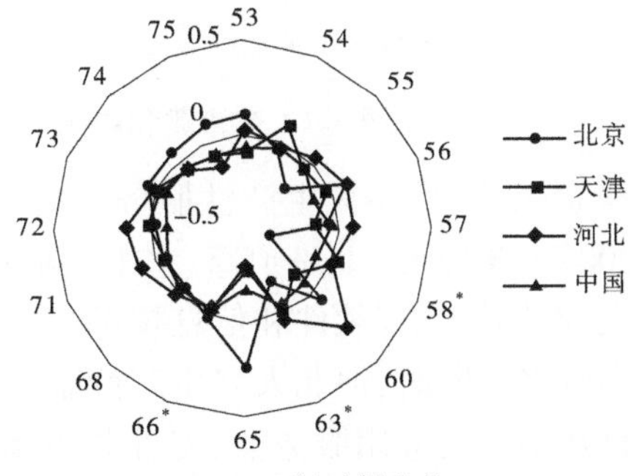

(d)2012—2017年对制造业

图 5-6　京津冀和中国生产性服务业细分部门的影响力系数变化

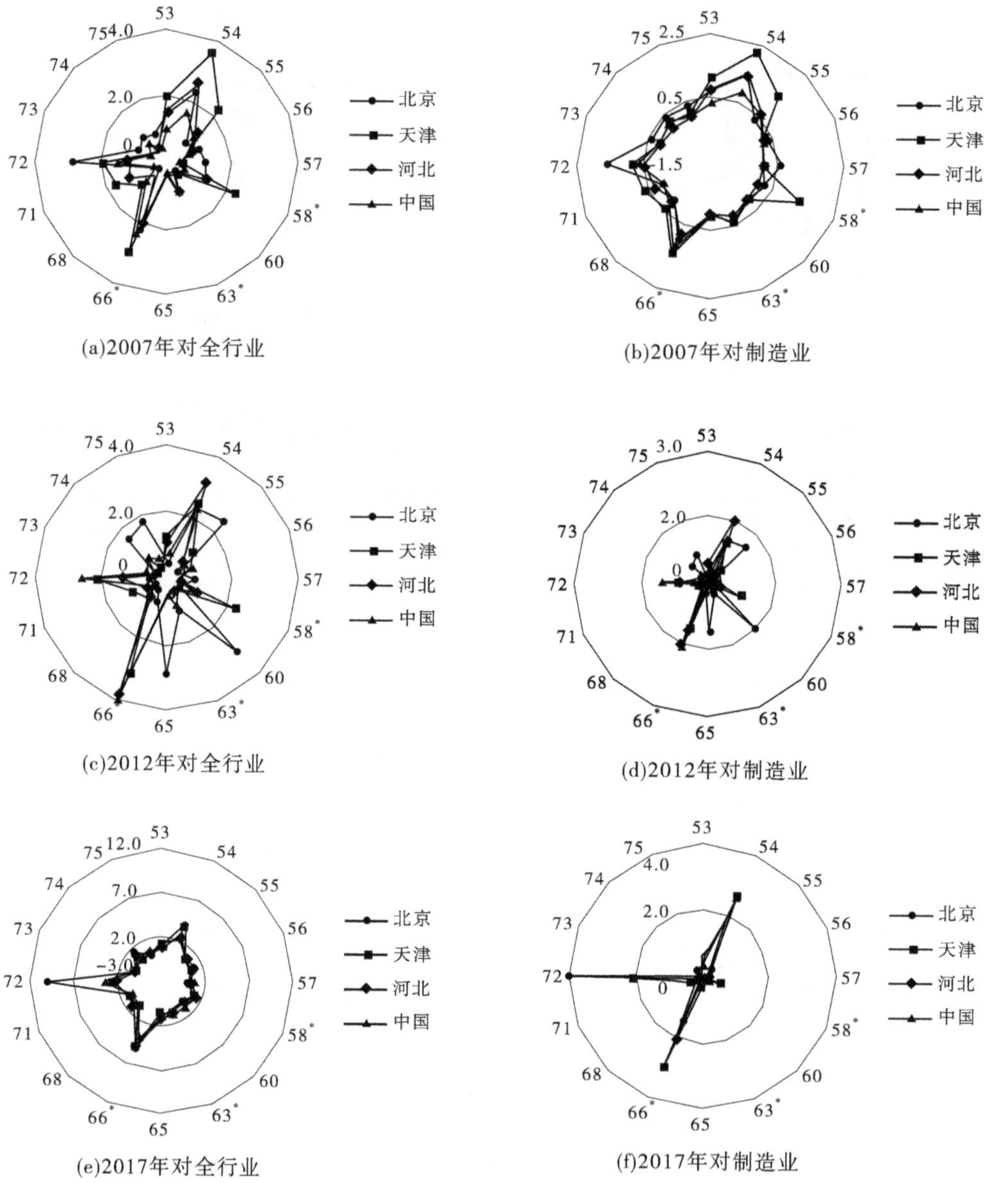

(a)2007年对全行业　(b)2007年对制造业

(c)2012年对全行业　(d)2012年对制造业

(e)2017年对全行业　(f)2017年对制造业

图 5-7　京津冀和中国生产性服务业细分部门的感应度系数

动态来看,京津冀生产性服务业对经济的拉动作用增强,且部门结构具有优化的趋势。2007—2012 年,北京道路、水上运输业,天津管道、水上、铁路运输业的影响力系数有所增大;而同期北京软件和信息技术服务业、商务服务业,天津保险业、租赁业的影响力系数减小较多。同时,河北大多生产性服务业部门的系数有不同程度的下降。与此相比,全国的科技推广与应用服务业、专业技术服务业、货币金融服务等对经济推动作用明显增强。这表明京津冀地区生产性服务业在这一阶段对经济的拉动效率提升质量不高。2012—2017 年,北京铁路运输、邮政、软件和信息技术服务业、商务服务业增长幅度明显,同时,北京、天津水上运输业、管道运输业等部门的影响力系数减小明显。河北各类运输服务业、邮政业、商务服务和租赁业对经济拉动作用提升明显。总体上看,这一时间段三地各类生产性服务业的变化幅度相对全国较高,表明对经济带动作用较全国平均增速更强。

5.3.1.2　对制造业的影响力系数分析

总体上看,京津冀生产性服务业对制造业的带动作用小于对经济总体的带动作用。静态上看,三省(市)生产性服务业对制造业带动作用显著的部门各有差异且与全国不同。2007 年全国生产性服务业对制造业带动作用最大的前两个部门分别是航空运输业、商务服务业,高于京津冀三地水平。北京为科技推广与应用服务业、软件和信息技术服务业,天津为保险业、软件和信息技术服务业;河北仅软件和信息技术服务业较为突出。2012 年,除软件和信息服务业外,北京水上运输业、装卸搬运和运输代理业,天津管道运输业、邮政业,河北租赁业对制造业的带动作用显著高于全国平均水平。2017 年,京津冀三地商务服务业和航空运输业对制造业的带动水平已经超过或与全国平均水平持平。此外,北京研究和试验发展、科技推广和应用服务业、软件和信息服务业对制造业的推动作用显著高于全国及津冀。北京是国际科技创新中心创建城市,基础科研与相关服务业的发展有力推动了(高技术)制造业的发展。

动态来看,京津冀生产性服务业对制造业拉动作用增大的部门结构具有优化趋势。2007—2012 年,京津水上运输、管道运输等部门对制造业的拉动作用变强,河北、天津专业技术服务业、科技推广和应用服务业的影响力系数有所增大。北京软件和信息技术服务业、河北邮政业对制造业的影响力系数变化幅度超过 0.2。其中,京津水上运输、道路运输、管道运输、租赁业对制造业的拉动作用呈负增长态势。相对于全国平均变化水平,北京科技服务业、信息服务业、航空运输业,天津道路运输业,河北邮政业、租赁业和商务服务业、航空运输业对制造业的带动作用有一定的增强(增幅为 0~0.1)。

5.3.2　京津冀生产性服务业对制造业推动作用

5.3.2.1　对经济总体的感应度系数分析

感应度系数用以反映生产性服务业对地区经济的推动作用,系数值越大表明对产业链下游的促进作用越强。本书分别计算出 2007 年、2012 年、2017 年京津冀生产性服务业对地区经济整体和对制造业的感应度系数(见附录 B)。

京津冀三地生产性服务业对地区国民经济推动作用最大的部门具有较大的相似性,主要集中在商务服务业、物流服务业与金融服务业(见图 5-8)。这与三个行业具有国民经济基础性的特性相关。国民经济各部门的发展均离不开商务咨询、货物运输、融资担保等生产辅助性服务。研究期内,三地物流服务业中道路运输业、装卸搬运和其他运输业最为显著,反映出道路运输业为京津冀地区的主要交通方式。此外,北京 2012 年科技推广和应用服务、专业技术服务业、软件和信息技术服务业,以及北京 2017 年专业技术服务业的感应度相对较高。这也反映出北京高精尖经济结构的发展对科技、信息服务业提出了较大的要求。

动态来看,商务服务业、金融服务业、道路运输业对京津冀经济发展的推动作用进一步强化。2007—2012 年,北京感应度系数正向变化最大的为邮政业(增长 2.50),其他为软件和信息技术服务业和水上运输业;北京商务服务业感应度系数在该时期下降了 2.365,可能与 2008 年金融危机的影响相关。天津、河北感应度系数增长最大的为货币金融服务业,其次为商务服务业与道路运输业。2012—2017 年,北京商务服务业和货币金融服务业对经济推动作用显著增大,远高于天津、河北的增幅。与全国平均水平相比,津冀商务服务业、货币金融服务业等增幅相对较高,表明其对经济推动作用进一步提升。

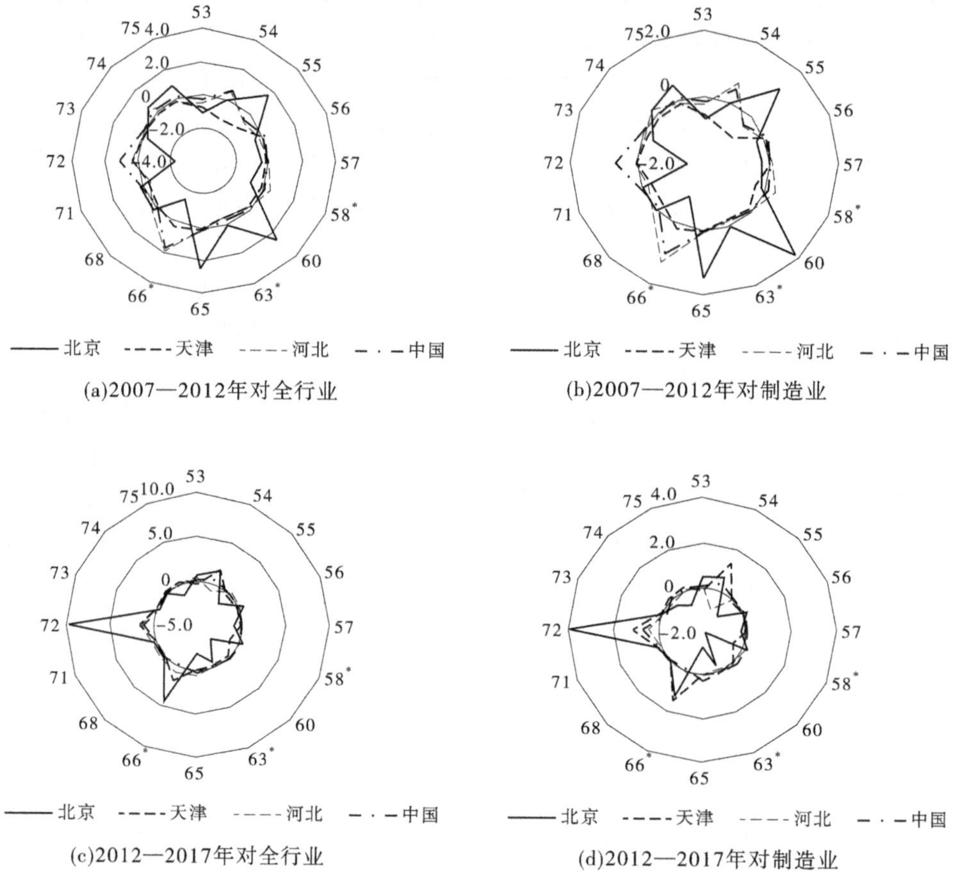

(a)2007—2012年对全行业

(b)2007—2012年对制造业

(c)2012—2017年对全行业

(d)2012—2017年对制造业

图 5-8 京津冀和中国生产性服务业细分部门的感应度系数变化

5.3.2.2 对制造业的感应度系数分析

京津冀三地各类生产性服务业部门对制造业的感应度系数值呈现出类似的格局:物流服务业、金融服务业、商务服务业的系数值明显较高,远大于信息服务业、科技服务业。如 2017 年三地物流服务业、金融服务业、商务服务业对制造业的感应度系数均大于 2,但信息服务业、科技服务业的值均小于 1,与其他年份情况类似。动态来看,三地生产服务业对制造业的推动作用趋于增强的还是道路运输业、商务服务业、货币金融服务业等。虽然,2007—2012 年北京科技、信息服务业部门有所增强,但在下一阶段停止了增长。北京在 2014 年之后出台《北京市新增产业的禁止和限制目录(2014 年)》等文件,严格限制一般制造业的发展。可能造成一些对北京科技、信息服务业有需求的制造业的限制和转移。

综合三地生产性服务业对制造业的影响力系数和感应度系数,可以发现总体上感应度系数大于影响力系数,并且动态上前者增大趋势更为明显。因此,京津冀三地生产性服务业对制造业的产业波及效应主要是通过在供给端为制造业提供各类中间服务产品。

5.3.3　三地商务服务业、道路运输业、货币金融服务业对制造业的直接投入

本部分利用直接投入系数和直接分配系数分析细分部门的生产性服务业与制造业之间的关联强度。其中,直接投入率可衡量各生产性服务业对各制造业部门的重要程度。直接分配率可衡量各制造业部门对各生产性服务业细分部门的重要程度。为判断制造业各细分部门对生产性服务业各细分部门的投入强度的关系特征及地区差异,本节分别计算京津冀三地及中国制造业和生产性服务业两位数部门的直接投入率和直接分配率。

产业网络是分析产业间关系的有效工具,产业网络结构对产业规模、产业投入要素的规模具有显著影响(王茂军和柴箐,2013),本节基于网络视角分析京津冀三省(市)两产业细分部门间的关系结构及其异同之处。基于直接投入率和直接分配率矩阵,本书利用 Gephi 网络可视化软件,分别建立 2007 年、2012 年、2017 年北京、天津、河北三地及全国的网络图。下文依次对比分析三地两产业直接投入系数、直接分配系数所形成的网络特征。

5.3.3.1　直接投入系数分析

京津冀三地生产性服务业与制造业的直接投入系数网络结构与全国基本一致,形成了以商务服务业(代码为 72)、道路运输业(代码为 54)、货币金融和资本市场服务业(代码 68*)为中心的网络结构(见图 5-9)。北京生产性服务业投入率高于 0.01 的制造业-生产性服务业网络中形成了商务服务、道路运输、货币金融和资本市场服务 3 个中心,几乎连接到所有制造业细分部门。类似地,天津生产性服务业投入率高于 0.01 的制造业-生产性服务业网络中形成了商务服务、道路运输、货币金融和资本市场服务 3 个网络中心,几乎连接到所有制造业细分部门(见图 5-10)。全国的生产性服务业与制造业的投入系数关系网络与京津高度相似。但与京津不同,河北省的直接投入率网络形成了以道路运输业、货币金融和资本市场服务业为双中心,以铁路运输和商务服务为副中心的结构。

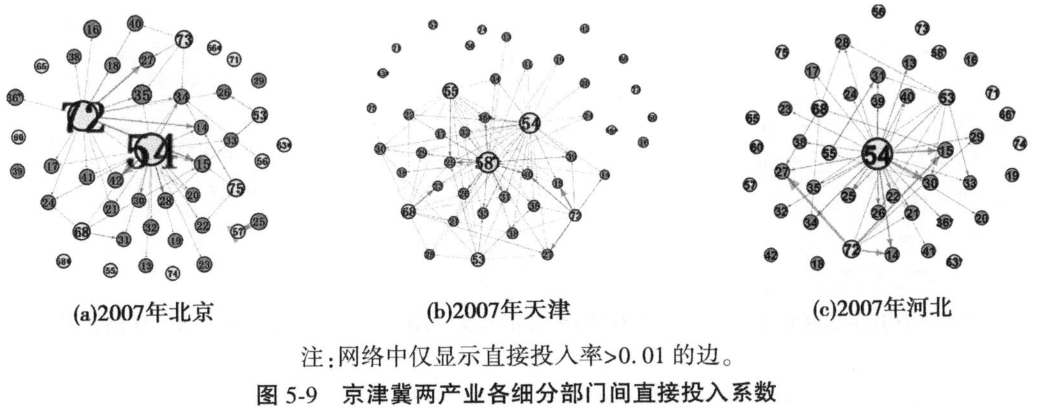

(a)2007年北京　(b)2007年天津　(c)2007年河北

注:网络中仅显示直接投入率>0.01 的边。

图 5-9　京津冀两产业各细分部门间直接投入系数

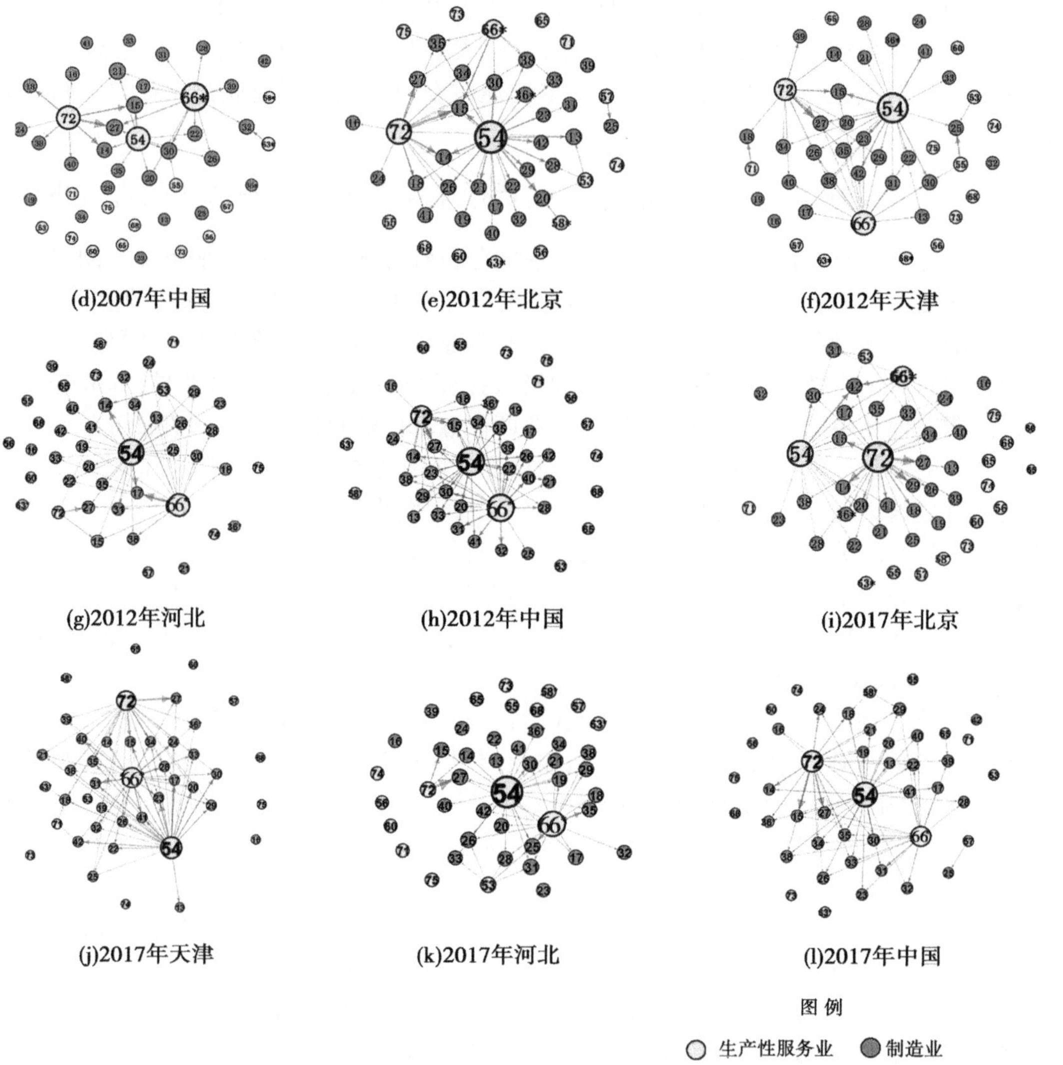

(d)2007年中国 (e)2012年北京 (f)2012年天津

(g)2012年河北 (h)2012年中国 (i)2017年北京

(j)2017年天津 (k)2017年河北 (l)2017年中国

续图 5-9

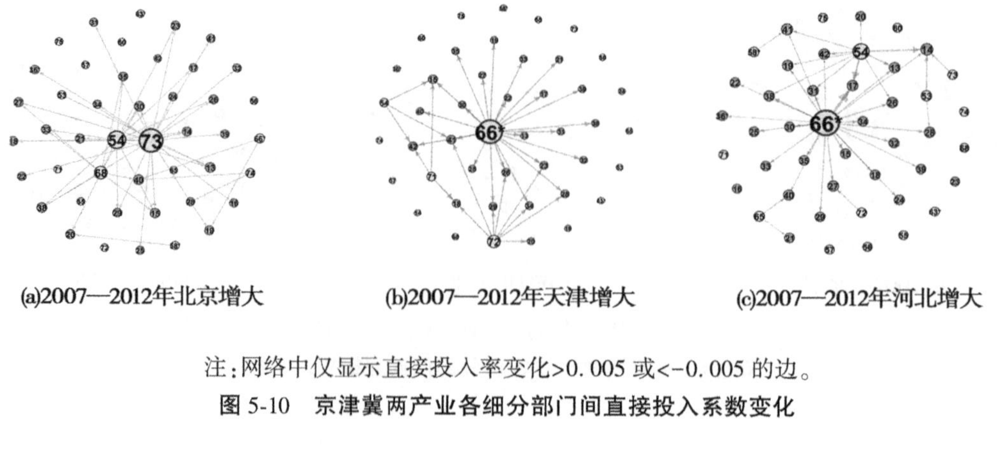

(a)2007—2012年北京增大 (b)2007—2012年天津增大 (c)2007—2012年河北增大

注:网络中仅显示直接投入率变化>0.005 或<-0.005 的边。

图 5-10 京津冀两产业各细分部门间直接投入系数变化

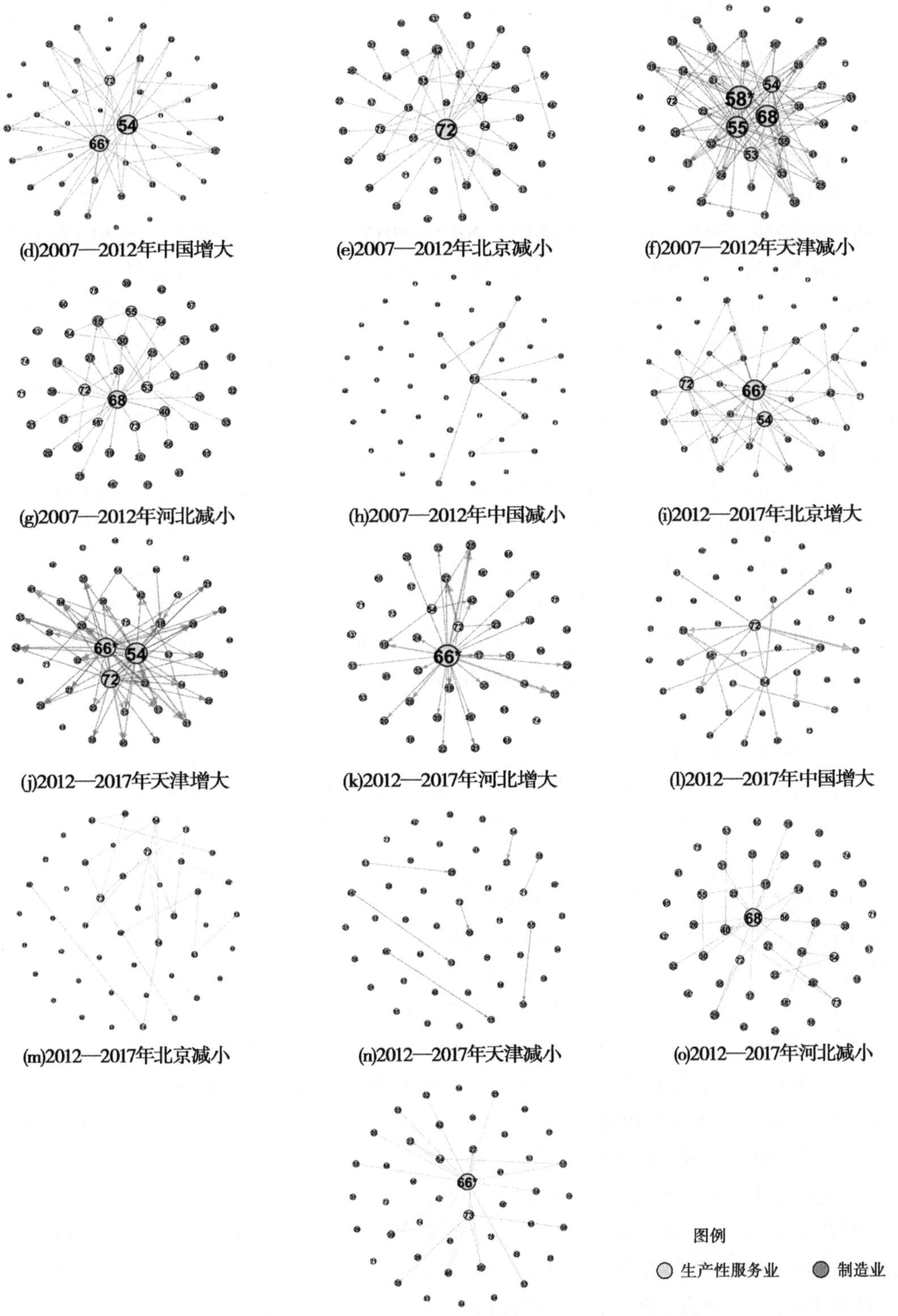

(d)2007—2012年中国增大　(e)2007—2012年北京减小　(f)2007—2012年天津减小

(g)2007—2012年河北减小　(h)2007—2012年中国减小　(i)2012—2017年北京增大

(j)2012—2017年天津增大　(k)2012—2017年河北增大　(l)2012—2017年中国增大

(m)2012—2017年北京减小　(n)2012—2017年天津减小　(o)2012—2017年河北减小

(p)2012—2017年中国减小

续图 5-10

动态来看,三地商务服务、道路运输、货币金融服务业对制造业的直接投入系数普遍具有增大趋势,但存在阶段差异(见图 5-11)。2007—2012 年,北京制造业对商务服务业的投入需求依赖有所减小,而对科技研发、道路运输、货币金融等服务业需求有较大提升。此阶段,天津各制造业部门普遍对货币金融服务业的依赖度增大,较多制造业部门对商务服务业需求依赖也有所增大。而河北制造业主要是对货币金融服务业、道路运输业的投入需求依赖增大。总体上,三地变化趋势与全国较为一致,涉及投入需求度较高的商务服务业、物流运输业、金融服务业三个部门。2012—2017 年,京、津两市制造业部门对商务服务、道路运输、货币金融等服务业部门的投入需求依赖进一步提高,河北制造业投入率增大的部门主要集中在金融服务业。在此阶段,全国制造业多个部门对商务服务业投入依赖增大,但对金融业的投入依赖下降明显。

对比三地生产性服务业与制造业的直接投入系数网络,共有两个发现:第一,相似的网络中心构成反映三地产业关联网络具有较大的结构相似性。尽管三地制造业的主要构成部门具有较大差异,但对道路运输、金融服务、商务服务业都具有普遍的高投入需求。第二,多个制造业部门在三地都具有较高的生产性服务业投入率。比如,三地对生产性服务业投入率较高的制造业部门都包含食品制造业,酒、饮料和精制茶制造业,医药制造业等。可见,这些部门对生产性服务业的投入需求强度具有稳定性,并不因地区发展阶段的差异而显著改变。可能的原因在于产业特性具有稳定性,在投入产出表中,各生产性服务业部门之间的投入结构总体上代表着国家产业部门间的技术-经济联系,属于慢变量,在短期内具有较大稳定性。另外,道路运输业、商务服务业等具有通用性特征,广泛地服务于制造业各部门。

5.3.3.2 直接分配系数分析

与反映制造业对生产性服务业依赖程度的直接投入系数不同,直接分配系数反映了制造业对生产性服务业的影响程度。该系数越高,后者对前者的市场依赖就也越强。

北京直接分配系数网络中生产性服务业部门链接较少,稀疏的结构反映出北京制造业总体上对生产性服务业各部门影响微弱(见图 5-11)。相对而言,分配率较高(受制造业影响最大)的部门主要有水上运输业、道路运输业、管道运输业等,均为物流服务类生产性服务业。其中,水上运输业对北京各主要制造业部门的分配系数最高,表明水运是制造业生产和分配过程中的重要方式。然而考虑北京水上运输业规模小,且在京津冀中占比微小,因此可推测北京需要从外省(市)“购买”该服务。除物流服务业外,在研究末期,商务服务业对多个制造业部门产生一定的市场依赖,反映出制造业与生产性服务业关联更加密切。对生产性服务业影响程度较高的制造业部门主要有计算机、通信和其他电子设备制造业(39)、交通运输设备制造业(36*),医药制造业(27)等技术密集型部门。

与北京相比,天津网络密度明显较大,多个生产性服务业部门融入网络中,反映出天津制造业对生产性服务业的影响更大,联系更加密切。其中,受制造业影响程度较大的生产性服务业部门在研究初期主要为水上运输业和道路运输业,但在 2012 年之后,铁路和航空运输业,商务服务、科技推广和应用服务业更加突出。这一方面表明天津制造业的物流方式多样化发展;另一方面说明天津制造业的发展带动了相关生产性服务业的配套布局。从制造业细分部门看,除与北京相似的三个部门外,天津还有化

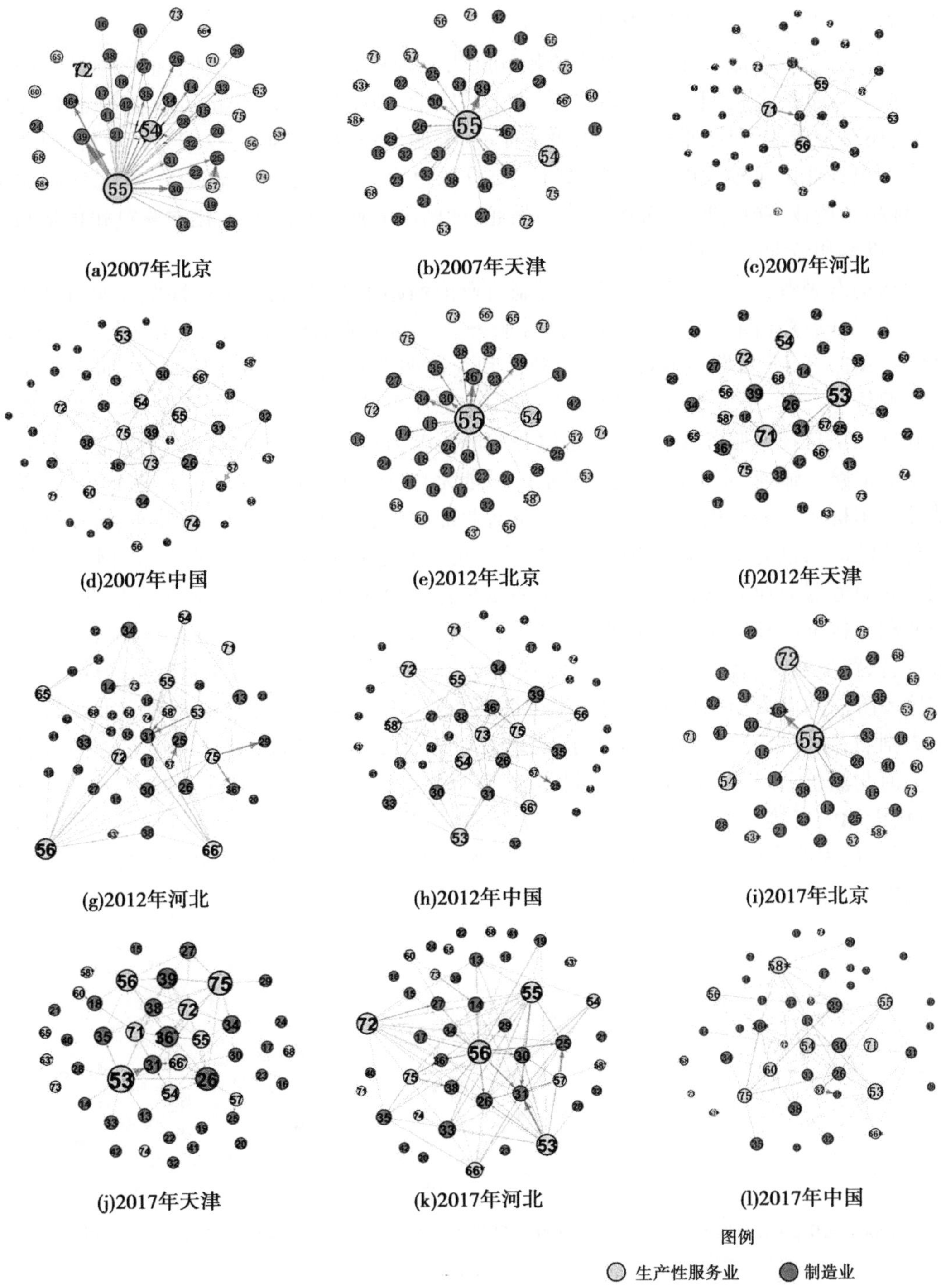

(a)2007年北京　(b)2007年天津　(c)2007年河北

(d)2007年中国　(e)2012年北京　(f)2012年天津

(g)2012年河北　(h)2012年中国　(i)2017年北京

(j)2017年天津　(k)2017年河北　(l)2017年中国

注:网络中仅显示直接分配率>0.01的边。

图5-11　京津冀两产业各细分部门间直接分配系数

学原料和化学制品制造业(26)、黑色金属(31)、电气机械和器材制造业(38)等制造业部门对生产性服务业的影响较大。

河北省生产性服务业对制造业依赖程度为三地最强。其中,受制造业影响最大的生产性服务业部门在初期主要为租赁业、水上运输业、航空运输业、铁路运输业等,在研究中后期,还有金融业、科技推广和应用服务业、商务服务业等。从制造业细分行业看,河北对生产性服务业影响较大的制造业部门主要有黑色金属、通用设备制造业、农副食品加工业、食品制造业、纺织业、非金属矿物制品业、金属制品业、石油加工、化学原料和化学制品等,以资本和劳动密集型部门居多。

从动态来看,北京生产性服务业对制造业依赖趋于下降,天津生产性服务业对制造业的依赖先升后降(图 5-12)。河北生产性服务业对制造业的依赖度还处在较大波动阶段。2007—2012 年,北京制造业仅对装卸搬运和仓储服务业的影响力有所提高,而天津制造业对租赁业、商务服务业、铁路运输业、货币金融业等的需求影响均有所提升,河北制造业对软件和信息技术服务业、货币金融服务等的影响力增强。与此同时,三地制造业普遍减少了对道路运输业、水上运输业的需求。可能是由于 2008 年经济危机的冲击,河北省制造业对租赁业的需求也普遍下降,较多制造业部门对装卸搬运和仓储服务业、科技服务相关行业的需求也有所下降。2012—2017 年,北京制造业对水上运输业需求有较大回升,同时对商务服务业需求普遍增大;天津则相对有较少的制造业部门对水上运输业、航空运输业和科技推广和应用服务业的市场需求增大。河北制造业普遍对航空运输业、水上运输业、铁路运输业、管道运输业、商务服务业等影响力增大。随着京津制造业的规模缩小,在这一阶段两市多个制造业部门对生产性服务业的需求影响变小。天津制造业需求变化更为剧烈,除对装卸搬运服务业需求减少外,还减少了对租赁业、铁路运输业等的需求影响。河北黑色金属、金属制品业等制造业部门对货币金融需求影响减小明显。总体上看,北京、天津的直接分配系数正值网络更为稀疏,而河北与中国的正值网络与负值网络都相对密集,这表明京津两地第二产业对生产性服务业影响下降,而河北制造业的需求还在调整当中。

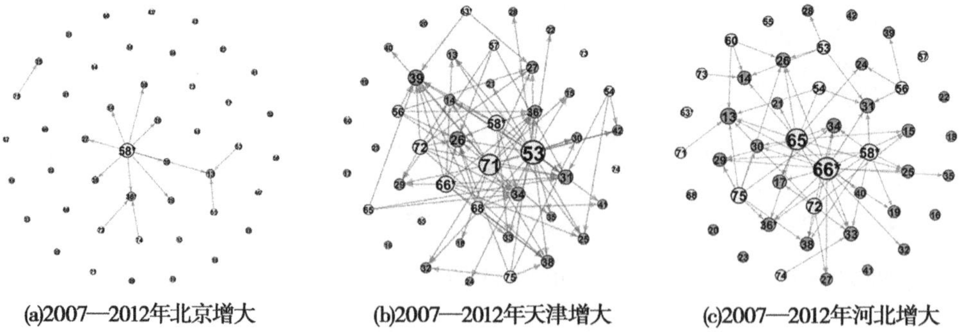

(a)2007—2012年北京增大　　(b)2007—2012年天津增大　　(c)2007—2012年河北增大

注:网络中仅显示直接投入率变化>0.005 或<-0.005 的边。

图 5-12　京津冀两产业各细分部门间直接分配系数变化

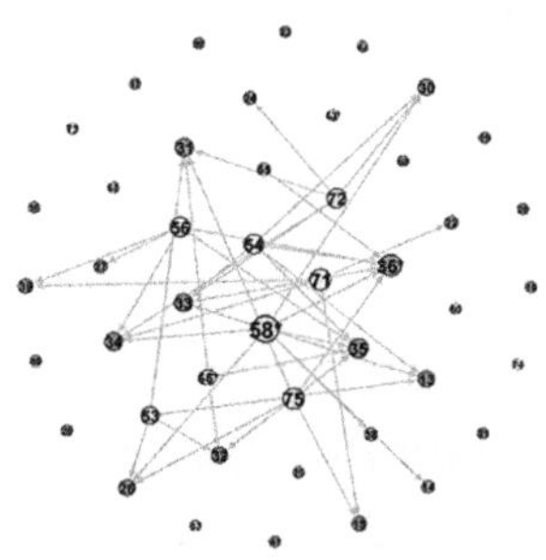

(d)2007—2012年中国增大

(e)2007—2012年北京减小

(f)2007—2012年天津减小

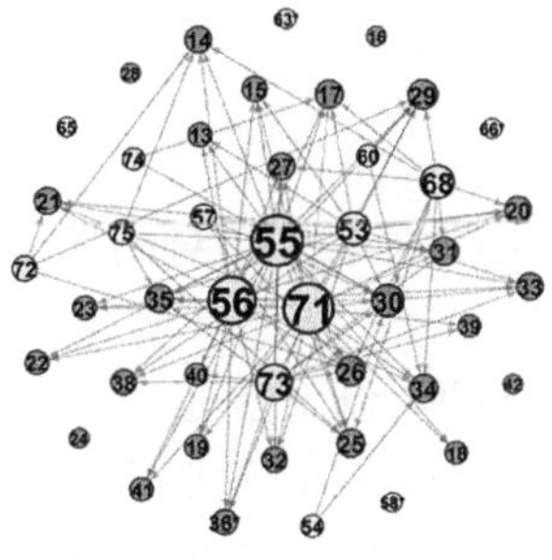

(g)2007—2012年河北减小

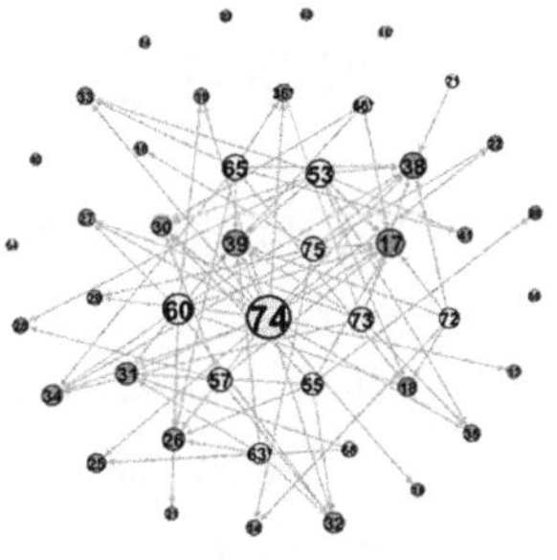

(h)2007—2012年中国减小

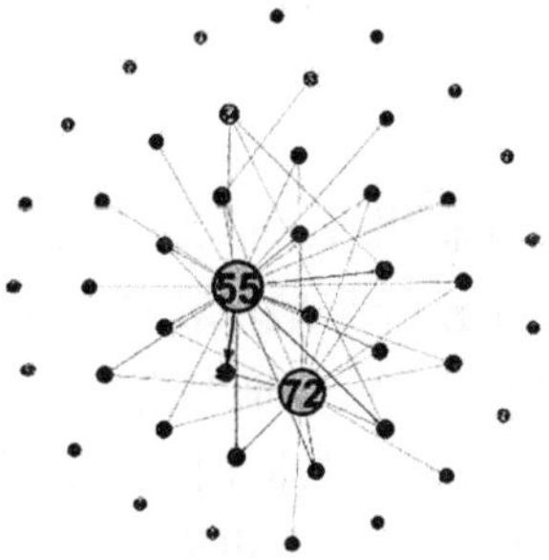

(i)2012—2017年北京增大

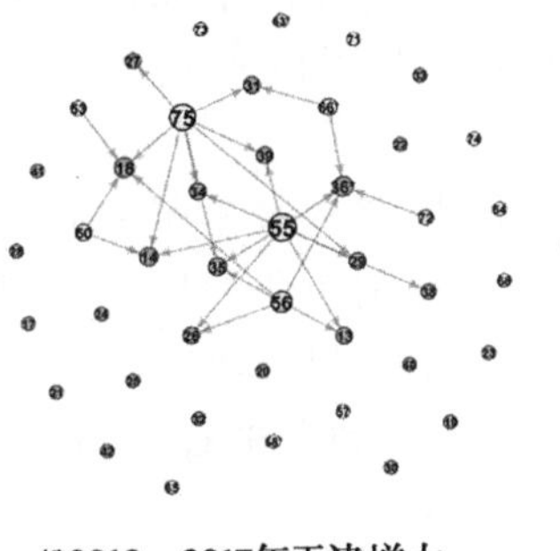

(j)2012—2017年天津增大

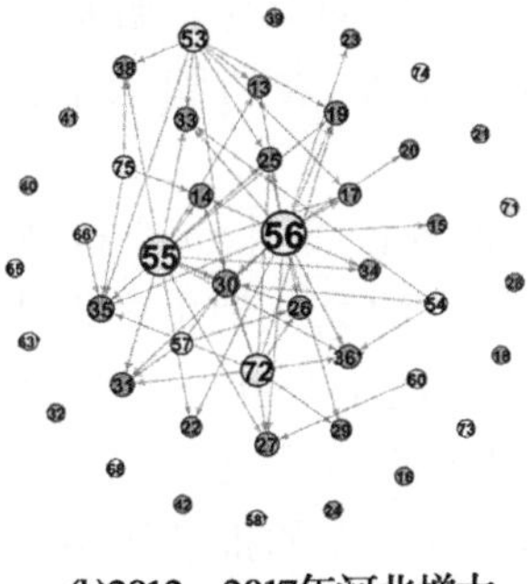

(k)2012—2017年河北增大

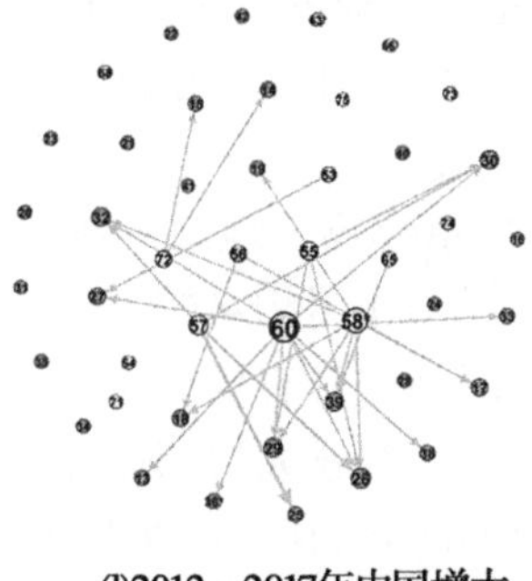

(l)2012—2017年中国增大

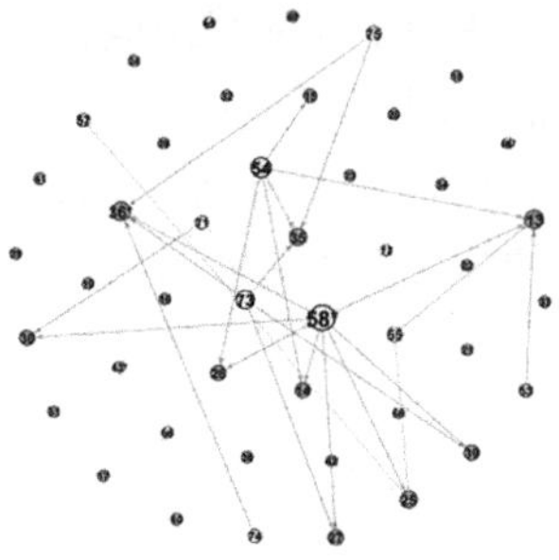

(m)2012—2017年北京减小

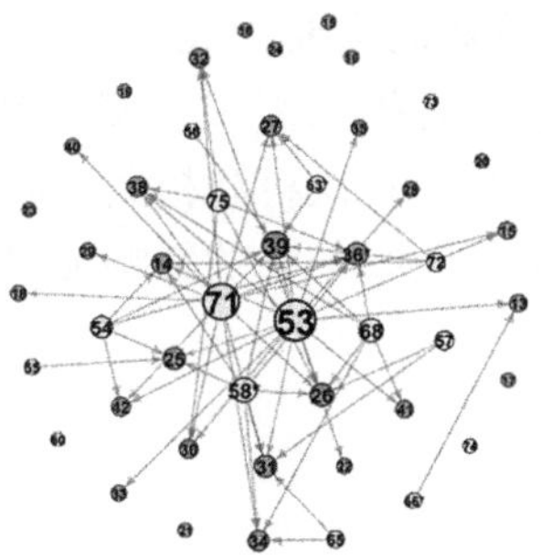

(n)2012—2017年天津减小

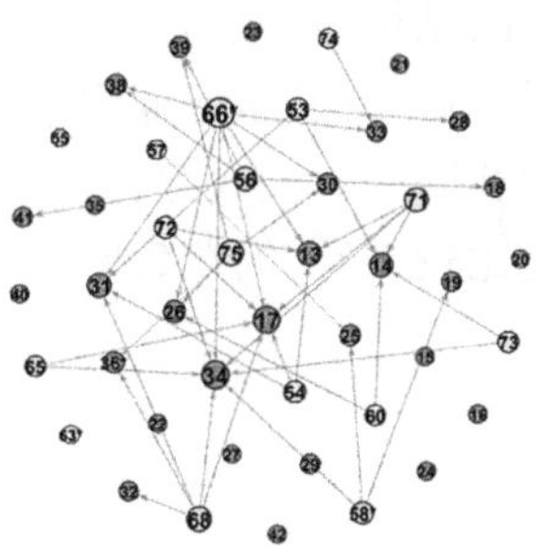

(o)2012—2017年河北减小

续图 5-12

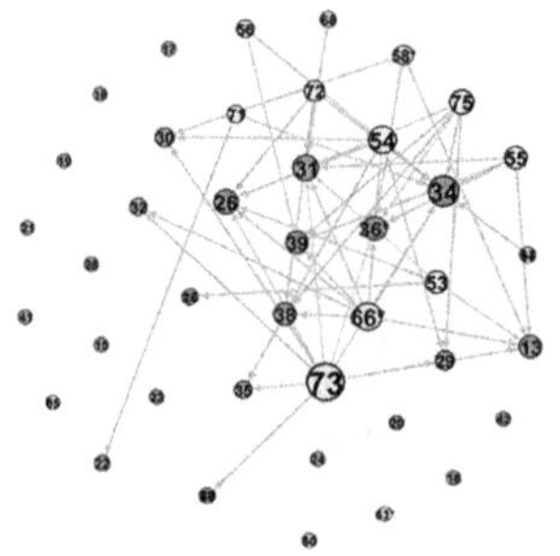

(p)2012—2017年中国减小

图例

◯ 生产性服务业 ● 制造业

续图 5-12

5.4 本章小结

本章利用投入产出表数据,从产业关联角度分析了京津冀生产性服务业对制造业投入的行业差异与地域特征,共得到以下几点结论:

(1)京津冀三地制造业对生产性服务业的中间使用量增长迅速,制造业是生产性服务业的重要用户,同时三地间存在较大差异。天津、河北两地制造业对生产性服务业的需求规模更大且占比更高。从结构来看,京津冀资本和劳动密集型制造业与物流、金融服务业产业联系较强。动态来看,制造业对物流、商务、金融服务业的需求量增长迅速,而对科技、信息服务业的需求保持在较低水平。京津冀生产性服务业对制造业的中间投入主要集中在化学工业、金属冶炼、交通运输设备、食品和烟草、通用和专用设备制造业五个部门。

(2)京津冀三地两行业的产业关联分析表明,北京科技服务业、信息技术服务业对制造业的拉动作用相对较强。动态来看,京津冀三地生产性服务业对制造业的拉动作用增大的部门结构具有优化趋势。京津冀三地生产性服务业对本省(市)制造业推动作用最大的部门具有较大的相似性,主要集中在商务服务业、物流服务业。动态来看,随着北京制造业的疏解,其生产性服务业对本地制造业的推动作用停止了增长。

(3)总体上,京津冀三地两位数细分行业的生产性服务业与制造业之间的联系强度具有部门结构相似性。尽管三地制造业的主要构成部门具有较大差异,但对道路运输业、金融服务业、商务服务业都具有普遍的高投入需求。多个制造业部门在三地都具有较高的生产性服务业投入率,如食品制造业,酒、饮料和精制茶制造业,医药制造业等。从京津冀三地比较来看,河北省制造业对生产性服务业的影响最强,天津次之,北京最弱。

第 6 章　京津冀省(市)间生产性服务业与制造业产业关联分析

在比较了京津冀三地生产性服务业与制造业的产业关联特征之后,本章将视线转移到省(区)间的产业关联上来。利用 2007 年、2012 年、2017 年三个年份的省(区)间投入产出表数据,分析京津冀生产性服务业对京津冀地区制造业的产业关联效应,以及三地之间生产性服务业对制造业的跨省(区)服务流特征。

6.1　研究数据与研究方法

6.1.1　研究数据

本章所用京津冀区域间投入产出表有两个来源。一个来源是通过从三个年份的《中国省(区、市)区域间投入产出表》提取而得。其中,2007 年和 2012 年源数据来自《中国 2007 年 30 省(区、市)区域间投入产出表(30 部门)》《中国 2012 年 31 省(区、市)域间投入产出表(42 部门)》。该数据由中国科学院区域可持续发展分析与模拟重点实验室编制所与国家统计局核算联合编制。在编制过程中,综合考虑了省际间铁路交通数据、空间距离权重、中间使用与最终使用的比例,并结合专家经验作出科学调整,具有较大的科学性和客观性(刘卫东等,2018)。2017 年数据来自《中国 2017 年 31 省(区、市)区域间投入产出表(42 部门)》,由中国碳核算数据库官方网站获取。

由于中国省(区、市)区域间投入产出表数据编制周期长、精度高,本书采用该数据分析省际之间的服务产品流量。三个年份的中国省(区、市)区域间投入产出表数据行业部门只有 42 个,其中生产性服务业部门仅有 5 个,无法满足对细分行业的生产性服务业部门产业关联分析要求。因此,本书借鉴李宵等(2018)的研究方法,根据北京市 135 个部门,天津市、河北省 144 个部门的《2007 年投入产出表》以及北京市、天津市、河北省 139 个部门的《2012 年投入产出表》和北京市、天津市、河北省 142 个部门的《2017 年投入产出表》,将行业类型统一合并为 126 个部门。编制 126 个行业部门的京津冀省(区)间投入产出表,其中共包含 16 个生产性服务业部门类型,具体过程见研究方法部分。

6.1.2　研究方法

区域间投入产出模型是全面系统地刻画区际商品贸易和要素流动的有效手段,可以量化不同区域之间各个产业的投入产出关联。该研究方法自艾萨德提出以来得到不断的发展,并得到广泛应用(石敏俊等,2012;李惠娟,2013,2014;李宵等,2018)。本章方法主要概念有产品流出量与产品流入量,省内贸易量与省际贸易量,区域、区域间、目标区域间产业影响力系数和感应度系数。

6.1.2.1　区域间投入产出模型

本书以两个区域之间的两个部门为例，介绍区域间投入产出模型的推理过程，其基本形式如下：

$$\boldsymbol{X} = \boldsymbol{CAX} + \boldsymbol{CF} \tag{6-1}$$

式中：$\boldsymbol{X}$、$\boldsymbol{A}$、$\boldsymbol{C}$、$\boldsymbol{F}$ 分别为总产出矩阵、直接消耗系数矩阵、贸易系数矩阵、最终使用矩阵。

根据各个区域的投入产出表可以计算 $\boldsymbol{X}$、$\boldsymbol{A}$、$\boldsymbol{F}$，因此确定区域间贸易系数 $\boldsymbol{C}$ 是应用 MRIO 模型的关键，对此 Leontif 与 Strout 提出用引力模型来计算 $\boldsymbol{C}$，定义公式如下：

$$t_i^{rs} = \frac{x_i^r d_i^s}{\sum_r x_i^r} Q_i^{rs} \tag{6-2}$$

式中：t_i^{rs} 为部门 i 从区域 r 到区域 s 的流出量；x_i^r 为区域 r 的部门 i 的总产出；d_i^s 为区域 s 对部门 i 的总需求；$\sum_r x_i^r$ 为全部区域部门 i 的总产出；Q_i^{rs} 为区域 r 到区域 s 的贸易参数。

对贸易参数 Q_i^{rs} 的估算公式为：

$$Q_i^{rs} = \frac{H_i^{rs}}{H_i^{ro} H_i^{os} / H_i^{oo}} \tag{6-3}$$

式中：H_i^{rs} 为区域 r 到区域 s 的货物运输量；H_i^{ro} 为区域 r 货物的总发送量；H_i^{os} 为区域 s 货物的总到达量；H_i^{oo} 为所有区域的总发货量。

$$C_i^{rs} = \frac{t_i^{rs}}{\sum_r t_i^{rs}} \tag{6-4}$$

式中：C_i^{rs} 为区域 r 对区域 s 部门 i 的贸易系数；$\sum_r t_i^{rs}$ 为所有区域 r 流入到区域 s 的部门 i 的总量。

本书引入运输量分布系数来推算京津冀区域间的贸易系数，考虑数据的可获取性，以往的研究多利用各年份统计年鉴中区域间铁路货运量近似替代产品的运输量。由于京津冀地区铁路运输并非货物运输的主要方式，为了提高数据的精确性，本书利用投入产出表中全部交通运输业的增加值比铁路运输业的增加值而得到的倍率，乘以各区域间的铁路货运量，得到所有运输方式的货运总量，进而求得京津冀区域间产品贸易系数，如表 6-1 所示。

表 6-1　京津冀区域间产品贸易系数

省（市）	2007 年			2012 年			2017 年		
	北京	天津	河北	北京	天津	河北	北京	天津	河北
北京	5.708 0	5.201 5	1.455 0	4.633 3	3.168 2	1.965 6	4.046	0.930	0.302
天津	9.323 4	2.154 9	1.617 9	0.636 8	14.084 2	1.525 8	0.137	2.208	0.137
河北	4.442 5	4.685 4	2.661 9	7.323 5	4.757 6	2.154 7	1.701	0.578	0.418

6.1.2.2　产品流出量与产品流入量

某省份的产品流入量是外省份流入到该省份生产性服务业价值量之和，某一省份的产品流出量是指从该省流出到外省份的服务量的总和,其他行业的中间需求与居民和政府最终消费需求不计入内(石敏俊等,2012)。计算公式如下:

$$LC^{R} = \sum_{R(R\neq S)} \sum_{i} (x_{ij}^{RS}) \tag{6-5}$$

$$LR^{S} = \sum_{S(R\neq S)} \sum_{j} (x_{ij}^{RS}) \tag{6-6}$$

式中:LR^S 为 S 地区的产品流入量;LC^R 为 R 地区的产品流出量;x_{ij}^{RS} 为 R 地区 i 产业对 S 地区 j 产业的中间投入量。

6.1.2.3　省内贸易量与省际贸易量

省内贸易量是指用于生产过程的生产性服务业贸易产品的产生与使用地均在该省范围内的量;省际贸易量是指该省与其他省份之间发生的流量(石敏俊等,2012)。计算公式如下:

$$T_{\text{intra}}^{R} = \sum_{j} \sum_{i} x_{ij}^{RR} \tag{6-7}$$

$$T_{\text{inter}}^{R} = \sum_{R(R\neq S)} \sum_{i} x_{ij}^{RS} \tag{6-8}$$

式中:T_{intra}^{R} 为 R 省的省内贸易量;T_{inter}^{R} 为 R 省的省际贸易量;x_{ij}^{RR} 为 R 地区 i 产业对本地 j 产业的中间投入量;x_{ij}^{RS} 为 R 地区 i 产业对 S 地 j 产业的中间投入量。

6.1.2.4　区域、区域间、目标区域间产业影响力系数和感应度系数

区域、区域间、目标区域间产业影响力系数分别表示某区域的某一产业增加一个单位最终需求时,对所有区域、其他区域以及本区域对另一个区域各产业所产生的生产需求波及程度。各影响力系数值越大,表示该产业对生产拉动作用越强。区域、区域间、目标区域间产业感应度系数分别表示当每一区域的每一个产业均增加一个单位最终使用时,对所有区域、除本区域外的其他区域,以及本区域对其他某一个区域的产业由此而受到的需求感应程度。该系数值越大,表示其他产业部门对该产业的需求依赖越大。各产业影响力系数和感应度系数公式为:

$$u_j = \frac{\sum_r \sum_i b_{ij}^{rs}}{\frac{1}{m \times n} \sum_r \sum_s \sum_i \sum_j b_{ij}^{rs}} \tag{6-9}$$

$$u_j^s = \frac{\sum_r \sum_i b_{ij}^{rs}}{\frac{1}{n} \sum_r \sum_i \sum_j b_{ij}^{rs}} \tag{6-10}$$

$$u_j^{rs} = \frac{\sum_i b_{ij}^{rs}}{\frac{1}{n} \sum_i \sum_j b_{ij}^{rs}} \tag{6-11}$$

式中:u_j 为区域影响力系数;u_j^s 为区域间影响力系数;u_j^{rs} 为目标区域间影响力系数;b_{ij}^{rs} 为区域间投入产出模型里昂惕夫逆矩阵中的元素;上标 r、s 为区域,下标 i、j 为部门;m 为区域个数;n 为部门个数。

$$w_i = \frac{\sum_s \sum_j b_{ij}^{rs}}{\frac{1}{m \times n} \sum_r \sum_s \sum_i \sum_j b_{ij}^{rs}} \tag{6-12}$$

$$w_i^r = \frac{\sum_s \sum_j b_{ij}^{rs}}{\frac{1}{n} \sum_s \sum_i \sum_j b_{ij}^{rs}} \tag{6-13}$$

$$w_i^{rs} = \frac{\sum_j b_{ij}^{rs}}{\frac{1}{n} \sum_i \sum_j b_{ij}^{rs}} \tag{6-14}$$

式中：w_i 为区域感应度系数；w_i^r 为区域间感应度系数；w_i^{rs} 为目标区域间感应度系数；其他符号含义同前。

目标区域间产业关联强度(e_i)是指某一区域间的某一产业与该区域间的所有产业的经济活动的密切程度，区域 r 和区域 s 在产业 i 上的关联强度用公式表示为

$$e_i = u_i^{rs} + w_i^{rs} + u_i^{sr} + w_i^{sr} \tag{6-15}$$

式中：u 为影响力系数；w 为感应度系数。

然而，以上公式仅能从总体上反映区域、区域间或目标区域间在经济整体上受某地生产性服务业的推动强度。为分析京津冀地区生产性服务业与制造业的产业关联，本书参考已有相关研究，将公式微调，用以衡量某地(京、津、冀)生产性服务业对区域、区域间、目标区域间制造业的带动作用。

调整后，对制造业的区域、区域间和目标区域间的产业影响力系数分别记为 u_{cj} 、u_{cj}^s 、u_{cj}^{rs} 。其计算公式分别为：

$$u_{cj} = \frac{\sum_r \sum_c b_{cj}^{rs}}{\frac{1}{m \times n} \sum_r \sum_s \sum_i \sum_j b_{ij}^{rs}} \tag{6-16}$$

$$u_{cj}^s = \frac{\sum_r \sum_c b_{cj}^{rs}}{\frac{1}{n} \sum_r \sum_i \sum_j b_{ij}^{rs}} \tag{6-17}$$

$$u_{cj}^{rs} = \frac{\sum_c b_{cj}^{rs}}{\frac{1}{n} \sum_i \sum_j b_{ij}^{rs}} \tag{6-18}$$

式中：c 为制造业；其他符号含义同前。

调整后，对制造业(c)的区域、区域间和目标区域间的产业感应度系数公式分别记为 w_{ic} (区域)、w_{ic}^r (区域间)、w_{ic}^{rs} (目标区域间)

$$w_{ic} = \frac{\sum_s \sum_c b_{ic}^{rs}}{\frac{1}{m \times n} \sum_r \sum_s \sum_i \sum_j b_{ij}^{rs}} \tag{6-19}$$

$$w_{ic}^{r} = \frac{\sum_{s}\sum_{c} b_{ic}^{rs}}{\frac{1}{n}\sum_{s}\sum_{i}\sum_{j} b_{ij}^{rs}} \tag{6-20}$$

$$w_{ic}^{rs} = \frac{\sum_{c} b_{ic}^{rs}}{\frac{1}{n}\sum_{i}\sum_{j} b_{ij}^{rs}} \tag{6-21}$$

式中:其他符号含义同前。

6.2 区域和区域间生产性服务业与制造业产业关联系数分析

6.2.1 京津冀生产性服务业对地区制造业的拉动作用与推动作用

京津冀生产性服务业对地区制造业的拉动作用较弱,推动作用明显的部门集中在商务服务业、货币金融服务业和道路运输业。

6.2.1.1 生产性服务业对经济总体的区域影响力系数和感应度系数分析

基于区域影响力系数分析发现:北京商务服务业、天津物流服务业、科技服务业对京津冀地区发展的带动作用较强(见图 6-1)。北京对区域拉动作用最强的部门为软件和信息技术服务业,其次为科技推广和应用服务业、商务服务业。天津对区域拉动作用最强的部门为水上运输业,其次为其他运输、装卸搬运和仓储业、保险业。河北各生产性服务业部门对京津冀地区的拉动作用均较小。

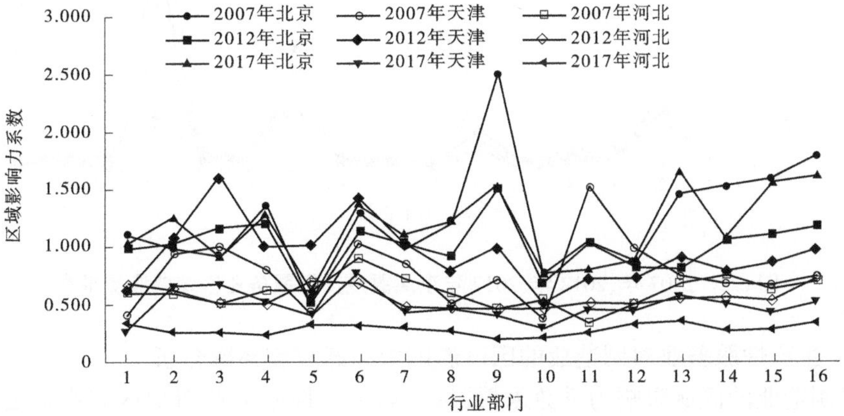

1—铁路运输业;2—道路运输业;3—水上运输业;4—航空运输业;5—管道运输业;6—其他运输、装卸搬运和仓储业;7—邮政业;8—电信和其他信息传输服务业;9—软件和信息技术服务业;10—货币金融和其他金融服务;11—保险业;12—租赁业;13—商务服务业;14—研究和试验发展业;15—专业技术服务业;16—科技推广和应用服务业(下同)。

图 6-1 2007 年、2012 年、2017 年京津冀生产性服务业区域影响力系数

动态来看,2007—2017 年,天津、河北各生产性服务业对京津冀地区带动作用都呈现出减小的趋势,而北京则呈现出增大的趋势。天津保险业对区域经济拉动作用下降幅度最大，反映出天津金融地位相对北京有所减弱。河北对区域经济拉动作用下降幅度最大的部门为其他运输、装卸搬运和仓储业。北京对京津冀地区经济带动作用增长幅度最大的为商务服务业。

基于区域感应度系数分析发现，北京、天津、河北对京津冀地区经济推动作用最强的部门较为一致，都是商务服务业。这三个部门是国民经济中基础部门性质较强的产业，其他行业的发展都需要三大部门的中间投入支持（见图 6-2）。北京商务服务业对地区推动作用最强，2007—2017 年，随着天津、河北商务服务业的功能提升，北京商务服务业推动作用相对下降，但依然处在较高水平。除商务服务业外，天津、河北对京津冀经济总体推动作用最强的是货币金融和其他金融服务业。金融服务业作为国民经济的“血液”，为各行业发展提供必不可少的金融融资、信用担保、证券管理等服务，与各行业关联度高。三地物流服务业中道路运输业是区域感应度系数最大的部门，其中天津道路运输业对区域经济的推动作用随着时间进一步加强。天津作为京津冀地区重要的物流枢纽，为地区经济发展提供物资中转和点对点运输服务。动态来看，北京、天津、河北商务服务业对区域经济的推动作用增长最为显著，其次为货币金融服务，而其余各部门变化不大。总体上，京津冀生产性服务业各部门对地区经济推动作用集中于商务服务业、金融服务业、物流运输业三个部门，并随着时间进一步强化。

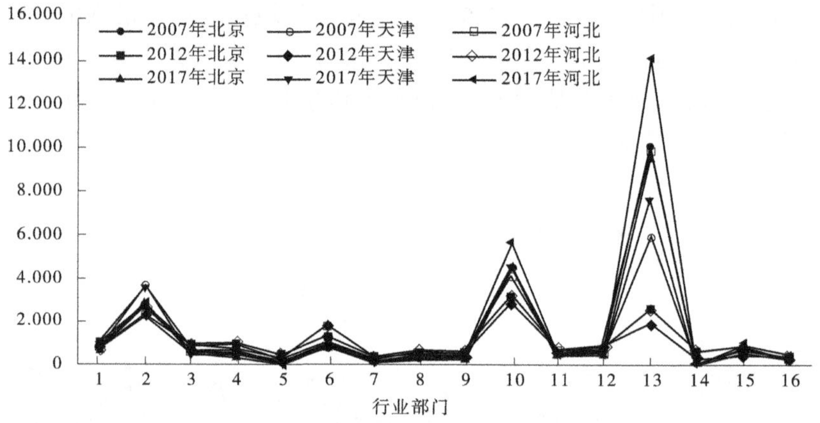

图 6-2　2007 年、2012 年、2017 年京津冀生产性服务业区域感应度系数

6.2.1.2　生产性服务业对制造业的区域影响力和感应度系数分析

从对制造业的区域影响力系数来看，京津冀生产性服务业对地区制造业的拉动作用较弱。三地生产性服务业各行业对制造业的区域影响力系数值大多在 1.0 以内波动（见图 6-3）。相对而言，北京软件和信息技术服务业、科技推广和应用服务业、专业技术服务业，天津水上运输业、其他运输、装卸搬运和仓储业，对区域制造业的拉动作用较强。河北各类生产性服务业对京津冀地区制造业的拉动作用均较弱。动态来看，北京商务服务业对地区制造业的拉动作用趋于增强，而天津、河北生产性服务业对京津冀全域制造业的拉动作用十分有限。

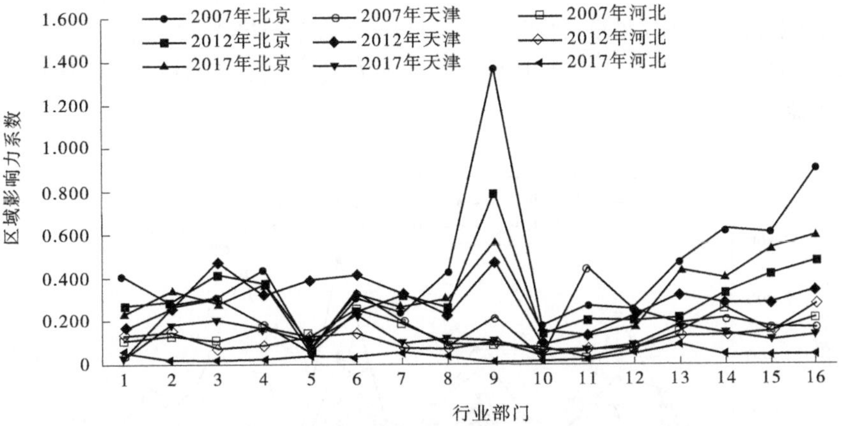

图6-3　2007年、2012年、2017年京津冀生产性服务业对制造业的区域影响力系数

生产性服务业对区域制造业的推动作用明显的部门依然集中在商务服务业、货币金融和其他金融服务业、道路运输业，并且商务服务业、金融服务业的作用呈增强趋势(见图6-4)。这一趋势与生产性服务业对京津冀区域经济总体的结果一致。另外，虽然2007年装卸搬运与仓储服务业对区域制造业的推动作用也较为突出，但在2012年、2017年对区域制造业的推动作用低于平均水平。动态来看，北京、天津、河北各类科技服务业对区域制造业的推动作用略有增强，反映出科技创新在传统制造业升级和先进制造业高质量发展过程中的作用日益突出。

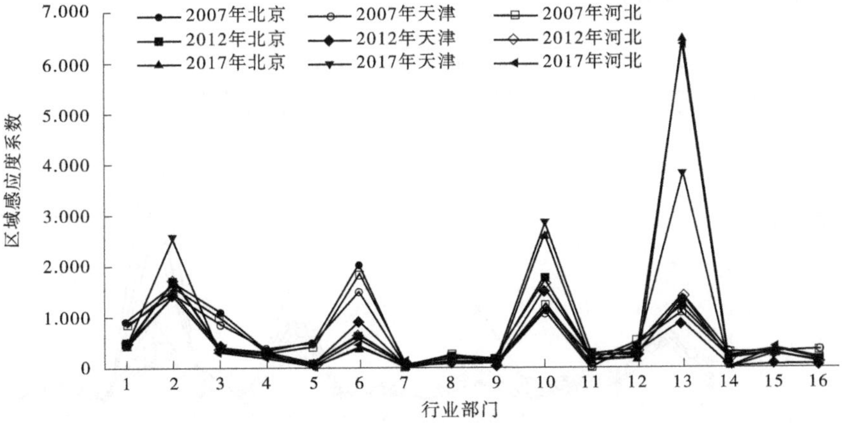

图6-4　2007年、2012年、2017年京津冀生产性服务业对制造业的区域感应度系数

6.2.2　京津冀生产性服务业对制造业区域间的拉动作用与推动作用

6.2.2.1　生产性服务业对经济整体的区域间影响力系数和感应度系数分析

基于区域间影响力系数的分析发现，北京商务服务业、科技服务业、信息服务业对天津、河北经济具有高于平均水平的拉动作用，其中软件和信息技术服务业的拉动作用最大

（见图 6-5）。北京信息服务业起步早，集中着国内外互联网公司的总部和区域总部，具有较强的辐射能力。天津对北京、河北经济发展的拉动作用最大的为水上运输业，其次是其他运输、装卸搬运和仓储业。河北生产性服务业对北京、天津的拉动作用微弱，并且随着时间趋于下降。

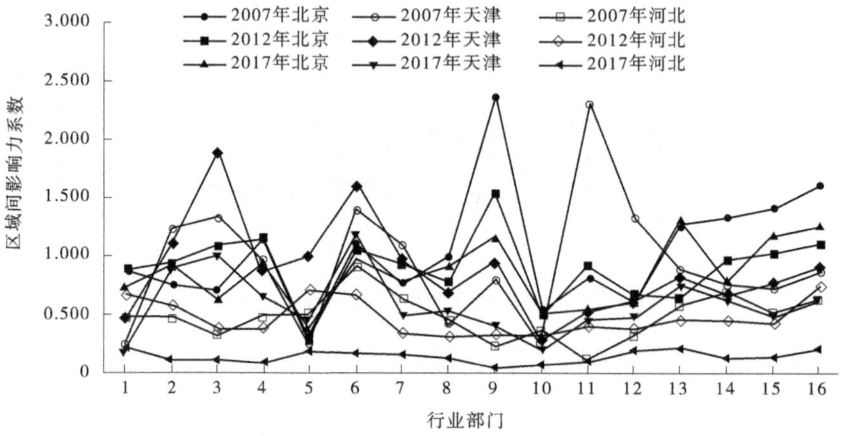

图 6-5　2007 年、2012 年、2017 年京津冀生产性服务业区域间影响力系数

基于区域间感应度系数的分析发现，北京、天津、河北对外省（市）推动作用较强的部门主要为货币金融服务、商务服务业、道路运输业、装卸搬运和仓储服务业（见图 6-6）。动态来看，三地物流类服务业对外省推动作用趋于下降，而商务服务业和金融服务业有较为明显的增长。

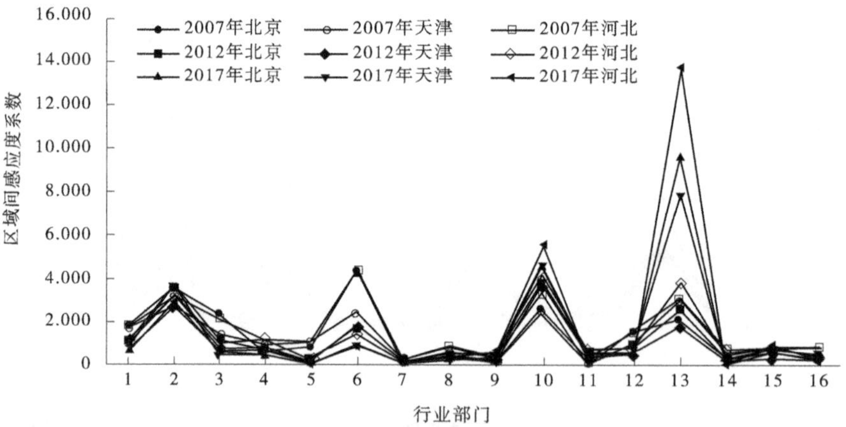

图 6-6　2007 年、2012 年、2017 年京津冀生产性服务业区域间感应度系数

6.2.2.2　生产性服务业对制造业的区域间影响力和感应度系数分析

对制造业的区域间影响力系数分析发现，三地大多数行业对其他两个省（区）制造业不具有明显的需求拉动作用（见图 6-7）。生产性服务业通常属于轻资产行业，对制造业实物产品设备和工具的消耗需求并不高。另外，京津冀三地生产性服务业对制造业的需求可能主要来自河北省内或者京津冀之外,未必对邻近省份制造业直接或者间接地有增长拉动作用。仅北京 2007 年、2012 年的软件和信息技术服务业明显对天津、河北经济发展起到了需求波及的拉动作用。可能与北京信息产业链向涿州、广阳等周边地区的产业园区溢出有关。对制造业的区域间感应度系数分析结果与对经济总体的感应度系数分析结果相似,主要集中在商务服务业、金融服务业、道路运输业等(见图 6-8)。

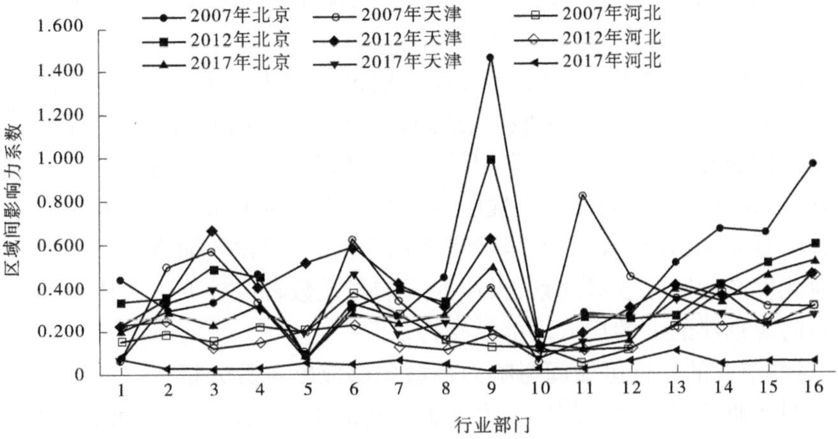

图 6-7 2007 年、2012 年、2017 年京津冀生产性服务业对制造业的区域间影响力系数

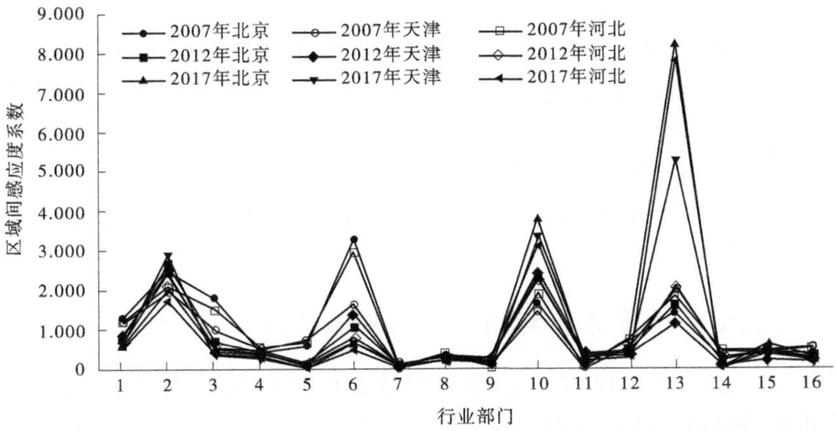

图 6-8 2007 年、2012 年、2017 年京津冀生产性服务业对制造业的区域间感应度系数

6.3 目标区域间生产性服务业与制造业产业关联系数与服务流分析

6.3.1 三地间物流、金融、商务服务业对制造业推动作用明显,京津互动明显

6.3.1.1 对经济总体的目标区域间影响力系数和感应度系数分析

基于对目标区域间影响力系数和感应度系数的分析发现,北京、天津相互之间生产性

服务业对彼此经济发展拉动和推动作用较强,河北生产性服务业对外功能较弱,对北京、天津经济具有需求依赖。

北京生产性服务业对天津、河北拉动作用最大的是信息服务业,其次为科技服务业、商务服务业、物流服务业。其中,科技服务业的作用趋于上升。随着京津冀产业协同的推进,河北省在“十三五”期间累计利用超过700亿元北京技术合同成交额,占北京输出的比重由2.87%增长到7.5%。而北京物流服务业影响力系数相对较小且趋于下降。

北京生产性服务业对天津、河北感应度系数最大的为商务服务业,在2017年分别高达10.483、9.313,其次为货币金融服务、道路运输业,各部门的系数均趋于增加。

天津生产性服务业对北京拉动作用最大的为保险业,其次是水上运输服务业和其他运输、装卸搬运和仓储业。天津生产性服务业对北京影响力系数最大的为商务服务业,其次为货币金融服务和道路运输业。虽然京津相互促进,但比较而言,北京对天津的带动作用更大。河北生产性服务业对北京、天津的影响力系数普遍较低。总体上,河北生产性服务业的发展需要京津的上游投入端提供支持。

6.3.1.2 对制造业的目标区域间影响力系数和感应度系数分析

基于对制造业的目标区域间影响力系数分析表明,三省(区)之间生产性服务业对制造业的带动作用普遍较低。大多行业的系数值在1以下,表明生产性服务业对外省制造业的带动作用处在全部行业平均水平之下。其中,只有北京软件和信息技术服务业对天津、河北制造业的带动作用较大。

相比之下,三地之间物流、金融、商务服务业与制造业的目标区域间感应度系数普遍大于平均水平。其中,京、津、冀之间商务服务业、货币金融服务与其他金融业对制造业的推动作用呈现增强趋势。另外,天津道路运输业对北京、河北制造业的推动作用逐渐增强。而北京道路运输业、其他运输、装卸搬运和仓储业对河北、天津制造业的推动作用较大幅度的下降,反映出非首都功能疏解措施实施后,一些批发市场及相关的仓储业、运输企业对外转移的效果。

6.3.2 京津冀生产性服务业与制造业省际服务流

京津冀三省(市)之间对制造业的服务贸易流有助于促进三地建立起产业间的分工与协同,促进区域经济一体化发展。在分析生产性服务业对制造业整体的目标区域间的推动与拉动作用之后,本节将研究视角缩小,分析北京生产性服务业对天津、河北制造业各细分部门的服务产品流结构。

6.3.2.1 北京生产性服务业对天津、河北制造业服务流

北京生产性服务业对天津制造业的服务流集中在前五项制造业细分部门。2012年、2017年前五个制造业部门是天津制造业购买北京生产性服务业的主体,使用量分别占贸易总量的60%、71.9%(见图6-9)。2012年北京生产性服务业对天津制造业的总贸易量为21亿元。天津化学工业、金属冶炼和压延加工业和通信设备制造业从北京“购入”服务量最高,各输入大于3亿元的生产性服务业产品。其次为通用和专用设备制造业、交通运输设备两个部门,分别购买超过了1.5亿元价值量的服务产品。2017年天津制造业利

用北京生产性服务业规模最大的前五个行业分别为金属冶炼和压延加工业和通信设备制造业、化学产品、通用和专用设备制造业、交通运输设备制造业、通信设备制造业，各部门购入量均超过 3 亿元。由此可见，输入北京生产性服务业的天津主要制造业部门集中度高且构成相对稳定。

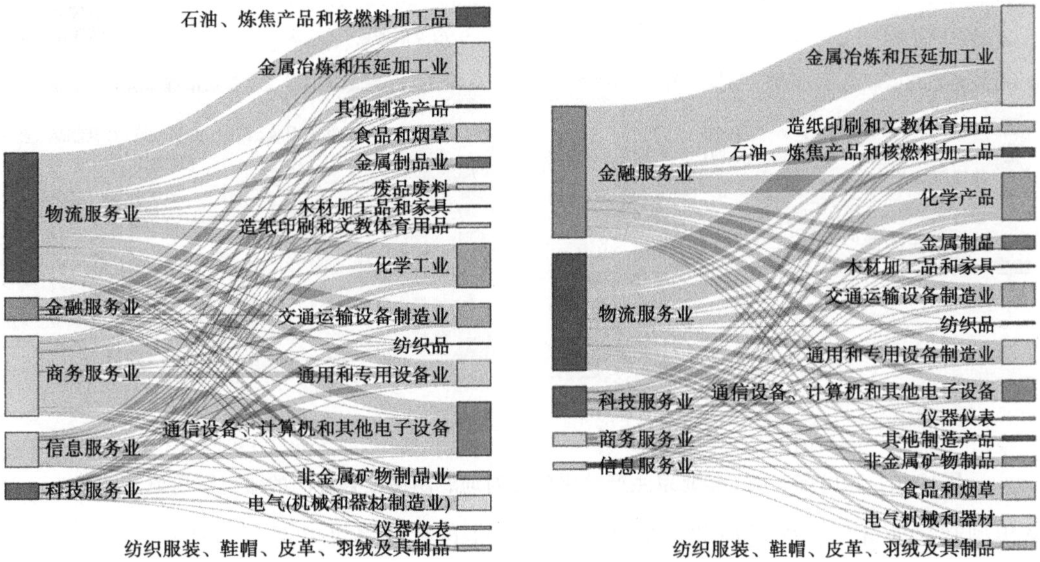

(a)2012 年　　　　(b)2017 年

图 6-9　2012 年、2017 年北京生产性服务业对天津制造业各部门的服务贸易流示意图

河北制造业输入北京的生产性服务业产品部门结构与天津略有不同。2012 年河北制造业各部门中，金属冶炼和压延加工业购买的北京生产性服务业规模最大，约为 25.8 亿元，占总输入量的 29.5%。使用北京生产性服务业产品较高的部门还有通用和专用设备制造业、化学工业、石油工业、纺织业等，各部门输入量均高于 7 亿元。2017 年河北输入北京生产性服务业的制造业前五项部门基本保持不变，分别为金属冶炼和压延加工业、化学工业、通用和专用设备制造业、石油工业、金属制品、食品制造业和烟草制品业（见图 6-10）。

比较来看，北京生产性服务业对天津、河北的金属冶炼、化学工业的服务量都比较大，对天津制造业的服务输出中装备制造业比重相对更高。

6.3.2.2　天津生产性服务业对河北制造业服务流

与北京对河北服务贸易部门结构相似，天津对河北的生产性服务业输出同样集中在资本密集型产业（见图 6-11）。2012 年集中于金属冶炼和压延加工业、石油、化学、通用和专用设备制造业、纺织业等五个部门，共占总量的 71%。其中前三项共占 52.4%。2017 年河北制造业使用天津生产性服务业最多的前五项部门分别为化学工业、金属冶炼、食品与烟草，通用和专用设备、金属制品制造业。制造业各行业的使用结构发生了显著变化，其中化工石油与金属冶炼的占比由原来的 52.4%下降至 45.6%。食品与烟草、金属制品业占比相对增加，反映出河北制造业对生产性服务业的需求结构在改善。但总体上资本

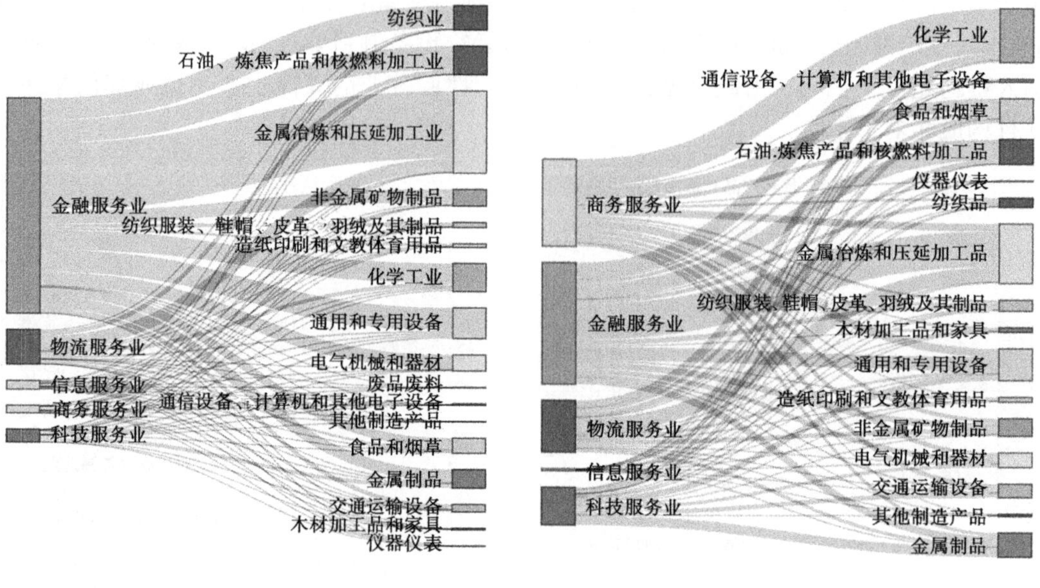

(a)2012 年　　(b)2017 年

图 6-10　2012 年、2017 年北京生产性服务业对河北制造业各部门的服务贸易流示意图

密集型制造业部门依然是河北制造业使用天津生产性服务业产品的主体。

2012 年、2017 年天津生产性服务业对河北制造业各部门的服务贸易流示意图见图 6-11。

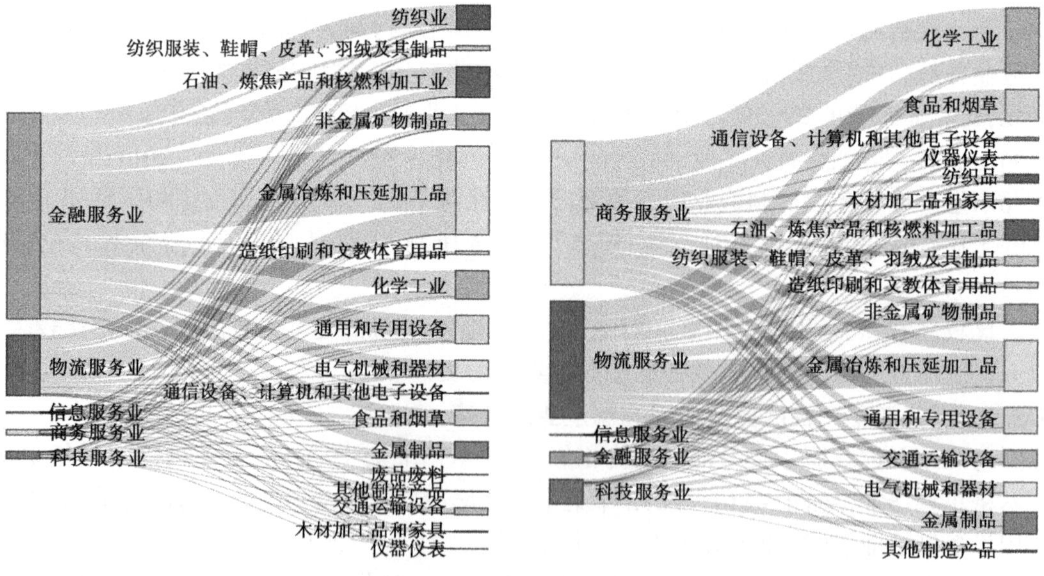

(a)2012 年　　(b)2017 年

图 6-11　2012 年、2017 年天津生产性服务业对河北制造业各部门的服务贸易流示意图

6.4　本章小结

本章首先基于区域间的产业关联模型,通过编制细分行业部门的京津冀区域间投入产出数据,分析了京、津、冀生产性服务业对京津冀整个地区、区内其他两省(市),以及两两省(市)相互之间,对经济总体以及制造业总体的产业关联。然后,分析了京津冀三省(区)之间生产性服务业对制造业各类型部门的省际产品贸易流差异。主要结论如下:

(1)京、津、冀生产性服务业对京津冀地区制造业的拉动作用较弱,推动作用较强。相比较而言,北京软件和信息技术服务业、科技推广和应用服务业、专业技术服务业,天津水上运输业、其他运输与装卸搬运服务业,对区域制造业的拉动作用较强。总体上,京、津、冀商务、金融、物流运输业三个部门对制造业具有明显的推动作用,并随着时间进一步强化。

(2)北京软件和信息服务业对天津、河北制造业的需求波及效应较强,而天津、河北生产性服务业部门对制造业的拉动主要限于省内,对外省(市)带动作用不强。北京、天津生产性服务业对相互之间的经济发展拉动和推动作用较强,河北生产性服务业对外功能较弱,对北京、天津经济具有需求依赖。动态来看,天津道路运输业对北京、河北制造业的推动作用也逐渐增强,而北京道路运输业、其他运输与装卸搬运服务业等物流服务业对天津、河北的推动作用呈下降趋势。

(3)北京、天津对河北的生产性服务业输出集中在资本密集型制造业,技术密集型制造业有待提升。北京生产性服务业对天津、河北的金属冶炼、化学工业的服务量都比较大,对天津制造业的服务输出中装备制造业比重相对更高。天津对河北的生产性服务业输出,与北京对河北服务贸易部门结构相似,同样集中在资本密集型制造业。

第 7 章　京津冀地级以上城市间生产性服务业与制造业空间协同

本章在前文产业关联分析的基础上,拟分析京津冀 13 个地级以上城市之间的生产性服务业与制造业的空间协同。本章首先基于经济普查汇总数据,分析两行业及其各细分行业在京津冀 13 个地级以上城市的空间分布格局、专业化差异特征。然后,结合省(区)间投入产出表与城市就业数据,定量测度了北京对津冀各市的生产性服务业输出特征与规律。

7.1　研究数据与研究方法

7.1.1　研究数据

本章生产性服务业与制造业就业数据来自北京、天津、河北三省(市)2008 年、2013 年、2018 年三次经济普查数据。行业类型前文已经有过介绍,此处不再赘述。京津冀上市公司资料来自巨潮资讯网与企查查网站,均为公开平台数据。笔者通过查询相关公司的年度报告或企业主页获取上市制造企业名称和地址、所聘用会计师事务所名称和地址等信息。上市制造企业行业分类来自中国证券监督管理委员会官方网站。

7.1.2　研究方法

7.1.2.1　区位熵

可衡量某地区产业部门相对于更大范围地区产业部门的专业化程度。其计算公式为:$\mathrm{LQ}_i = \dfrac{e_{ij}/e_j}{E_i/E}$。

式中,e_{ij} 为 j 地区 i 产业部门的就业量;e_j 为 j 地区的总就业量;E_i 为所有地区的 i 部门就业之和;E 为所有地区所有部门就业之和。LQ_i 的值越高,表明 i 地区专业化水平越高。

7.1.2.2　北京对河北、天津各市服务量测算方法

首先,北京对天津制造业的生产性服务业交易量通过区域间投入产出表确定。北京对河北各市制造业的生产性服务业交易量,则通过各市制造业就业量占河北全省的比重乘上北京对河北全省制造业的总服务量得出。

7.2　地级以上城市间生产性服务业与制造业的空间分布格局及演变

7.2.1　生产性服务业空间分布格局及演变

7.2.1.1　城市间生产性服务业空间分布不平衡,差距进一步增大

京津冀地区 13 个城市之间生产性服务业存在极大的不平衡,首位城市与其余城市之间的差距呈增大趋势。静态来看,京津冀生产性服务业形成了以北京为绝对核心,天津为次中心,石家庄、唐山、保定、邯郸为节点的空间格局(见图 7-1)。首位城市与其他城市的差距巨大。2008 年,北京生产性服务业就业总量为 273.4 万人,是次位城市天津的 4.8 倍,是第三位城市石家庄的 13.4 倍。河北省内,石家庄生产性服务业规模也相对较大。动态来看,北京生产性服务业增速快于京津冀其余城市,与区域内其他城市差距进一步拉大。2008—2013 年,北京生产性服务业增长了 157.4 万人,天津增长了 47.8 万人,石家庄增长了 20.2 万人;2014—2018 年,北京、天津、石家庄分别增长了 180.4 万人、27.9 万人、34.0 万人。总体上,研究期内北京生产性服务业加速集聚,天津增长有所放缓,石家庄、廊坊与保定在研究期末开始有所增长(见表 7-1)。

(a)2008年　　(b)2013年　　(c)2018年

图 7-1　京津冀地级以上城市生产性服务业就业占比

表 7-1　京津冀地级以上城市生产性服务业就业变化情况　　单位:万人

年份	部门	北京市	天津市	保定市	沧州市	承德市	邯郸市	衡水市	廊坊市	秦皇岛市	石家庄市	唐山市	邢台市	张家口市
2008—2013	物流	32.5	8.9	0.8	0.3	0.3	−0.6	0.6	0.1	−1.0	3.4	3.4	0.5	0.7
	信息	45.7	7.8	0	0.1	0	0.3	0.1	−0.1	0.2	1.8	0.1	−0.2	0
	金融	18.0	−0.3	−2.0	−0.3	−1.1	−0.4	0.1	0.3	−1.1	0	−0.7	−0.6	0
	商务	39.0	14.9	1.3	4.3	0.7	2.0	0.5	0.6	0.9	7.6	1.5	0.7	0.8
	科技	33.0	12.2	1.7	1.9	0.6	2.3	0.9	−0.1	0.7	6.2	2.3	1.5	0.6
	合计	168.2	43.5	1.8	6.3	0.5	3.6	2.2	0.8	−0.3	19.0	6.6	1.9	2.1

续表 7-1

年份	部门	北京市	天津市	保定市	沧州市	承德市	邯郸市	衡水市	廊坊市	秦皇岛市	石家庄市	唐山市	邢台市	张家口市
2014—2018	物流	3.1	-3.5	0.3	0	0.2	0.9	0.2	0.4	0.9	1.4	4.3	0.4	0.2
	信息	46.5	4.2	1.3	0.3	0.4	1.2	0.4	1.9	0.7	6.7	1.4	0.7	0.5
	金融	37.4	14.9	—	—	3.1	5.9	—	—	—	18.1	—	—	2.7
	商务	52.4	14.9	3.9	-0.1	0.1	2.7	0.8	4.6	1.2	6.9	4.6	1.2	1.4
	科技	51.0	-1.6	2.1	1.4	-0.1	0.2	0.0	1.1	0.2	1.5	-0.3	-0.4	0.4
	合计	190.4	28.9	7.6	1.6	3.7	11.0	1.4	8.0	3.0	34.6	10.0	1.9	5.2

7.2.1.2　北京与天津、石家庄生产性服务业的差异

分行业门类来看，北京与天津、石家庄在物流服务业的差异相对缩小，而其他行业部门仍存在极大差距(见图 7-2)。

各城市之间物流服务业就业的差异趋于减小。2008 年，北京物流服务业就业量是天津的 3.1 倍，是石家庄的 9 倍，具有较大的差异。动态来看，各城市物流服务业的差异在 2013 年后开始缩小。2014—2018 年，天津物流服务业进入负增长阶段，北京物流服务业增长缓慢，而石家庄、唐山的物流服务业则一直保持较快增长。从细分部门来看，存在部门差异。北京在道路运输业、航空运输业、其他运输和装卸搬运仓储业、邮政业等两位数物流服务业大类居于首位。天津的水上运输业居于首位，其他运输和装卸搬运仓储业与北京持平。石家庄、唐山、邯郸、沧州的道路运输业绝对规模较大(3.2 万人以上)。动态来看，在研究期内京津冀地区各地级以上城市之间物流服务业就业的差异在 2013 年后开始缩小。2008—2013 年，北京、天津、石家庄、唐山道路运输业增长幅度较大。另外，北京、天津的其他运输和装卸搬运仓储业也有较大规模的增长。邯郸道路运输业、秦皇岛水上运输业反而有所下降。

各城市间信息服务业的差异远大于物流服务业。2008 年，北京是天津的 11.9 倍，是石家庄的 25.9 倍；具体来看，北京信息服务业两个细分行业具有存量和增量的绝对优势。2018 年，北京电信传输服务业、软件和信息技术服务业分别达到 70.9 万人、103.6 万人，与天津、石家庄存在 1 个数量级的差距。动态来看，2008—2013 年，天津信息服务业有较大规模增长，但在 2014—2018 年，石家庄增长的幅度反超天津。在这一阶段，保定、廊坊、唐山软件和信息技术服务业也有一定程度的增长，增长规模在 1 万~1.5 万人。

金融服务业方面，北京同样具有绝对优势，与天津、石家庄等市的差距趋于扩大。2008 年，北京金融服务业服务规模已经达到 25.1 万人，而排在次位的天津仅有 8.1 万人。2018 年，北京金融服务业总就业人员数为 80.6 万人，天津增加到 22.7 万人，石家庄则拥有 24.3 万人。而其他城市规模较小。

商务服务业方面，北京依然是首位城市，存量与增量均远高于其他城市，但河北主要城市存在一定规模的增长。如 2018 年，租赁业、商务服务业(两位数)分别为 9.3 万人、

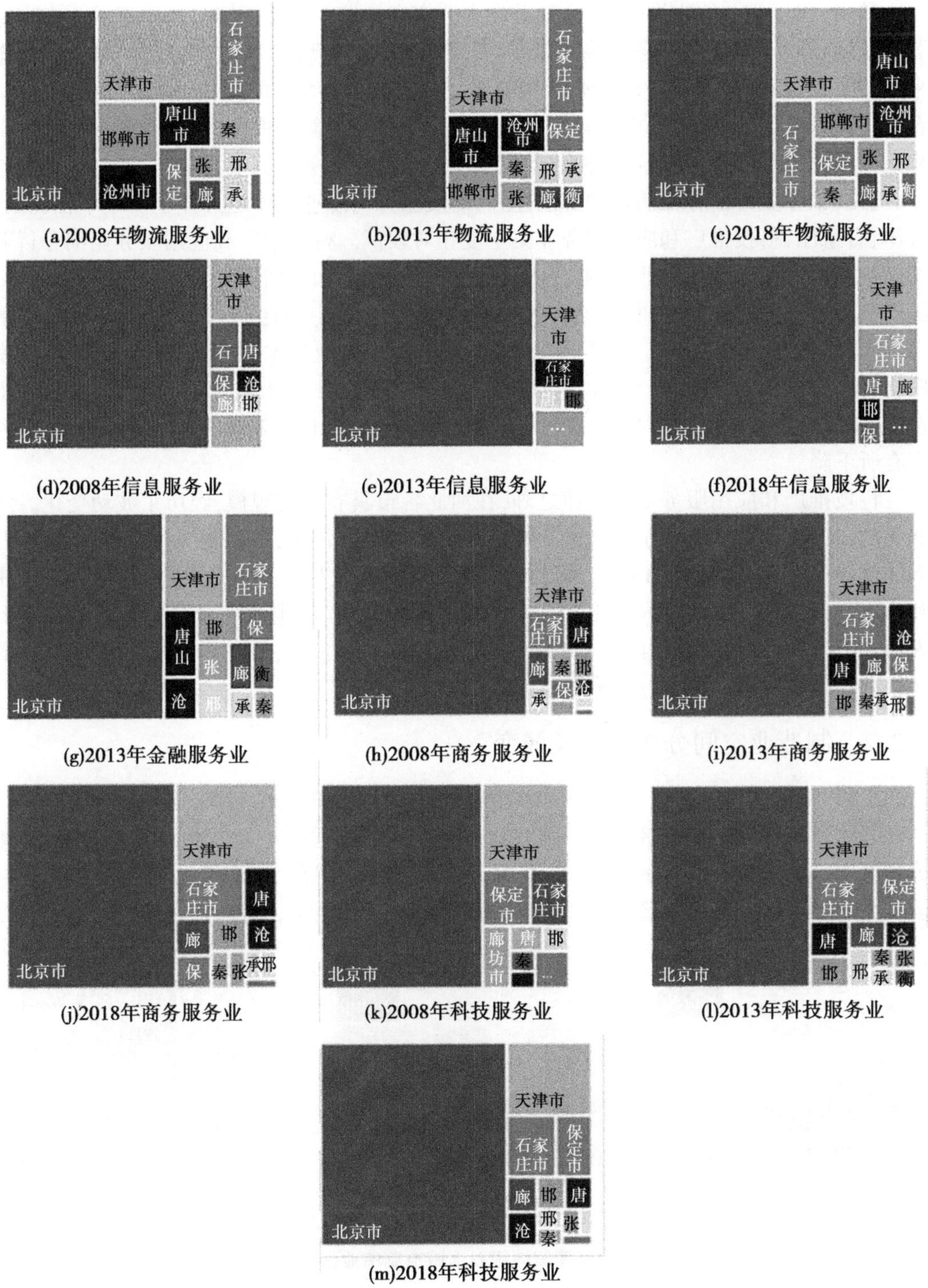

图 7-2　京津冀地级以上城市生产性服务业各门类就业占比

177.9 万人,是天津相应就业人员数的 2.8 倍与 4.2 倍。具体来看,两部门存在一定差异。其中,租赁业总体规模较小,主要分布在北京和天津。如 2018 年,京津租赁业占京津冀总量的 66%。而商务服务业除了京津,石家庄、唐山、廊坊等市也有一定的分布。动态来看,2008—2013 年,石家庄、沧州分别有 7.2 万人和 3.8 万人的增长;在 2014—2018 年,石家庄、廊坊、唐山、保定等有 3.4 万人以上的商务服务业新增就业。这表明,尽管邻近京津这两个商务服务业中心城市,河北各主要城市自身的商务服务业也有一定程度的增长。

科技服务业方面存在明显的部门差异,研发服务与专业技术服务业主要集中在北京、天津、石家庄,科技推广和应用服务业集中度相对较低。科技推广和应用服务业细分行业部门包括研究和试验发展业、专业技术服务业、科技推广和应用服务业三个部门。三部门虽然都高度集中在北京,但相对而言,存在部门差异。其中,研究和试验发展业集中度最高,研究期内北京增长较快,而其他城市增长不明显。专业技术服务业在天津、保定、石家庄均有较大规模的分布,在 2018 年三个城市的就业量高于 6 万人。动态来看,三个城市在 2008—2013 年,专业技术服务业增长明显,但天津在 2014—2018 年负增长,保定、石家庄有所下降。

科技推广和应用服务业除京津之外,在河北各市具有一定规模,经历了波动变化。河北省内,2008 年保定和廊坊科技推广和应用服务业规模较大,分别有 3.7 万人和 1.4 万人的就业。但在 2008—2013 年,两城市分别下降了 3 万人与 1.3 万人。而同期,石家庄和唐山分别增加了 2.3 万人与 1.4 万人。2014—2018 年,唐山和邢台分别下降了 0.8 万人与 0.7 万人,廊坊在这一阶段增加了 1 万人就业。2018 年,该部门就业量超过万人的城市有石家庄、邯郸、保定、廊坊、唐山等。

7.2.2 制造业空间分布格局及演变

7.2.2.1 制造业整体上北京、天津规模最大,动态看各城市先增后降,且存在行业差异

总体上,天津是京津冀制造业首位城市,北京排在次位(见图 7-3)。静态来看,京津冀各城市制造业分布最多的是天津,其次为北京。石家庄在 2008 年、2013 年排在第三,但在 2018 年被唐山反超。制造业总量较多的还有沧州、保定。动态来看,2008—2013 年,

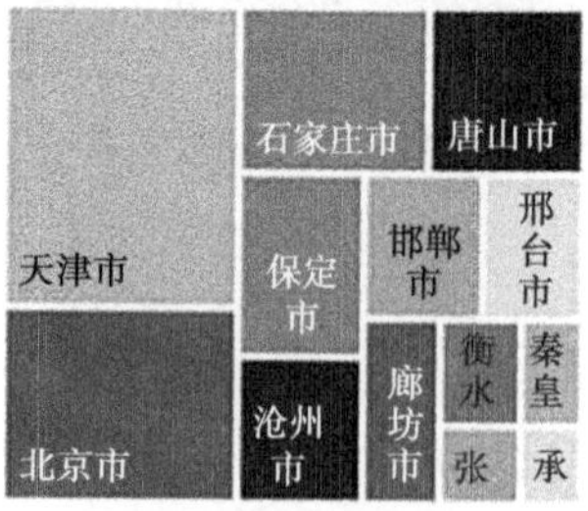

(a)2008年制造业

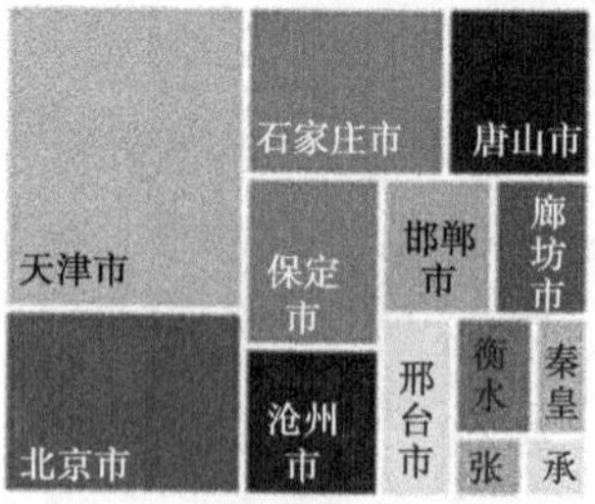

(b)2013年制造业

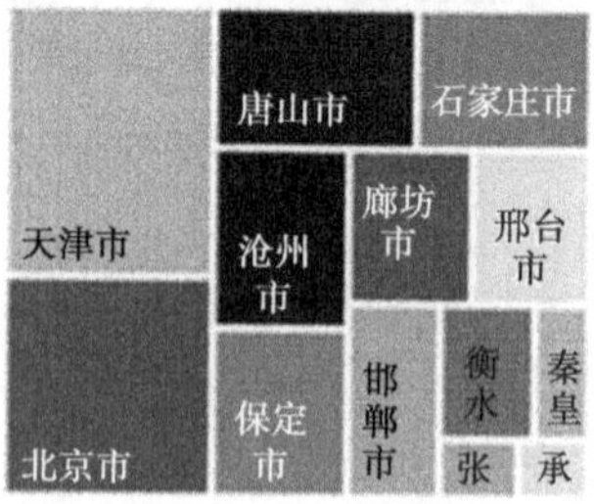

(c)2018年制造业

图 7-3 京津冀地级以上城市制造业占比情况

天津制造业增量最大,其次是石家庄、北京、沧州。2014—2018 年,各城市制造业普遍下降。其中,天津下降最为剧烈,5 年间减少 104. 8 万人。其次为石家庄,减少 51. 7 万人,北京减少 39. 7 万人。

分行业类型来看,京津冀多数城市劳动密集型制造业和资本密集型制造业在 2013 年后经历了显著的收缩,导致城市位序出现变化,而主要城市技术密集型制造业虽有所下降,但排序保持稳定(见图 7-4)。劳动密集型制造业在 2008 年就业量最高的是天津,其次为北京、石家庄,就业量在 33 万人以上;2013 年,北京劳动密集型制造业略有下降,石家庄则有较大规模增长(增至 44 万人),超过北京。2018 年,三大城市劳动密集型制造业均大规模下降,以天津下降最多;北京反超天津,成为首位城市;保定反超石家庄排在了第三位。资本密集型制造业在 2008 年分布最多的城市为天津市,其次是唐山,分别拥有就业人员数 57. 6 万人和 44. 8 万人,远高于第三位的北京(32. 1 万人)。2013 年,北京资本密集型制造业下降,而石家庄上升,超过北京成为资本密集型制造业第三大城市。2018 年,由于天津、石家庄资本密集型制造业大幅度下降,唐山超过天津成为第一大资本密集型制造业城市,沧州、邯郸超过石家庄成为新的第三、第四大资本密集型制造业城市。

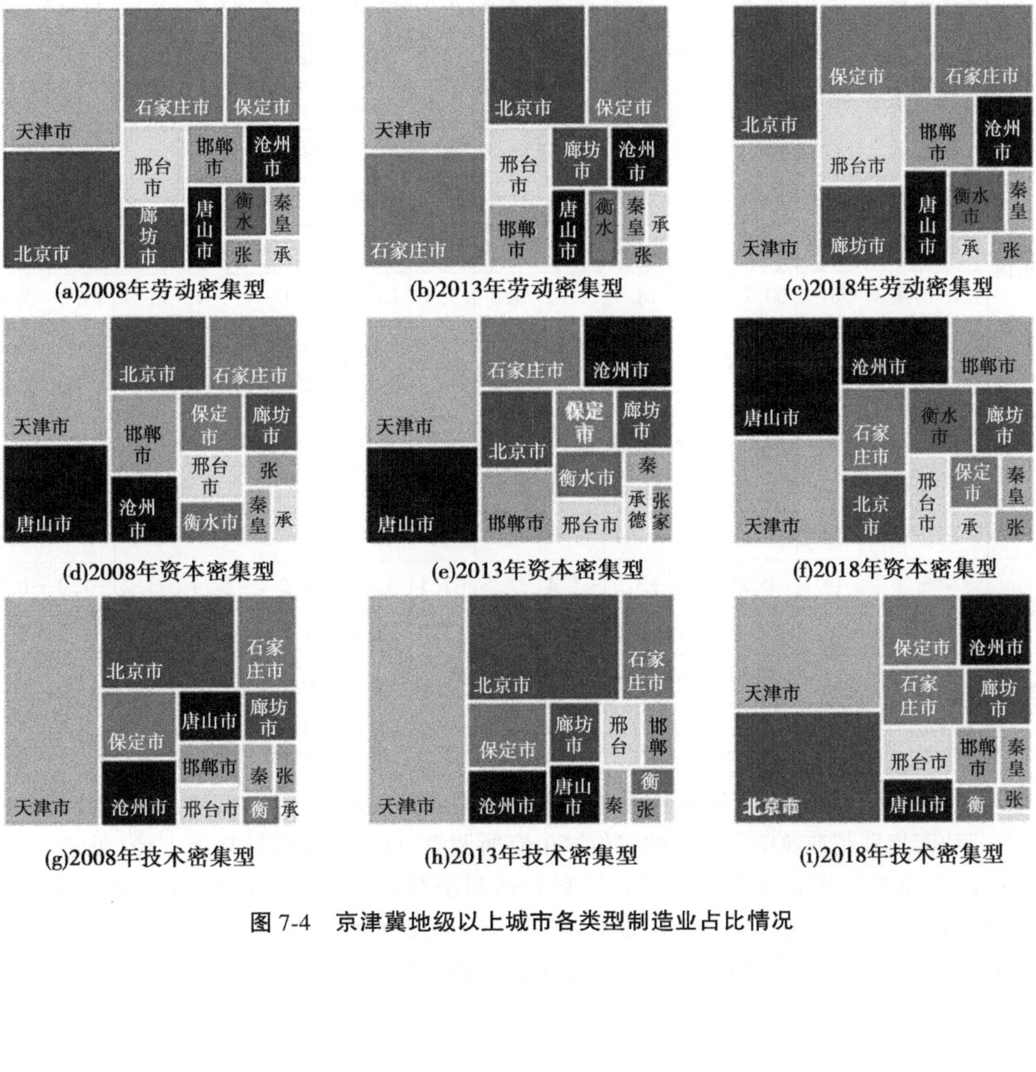

图 7-4　京津冀地级以上城市各类型制造业占比情况

技术密集型制造业主要分布在北京、天津，虽然在2014—2018年有所下降，两城市一直位于前两名。2018年，京津技术密集型制造业的规模分别为58.9万人与60.2万人，相差无几。河北省技术密集型制造业分布最多的前三个城市分别是保定、沧州、石家庄。2018年，保定、沧州、石家庄技术密集型制造业的规模分别为19.7万人、18.9万人、17.4万人。与京津相比，河北主要城市技术密集型制造业的差距仍然较大。动态来看，各城市该类型制造业在2013年之后普遍经历规模收缩（见表7-2），进入高质量发展阶段。

表7-2 京津冀地级以上城市制造业及各类型分布及变化情况

年份	行业类型	北京市	天津市	保定市	沧州市	承德市	邯郸市	衡水市	廊坊市	秦皇岛市	石家庄市	唐山市	邢台市	张家口市
2008	劳动密集型	39.7	46.8	24.9	9.4	3.4	10.1	6.2	11.1	4.8	33.4	8.9	14.2	3.4
	资本密集型	32.1	57.6	16.9	20.4	6.4	24.2	11.9	14.4	6.5	29.2	44.8	13.0	7.8
	技术密集型	42.9	74.6	17.5	17.3	1.7	9.1	4.1	9.5	5.7	19.5	11.4	9.0	4.2
	制造业	114.7	179.0	59.3	47.1	11.5	43.4	22.2	35.0	17.0	82.0	65.1	36.2	15.4
2013	劳动密集型	35.8	54.2	29.8	11.0	3.9	11.9	7.7	11.0	4.4	43.6	8.7	14.4	3.4
	资本密集型	28.0	68.4	16.5	31.2	6.9	25.6	16.2	16.4	8.0	34.8	51.8	14.1	6.6
	技术密集型	70.4	97.5	23.7	19.4	1.6	9.3	5.5	13.7	7.2	25.1	13.7	11.8	4.0
	制造业	134.2	220.1	70.0	61.5	12.3	46.8	29.4	41.1	19.5	103.5	74.2	40.3	14.0
2018	劳动密集型	21.0	19.3	18.3	7.7	2.5	9.4	6.6	12.5	3.2	16.4	7.5	13.4	2.5
	资本密集型	14.5	35.8	8.6	23.4	4.9	18.4	14.5	13.2	5.8	17.9	40.2	11.2	4.4
	技术密集型	58.9	60.2	19.7	18.9	1.4	9.3	5.7	13.9	6.9	17.4	11.9	13.0	3.3
	制造业	94.4	115.2	46.7	50.0	8.8	37.1	26.7	39.6	15.9	51.8	59.5	37.7	10.1
2008—2013	劳动密集型	-3.9	7.4	4.8	1.6	0.5	1.8	1.5	-0.2	-0.4	10.2	-0.2	0.2	0.0
	资本密集型	-4.2	10.8	-0.4	10.8	0.5	1.4	4.3	2.0	1.5	5.7	7.0	1.1	-1.2
	技术密集型	27.6	22.9	6.2	2.1	-0.1	0.2	1.4	4.2	1.5	5.6	2.3	2.8	-0.3
	制造业	19.5	41.1	10.7	14.4	0.8	3.4	7.2	6.1	2.6	21.5	9.1	4.1	-1.5
2014—2018	劳动密集型	-14.8	-35.0	-11.4	-3.3	-1.4	-2.5	-1.1	1.6	-1.2	-27.1	-1.2	-1.0	-0.9
	资本密集型	-13.4	-32.6	-7.9	-7.8	-1.9	-7.2	-1.7	-3.1	-2.2	-16.9	-11.6	-2.9	-2.3
	技术密集型	-11.5	-37.3	-3.9	-0.5	-0.2	0.0	0.1	0.2	-0.3	-7.7	-1.8	1.2	-0.7
	制造业	-39.7	-104.8	-23.3	-11.5	-3.5	-9.7	-2.7	-1.4	-3.6	-51.7	-14.7	-2.6	-3.9

7.2.2.2 北京、天津、石家庄部分劳动密集型制造业部门相对下降，廊坊、保定相对提升

劳动密集型制造业细分部门的首位城市有所调整，京津的重要性显著下降（见表7-3）。2008年，北京是农副食品加工业、酒、饮料和精制茶制造业，以及印刷和记录媒介复制业的首位城市。天津是纺织服装、服饰业，家具制造业、造纸和纸制品制造业、文教、工美、体育和娱乐用品制造业（简称“教体用品制造业”）的首位城市。石家庄是纺织业，皮革、毛

皮、羽毛及其制品业和制鞋业(简称“皮革和制鞋业”)的首位城市。廊坊是木材加工和木、竹、藤、棕、草制品业(简称“木材加工”)的首位城市。石家庄和天津劳动密集型制造业虽然在2008—2013年有一定的增幅,但在2014—2018年,经历了显著的下降。其中,石家庄纺织业,皮革和制鞋业下降幅度最大,分别为6.7万人和11.4万人;天津纺织服装、服饰业,文教、工美、体育和娱乐用品制造业下降幅度最大,分别减少了12.7万人和3.7万人就业人员。

2018年,首位城市出现变化的行业部门为:①纺织服装、服饰业,由北京替代天津成为首位城市;②皮革、毛皮、羽毛及其制品业和制鞋业由衡水替代石家庄成为首位城市;③家具制造业,由廊坊替代天津成为首位城市;教体用品制造业,由保定替代天津成为首位城市。

表 7-3　2018 年京津冀劳动密集型各部门首位城市与次位城市

部门	首位城市	次位城市	部门	首位城市	次位城市
13	北京	唐山	20	廊坊	石家庄
14	北京	天津	21	廊坊	天津
15	北京	天津	22	天津	保定
17	保定	石家庄	23	北京	廊坊、天津
18	北京	天津	24	保定	邢台
19	衡水	保定			

注:表中部门行业编码分别代表:13农副食品加工业,14食品制造业,15酒、饮料和精制茶制造业,17纺织业,18纺织服装、服饰业,19皮革、毛皮、羽毛及其制品业和制鞋业,20木材加工和木、竹、藤、棕、草制品业,21家具制造业,22造纸和纸制品制造业,23印刷和记录媒介复制业,24文教、工美、体育和娱乐用品制造业。

7.2.2.3　资本密集型制造业细分部门分布情况

北京资本密集型制造业细分部门持续下降,其余各市2013年后普遍收缩,天津、唐山地位稳定,石家庄、沧州地位相对上升(见表7-4)。

京津冀资本密集型制造业各细分部门首位城市由北京、天津和唐山转变为天津、唐山、沧州。2008年,北京是石油加工、炼焦和核燃料加工业的首位城市;天津是化学原料和化学制品制造业、有色金属、金属制品业的首位城市;唐山是非金属矿物制品业、黑色金属的首位城市。2008—2013年,北京大部分资本密集型制造业部门经历了不同程度下降;其中,黑色金属下降幅度最大,主要由首都钢铁集团公司搬迁至唐山所致。而天津、沧州、邯郸、石家庄、唐山等城市黑色金属在这一阶段普遍经历较大规模增长。此外,石家庄化学原料和化学制品制造业,天津、衡水、沧州、唐山金属制品业在这一阶段均有较大增幅。

2013—2018年,京津冀各城市资本密集型制造业行业经历不同程度的下降。黑色金属下降最为剧烈,其中下降最多的是天津市,减少了8.8万人就业,其次是唐山,减少了8.3万人就业。沧州与邯郸该部门也有较大规模的缩减。北京、天津、石家庄在化学原料和化学制品制造业、橡胶和塑料制品业、非金属矿物制品业,以及金属制品业部门均有超过 2 万人的显著就业压缩。这与京津冀环境规制政策的实施密不可分。如为治理大气污染，河北从 2013 年开始实施压减钢铁、水泥、煤炭、玻璃产能的“6643”工程，2017 年取得显著成效。

表 7-4　2018 年京津冀资本密集型制造业首位城市与次位城市

部门	首位城市	次位城市	部门	首位城市	次位城市
25	唐山	天津	30	唐山	石家庄
26	天津	石家庄	31	唐山	邯郸
28	唐山	石家庄	32	天津	廊坊
29	天津	衡水	33	沧州	衡水

注：表中行业编码分别代表：25 石油加工、炼焦和核燃料加工业，26 化学原料和化学制品制造业，28 化学纤维制造业，29 橡胶和塑料制品业，30 非金属矿物制品业，31 黑色金属冶炼和压延加工业，32 有色金属冶炼和压延加工业，33 金属制品业。

7.2.2.4　技术密集型制造业的分布特征

技术密集型制造业主要集中在北京、天津两市，2013 年后下降明显。2008 年，天津是通用设备制造业，专用设备制造业，交通运输设备制造业，电气机械和器材制造业，计算机、通信和其他电子设备制造业的首位城市；北京是医药制造业、仪器仪表制造业的首位城市，也是其余各项技术密集型制造业的次位城市。石家庄在医药制造业、通用设备制造业两部门有较高的就业分布。

2008—2013 年，京津的相对优势进一步扩大。其中，北京交通运输设备制造业增长幅度最大，新增 14.7 万人就业。同一时期，石家庄医药制造业、通用设备制造业、电气机械和器材制造业，保定交通运输设备制造业、电气机械和器材制造业，沧州专用设备制造业，廊坊计算机、通信和其他电子设备制造业，唐山专用设备制造业有较为明显的增长。2014—2018 年，天津技术密集型制造业下降最为显著，其中减小就业规模最大的行业是计算机、通信和其他电子设备制造业，5 年间减少 11.1 万人就业；减小就业规模较显著的依次还有专用设备制造业、通用设备制造业。北京在该阶段，下降最大的是计算机、通信和其他电子设备制造业，其次是通用设备制造业。与京津相比，石家庄、保定下降幅度较小。其中，保定交通运输设备制造业、沧州通用设备制造业等还有一定程度的增长。

表 7-5　京津冀地级以上城市技术密集型制造业首位城市与次位城市

部门	首位城市	次位城市	部门	首位城市	次位城市
27	北京	石家庄	38	天津	北京
34	天津	北京	39	天津	北京
35	北京	天津	40	北京	天津
36*	天津	北京			

注：表中行业编码含义：27 医药制造业，34 通用设备制造业，35 专用设备制造业，36* 交通运输设备制造业，38 电气机械和器材制造业，39 计算机、通信和其他电子设备制造业，40 仪器仪表制造业，下同。

7.3　地级以上城市间生产性服务业与制造业的空间协同

7.3.1　京津冀城市生产性服务业与制造业专业化部门差异显著

对京津冀各城市区位熵计算结果表明，北京与天津、河北各地市之间专业化产业部门差异较大，并具有较大的二三产业协作潜力。具体地，北京在生产性服务业，尤其是知识密集型的信息、金融、商务、科技服务业方面具有专业化优势；天津水上运输业最为突出，反映出天津港在京津冀地区物流和对外贸易的巨大枢纽作用；天津制造业具有相对优势的产业部门主要有电气机械和器材制造业、交通设备、有色金属冶炼和压延加工业等制造业部门。河北各地市的专业化部门主要集中在制造业部门。石家庄医药制造业的专业化优势最为突出，区位熵值高达3.7。该市医药产业始于“一五”时期，华北制药项目奠定了该市在京津冀医药产业的地位。但该市主要的专业化部门为劳动密集型和资本密集型部门，主要有纺织服装、服饰业和皮革毛皮、羽毛及其制品业和制鞋业，金属冶炼、非金属制品、石油化工等制造业部门。唐山市以资本密集型制造业为主要优势部门，其中，化学纤维制造业专业化水平最高，高达10.6，其次为黑色金属(6.6)。另外，石油加工、非金属矿物制品业也具有较高的专业化程度。铁矿石、钢材等大件商品货物的规模化运输需求带动该市道路运输业、水上运输业的发展，在京津冀地区具有相对优势。秦皇岛专业化水平最高的是水上运输业，由于地处京津冀东北角，腹地有限；其食品加工业、非金属矿物、金属冶炼与加工业、计算机、通信和其他电子设备制造业、专用设备制造业具有一定的专业化优势。

保定专业化水平最高的制造业部门主要为纺织业、皮革毛皮等制品制造业，造纸和纸制品制造业。此外，该市文体用品制造业、交通设备制造业、电气机械制造业也具有较高的专业化水平。沧州专业化水平最高的部门为金属制品业，其次为石油加工、专用设备制造业；依托港口优势，该市的化学工业、橡胶和塑料制品业也较为突出。承德和张家口专业化部门主要为食品制造业、有色金属冶炼、机械设备制造业，总体规模较小。邯郸市以钢铁产业为主要优势行业，其黑色金属冶炼部门的区位熵最高。另外，以标准件为代表产品的通用设备制造业和以炼焦业为代表的石油加工业十分突出。邢台具有相对优势的产业部门主要有纺织业、纺织服装服饰业、文教与体育用品业；食品、电气机械和器材制造业也具有较大的区域优势。衡水丝网产业和橡胶产业发达，形成了以皮革、毛皮等，金属、橡胶和塑料制品业为代表的专业化部门。此外，该市酿酒业也具有较大专业化优势。廊坊家具产业远近闻名，形成木材加工(10.5)，家具制造业(9.0)、有色金属冶炼(3.2)专业化较为突出的部门；廊坊印刷和记录媒介复制业也具有较高的专业化水平，主要提供包装纸箱、宣传册等产品。该市计算机、通信和其他电子设备制造业也具备一定优势，主要生产显示屏和组装手机。

由综合生产性服务业与制造业就业空间分布格局与区位熵分析可知，北京是京津冀地区的生产性服务业供应中心(见图7-5)，是京津冀地区先进信息、金融、商务、科技服务的集聚中心，生产性服务业具有绝对的优势。天津、石家庄虽然具有一定的生产性服务业就业规模,但由于与北京存在较大差异而不具备明显专业化优势。其中,天津仅水上运输业、道路运输业、卸装搬运和仓储业具有为京津冀地区提供服务的能力;如天津港在京津冀内陆城市设置了无水港网络(见图 7-6),水上运输服务几乎覆盖京津冀全域。

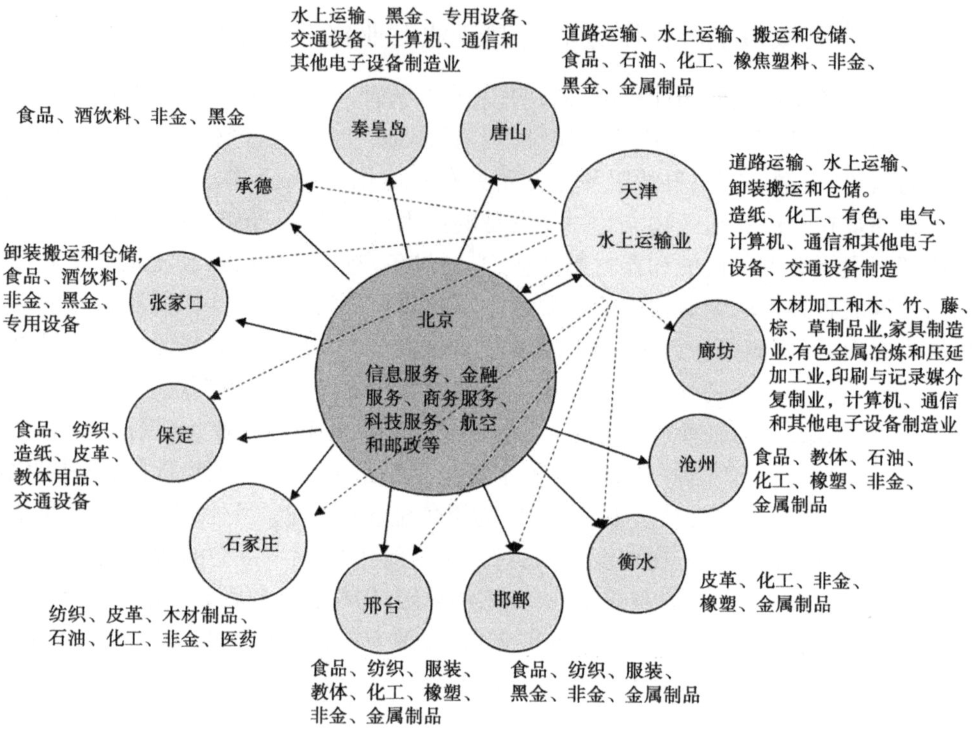

图 7-5　京津冀各城市间生产性服务业与制造业协作潜力示意

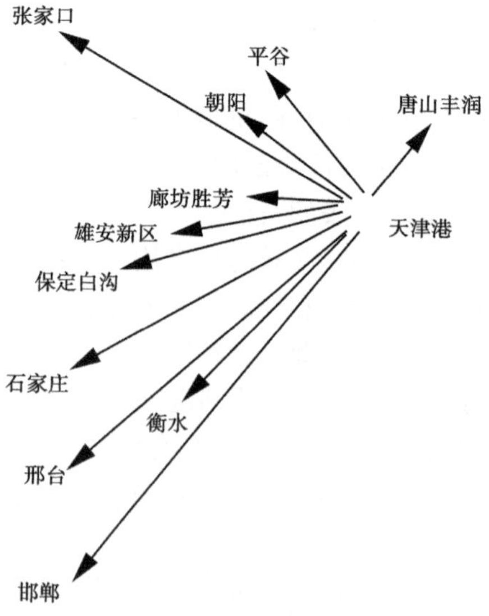

图 7-6　天津港在京津冀内陆"无水港"网络分布

7.3.2　北京生产性服务业与天津、唐山、石家庄制造业联系最为紧密

北京对天津、河北各市制造业的生产性服务业输出具有空间集中的特点，集中于天津、唐山、石家庄三市。北京对天津制造业的生产性服务业输出量最大，2013 年为 20.2 亿元，2018 年为 46.7 亿元，反映出京津冀地区内京津两地二三产业经济联系最强，且呈增加趋势。唐山、石家庄制造业对北京的生产性服务业需求量分别排在第二位、第三位，但与天津相应需求量的差距随着时间变大。沧州、邯郸、保定制造业对北京的生产性服务业需求排在次一层级，其中保定的需求量有所下降。邢台、廊坊和衡水三市对北京的生产性服务业需求较低，维持在 4 万~7 万亿。张家口、承德和秦皇岛三市对北京生产性服务业的需求量最低，这与三地产业规模小密切相关。由此可见，北京生产性服务业津冀地区城市的制造业的服务供给并不遵循地理学第一法则，没有随地理距离衰减，而是更多地与流入城市的经济规模成正比。

津冀各城市对北京的生产性服务需求结构较为一致，集中在金融、商务服务业，而科技、信息服务业相对较弱。天津对北京生产性服务业需求集中在物流、金融、商务服务业。其中，2013 年以物流和商务服务业为主，2018 年以金融业和物流服务业为主。河北各市 2013 年对北京需求量以金融业为主，物流业次之，2018 年以金融、商务服务业为主。相对而言，科技服务业、信息服务业在各市制造业对京服务需求结构中占比较低。造成这样的结构特点，存在供需两方面的原因。

(1)物流服务业、金融业的行业特性使得北京成为天津、河北各市制造业相应服务的供应中心。北京是京津冀地区的综合交通运输中心，在航空运输业、铁路运输业、管道运输业等以国有性质为主的行业具备绝对优势。比如，中国铁路北京局集团有限公司管辖区覆盖了天津、河北大部分地区，承担着为各城市制造企业提供铁路运输服务的功能。作为全国金融管理中心，北京是各大国有银行、债券、证券、保险等机构的天然集聚地；同时北京还是新三板(北京证交所)的所在地。津冀地区优质制造企业的高端金融需求，如上市融资、资产评估等业务需要北京相应企业的支持。商务服务需要经常性的面对面交流，随着京津冀地区交通联系通达度的提高，各城市对北京商务服务业的需求占比有所提升。

(2)各城市对北京生产性服务业需求也与其制造业构成具有较大关系。一是各市对北京金融、物流、商务服务业的使用主要由资本密集型产业占用。天津、唐山、邯郸、沧州等市的石油、化学工业、金属冶炼等资本密集型产业部门是北京金融、物流、商务服务业的需求主体。其中，石家庄医药制造业、保定交通运输设备制造业分别在该市输入北京商务服务业总量中占据较大比重。二是对科技、信息服务业的需求主要集中在各城市具有发展优势的制造业部门。比如廊坊对北京信息服务业的使用集中在木材加工和家具制造业。衡水对北京科技服务业的使用集中在金属制品业、橡胶塑料产业。沧州和保定对北京科技服务业的使用分别主要由金属制品业、交通设备制造业消耗。天津计算机、通信和其他电子设备制造业、医药制造业，石家庄医药制造业分别是两市使用北京科技服务业的主要部门。

本小节以北京会计、法律专业服务业为例，分析北京商务服务业在保障津冀各城市制造业上市企业在证券市场有序开展融资活动的空间规律特征。

证券市场是企业获得融资的重要渠道之一。据中国证券监督管理委员会、河北监管局网站公布的统计数据，2020 年度，河北辖区上市公司直接筹资总额为 547.47 亿元，其中 IPO 融资 16.37 亿元、股票再融资 438.49 亿元、债券融资 85.5 亿元、资产证券化融资 7.11 亿元。会计师事务所与律师事务所提供的专业化服务有效地保障了制造业上市公司的融资活动。首先，会计师事务所在推动资本市场更好地服务实体经济等方面发挥着重要作用。根据《中华人民共和国公司法》有关规定，上市公司的年度会计报表必须经过独立会计师事务所审计。上市公司审计内容主要包括：①公司财务收支审计；②公司经济效益审计；③经济责任审计。作为独立鉴证机构，会计师事务所把关资本市场财务信息质量，具有极端重要性。其次，类似地，律师事务所也是保障资本市场良好秩序的重要参与者。《律师事务所从事证券法律业务管理办法》规定律师事务所和律师的一系列职责。主要有为企业证券发行、上市和交易等证券业务活动提供的制作、出具法律意见书等文件的法律服务。

北京是天津、河北各城市制造业上市公司的会计与法律服务中心。河北制造业上市公司 46 家，大多从事化工、钢铁、医药生物等行业，其中，84.8%（39 家）的企业聘请了北京的会计师事务所来做审计服务。类似地，津冀各城市制造业上市公司多选择北京的律师事务所出具法律意见书等服务。

分城市来看，北京会计师事务所和律师事务所对津冀的服务输出具有等级特征，服务的企业数与城市经济规模或行政等级成正比。石家庄作为河北省会，虽然经济总量不如唐山，但依靠行政优势拥有更多的制造业上市公司。与唐山相比，石家庄制造业上市公司的行业分布更加多样，除冶金、石油和化学工业外，还包含电气机械、医药制造等高技术制造部门。其余各市的上市公司产业构成与本地优势产业相关，其中保定电气机械与汽车制造业较为显著，沧州主要是化工产业，衡水和承德为酒与饮料制造业，邯郸为金属制品业。

具体到城市内部，服务输出地具有城区指向性，服务输入地空间具有跳跃性，二者的联系受地理距离影响不大。从服务输出空间分布来看，北京对津冀城市上市制造业的审计与法律服务活动主要由中心城区承担。其中，审计服务主要由东城区、西城区、朝阳区、海淀区、丰台区提供；法律服务主要由东城区、西城区、朝阳区提供。这反映出北京中心城区承担着对京津冀整个区域的专业服务功能。从使用两类服务业的上市公司所在地空间特征来看，并不存在统一的类型区，具有广域散布的特征（卢明华等，2020）。既包括远离城市中心的沿海地区（唐山曹妃甸区和丰南区、天津滨海新区、沧州黄骅市）或产业集聚区（武安市、宁晋县），也包括特大城市近郊（天津近郊区），还包括大中城市中心区（石家庄、保定、沧州、唐山等市城区），以及环京区（县）（涿州市、武清区）。由此可知，北京审计、法律等专业性的商务服务业对津冀的空间辐射并不受地理距离的限制，具有空间跳跃性特征。

7.4　本章小结

本章基于京津冀经济普查细分行业就业数据，结合产业关联因素，对京津冀 13 个城市生产性服务业与制造业的空间分布及空间协作做了定量与定性分析，主要结论如下：

(1)京津冀地区 13 个城市之间生产性服务业存在极大的不平衡，首位城市北京与其余城市之间的差距呈增大趋势。从分行业门类来看，北京与天津、石家庄在物流服务业方面的差异相对缩小，而在信息、金融、科技服务业之间仍存在极大的差距。

(2)京津冀制造业整体上集中在北京、天津，动态来看，研究期各城市先增后降，且存在行业差异。劳动密集型制造业方面，北京、天津、石家庄部分细分部门相对下降，廊坊、保定相对提升。资本密集型制造业方面，北京细分部门持续下降，其余各市 2013 年后普遍收缩，天津、唐山相对地位稳定，石家庄、沧州地位相对上升。技术密集型制造业仍然主要集中在北京、天津，2013 年后虽略有减少但仍保持较大优势。

(3)对京津冀各城市区位熵计算结果表明，北京与天津、河北各地市之间专业化产业部门差异较大，北京生产性服务业对其他各市具有服务输出潜力。服务输出测算表明，北京生产性服务业与天津、唐山、石家庄制造业联系最为紧密，与张家口、承德、秦皇岛联系最弱，同时具有行业异质性。津冀各城市对北京的服务需求集中在金融、商务服务业，而对科技、信息服务业相对较弱。各市对北京金融、物流、商务服务业的使用主要由资本密集型产业占用，对科技、信息服务业的需求主要集中在各城市具有发展优势的制造业部门。

第 8 章　京津冀区(县)尺度生产性服务业与制造业空间协同

区(县)尺度有利于克服在地级及以上城市尺度无法将城市建成区与郊区分开分析的缺陷,便于从城乡实体地域层面开展京津冀地区生产性服务业与制造业空间协同分析。本章基于区(县)空间单元,分析了城、乡之间,以及产业集聚区内部生产性服务业与制造业的协同关系。首先,利用断裂点分析法、变异系数刻画了京津冀区(县)生产性服务业与制造业的空间分布格局及演变趋势。其次,利用双变量空间自相关方法测度了京津冀区(县)生产性服务业与空间毗邻的区(县)制造业的空间相关度行业差异,并选择影响力系数较高的商务服务业,分析其与京津冀主要制造业部门在京津冀城乡实体地域体系内的中心、外围的空间协同模式。最后,通过共同集聚指数并结合直接投入系数,分析两产业在区(县)空间单元内的共聚水平及行业差异。以北京顺义区汽车产业为例,说明位于同一产业链的生产性服务业与汽车制造业具有共聚的倾向。

8.1　研究数据与研究方法

8.1.1　研究数据

本章生产性服务业与制造业就业数据来自北京、天津、河北三省(市)2008 年、2013 年、2018 年两次经济普查数据。行业类型前文已经有过介绍,此处不再赘述。由于河北省 2018 年第四次经济普查年鉴中没有列出分区(县)分行业的就业数据,本书通过将各区(县)各行业的法人单位数乘上各市该行业的平均就业人员数,近似获得区(县)细分行业的两产业就业数据。

8.1.2　研究方法

8.1.2.1　产业间共同集聚指数

为考察产业间共同集聚程度,埃里森(Ellison)和格莱泽(Glaeser)在 E-G 指数的基础上构建了共同集聚指数(Ellison and Glaeser,1997)。由于计算烦琐且对数据要求过于严苛,他们将该指数做了简化(Ellison and Glaeser, 2010)。该指数在国内外得到较多关注与应用(陈国亮和陈建军,2012;贺灿飞和肖晓俊,2012; Yeh et al. ,2017;刘月等, 2017;林少颖和韦素琼,2017; 夏永红等,2018;O'Sullivan,2018)。相比基于点数据的相关方法(Duranton and Overman,2008;Howard et al. ,2016;Billings et al. , 2016;Wang et al. ,2017;申庆喜等,2018),该方法具有数据易获取、计算简便的优点。本书采用精简后的计算公式,具体表达式为:

$$\gamma_{ij}^{c} = \frac{\sum_{m=1}^{M}(S_{mi} - X_m)(S_{mj} - X_m)}{1 - \sum_{m}^{M} X_m^2} \tag{8-1}$$

式中：m 为研究的空间单元；S_{mi} 为 i 产业部门在 m 地总就业中所占比重；X_m 为加总大小，用该地制造业和生产性服务业平均就业比重表示。

γ_{ij}^{c} 计算结果越大，表示产业 i 和产业 j 共同集聚度越高，即在空间分布上越邻近。

8.1.2.2　空间自相关分析

空间自相关是指空间单元属性在空间位置上的相互依赖关系，可分为全局空间自相关和局部空间自相关。

全局空间自相关是对属性值在整个区域空间特征的描述，用以衡量区域整体上的空间关联程度，常用莫兰 I 指数来度量，可用如下公式表示：

$$I = \frac{\sum_{i=1}^{n}\sum_{j=1}^{n} w_{ij}(Y_i - \overline{Y})(Y_j - \overline{Y})}{S^2 \sum_{i=1}^{n}\sum_{j=1}^{n} W_{ij}}, S^2 = \frac{1}{N}\sum_{i=1}^{n}(Y_i - \overline{Y})^2 \tag{8-2}$$

式中：S^2 为行业就业的方差值；n 为样本数($n = 205$)；Y_i 和 Y_j 分别为 i 区域和 j 区域的行业就业量；W_{ij} 为空间权重矩阵的相应元素。

莫兰 I 的取值范围为[-1, 1]，若大于 0 表示存在空间正相关，小于 0 则为负相关。

局部空间自相关揭示空间参考单元与其邻近的空间单元属性特征值之间的相似性或差异性，运用 Local 莫兰 I 来衡量局部空间自相关性，其公式如下：

$$\left.\begin{aligned} I_i &= Z_i \sum_{j=1}^{n} W_{ij} Z_j \\ Z_i &= \frac{(Y_i - \overline{Y})}{\frac{1}{n}\sum_{i=1}^{n}(Y_i - \overline{Y})^2} \\ Z_j &= \frac{(Y_j - \overline{Y})}{\frac{1}{n}\sum_{i=1}^{n}(Y_j - \overline{Y})^2} \end{aligned}\right\} \tag{8-3}$$

式中：Z_i、Z_j 均为观测属性值的标准化形式；其余符号含义同前。

I_i 作为空间单元之间产业分布空间异质性指标，大于 0 表示局部空间单元相似值趋于空间聚集，小于 0 表示局部空间单元相似值趋于分散分布。

为进一步刻画两产业之间的空间相关性，基于莫兰 I 指数的双变量全局和局部自相关分析得到应用(周侃和樊杰，2016；冯鹏飞等，2019；赵金丽和宋金平，2020)。其定义公式为：

$$I_{kl}^{i} = z_k^i \sum_{j=1}^{n} \boldsymbol{w}_{ij} z_l^j \tag{8-4}$$

式中：$z_k^i = \dfrac{X_k^i - \overline{X_k}}{\sigma_k}$；$z_l^j = \dfrac{X_l^j - \overline{X_l}}{\sigma_l}$。$X_k^i$、$X_l^j$ 分别为空间单元[区(县)] i 和 j 上 k 和 l 产业属性的值，$\overline{X}_k$、$\overline{X}_l$ 为 k、l 产业属性的均值，σ_k、σ_l 为 k、l 产业属性值方差；w_{ij} 为空间邻接矩阵，定义空间对象的相互邻接关系。

8.2　区(县)生产性服务业与制造业的空间分布格局及演变

8.2.1　生产性服务业的空间分布特点

生产性服务业的空间分布具有大梯度层级分布的特点，集中与扩散并存，且存在行业异质性。为识别区(县)尺度上生产性服务业五大行业门类在京津冀地区的空间分布格局，本书采用 ArcGIS 软件，利用自然断裂点方法将区(县)就业规模分为六个层级。

8.2.1.1　生产性服务业呈现大梯度层级分布的格局，且城区集聚和郊区扩散并存

总体上，京津冀生产性服务业在空间上形成了大梯度层级分布的格局，北京主城区及近郊形成京津冀生产性服务业核心区，天津城区为次核心区，河北各地(市)城区为低一级的中心。2008 年京津冀生产性服务业主要集中于北京城区与近郊、天津和河北各地级市的城区，区域梯度差异巨大(张旺和申玉铭，2012)。其中，就业规模最大的前两层级区(县)为北京海淀区、朝阳区、丰台区，西城区和东城区，就业人数在 20 万人以上，反映出北京中心城区生产性服务业的绝对优势。生产性服务业就业规模第三、四层级区(县)就业规模在 3 万~15 万人，主要为北京郊区、天津城区、河北部分环京区(县)等，如北京顺义区、大兴区、昌平区等，天津滨海新区、南开区、和平区、河西区、西青区等，以及河北的涿州市、三河市。另外，北京石景山区、河北秦皇岛海港区也位于该层级。第五层级区(县)生产性服务业就业量处在 1 万~3 万人，主要为北京远郊(房山区、通州区、密云区、平谷区)、天津城区及近郊(河北区、东丽区、河东区、北辰区)、河北各地级市城区的区(县)。如唐山路北区，承德双桥区，廊坊广阳区，石家庄长安区、桥东区、新华区、桥西区、裕华区等，邯郸邯山区、丛台区，保定北市区，沧州黄骅市、新华区，张家口桥东区，邢台桥西区等；另外，石家庄元氏县，唐山乐亭县、迁安市也位于该层级。第六层级为就业量小于 1 万人的区(县)，分布在城区各城市广阔腹地。

动态来看，京津冀生产性服务业的空间演变呈现出向城区进一步集中和郊区化并存的趋势。北京海淀区和朝阳区在 2008—2013 年生产性服务业就业增长量位于第一层级，分别增长了 56 万人和 37 万人。第二层级的区(县)增加生产性服务业就业人数 4 万~8 万人，主要位于京津的城区和近郊区(县)，如北京昌平区、大兴区、顺义区、东城区、西城区、石景山区，天津的滨海新区、东丽区、西青区、武清区、津南区等。第三层级增长量为 1.6 万~4 万人，除京津部分郊县外，还包括石家庄城区的桥东区、裕华区、桥西区等，廊坊广阳区，沧州任丘市。2014—2018 年，生产性服务业进一步向北京城区集聚的同时，也向北京郊区以及北京周边的武清区、广阳区扩散。同时，天津滨海新区也有较高的增长，石家庄、保定、邯郸、唐山等地城区有一定规模的生产性服务业就业增加。

8.2.1.2　生产性服务业各门类空间格局具有差异,但均具有扩散趋势

在研究初期,各类生产性服务业空间格局与总体基本一致,但具有一定差异(见图 8-1)。从变异系数来看,主要表现在区(县)物流服务业更加均衡,而信息服务业差距更大。商务服务业、金融服务业、科技服务业的集中程度介于物流服务业与信息服务业之间。动态来看,变异系数均趋于减少,表明区(县)间各门类的分布具有均衡化趋势。

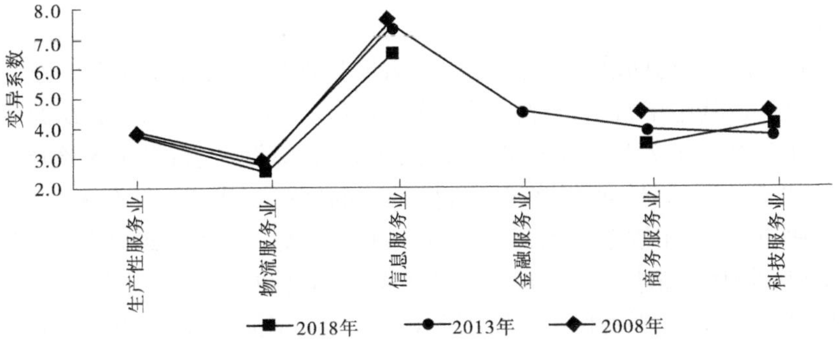

图 8-1　京津冀区(县)尺度生产性服务业各门类的变异系数

在空间上,各行业门类相比,物流服务业在郊区腹地有更多的低等级的集中地,如天津的武清区、宁河区、宝坻区、蓟州区等,邯郸的肥乡区、武安市、成安县、邯郸市等。而信息服务业更倾向于集中于北京中心城区,其中位于首位的海淀区就业量为 30 万人,而排在次位的朝阳区仅为 5.7 万人。金融、商务、科技服务业除北京中心城区作为最高一级的中心外,天津城区、石家庄城区形成两个次一级的中心。

动态来看,各行业的空间格局趋势在 2013 年后出现较大变化。2008—2013 年各大部门就业变化的空间格局基本一致,增长集中于京津城区与郊区以及石家庄城区,差别在于程度不同。如信息服务业向北京、天津城区进一步集中,而商务、科技服务业则出现明显的郊区化趋势。2014—2018 年,各部门的空间演变格局差异显著:①物流服务业不再继续向京津城区进一步集聚,而是向北京昌平、平谷外围地区,以及天津滨海新区扩散;同时,在这一阶段,物流服务业也开始向唐山、石家庄城区外沿和近郊区(县)扩散,如唐山丰润、玉田、滦县,石家庄藁城、栾城等。②信息服务业增长继续高度集中于北京海淀、朝阳,同时向昌平、顺义、大兴等城区外围地区蔓延;天津城区信息服务业出现负增长,而滨海新区有较高的增幅;河北省仅石家庄城区信息服务业增长明显。③商务服务业、科技服务业除继续在北京城区进一步集聚并向周边扩散外,在河北各地(市)城区也出现较明显的增长。总体来看,2014—2018 年,京津冀信息服务业继续向北京城区、天津滨海新区、石家庄城区等少量地区集聚。而物流服务业向北京、天津、唐山、石家庄等城市郊区扩散趋势明显。商务与科技服务业同时存在向城区集聚和向京津郊区甚至是环京的河北区(县)溢出的趋势。

8.2.1.3　两位数行业部门的生产性服务业空间格局及变化具有更大的异质性

京津冀区(县)尺度生产性服务业各两位数行业细分部门的空间分布差距更为显著,其变化趋势呈现出明显分异(见图 8-2)。从变异系数大小来看,道路运输业,其他运输、

装卸搬运和仓储业，租赁业，专业技术服务业的变异系数小于生产性服务业的平均水平，空间集聚程度最低。而铁路、水上、管道运输业，邮政业、电信传输和其他信息传输服务业、软件和信息技术服务业、金融业、科技研究与开发服务业的变异系数大于平均水平，具有更高的集聚水平。从变异系数的变化趋势来看，只有铁路运输业与电信传输服务业的区(县)间空间差异变大，其余各部门的区(县)之间的分布差距保持不变或有所缩小。

(1)物流服务业中的道路运输业、其他运输装卸搬运和仓储业在2013年后向大城市外围转移。

道路运输业在研究初期趋于集聚，在研究后期呈现出明显的分散化趋势。2008年高度集中在北京城区，其中丰台区该部门就业人员数最高，为13.2万人；其次是朝阳区和西城区，分别有4.4万和2.7万从业人员。此外，东城区、海淀区、石景山区该行业就业人员数均超过了8 000人。天津、河北该部门规模较大的区(县)较少，仅有天津滨海新区、西青区，沧州黄骅市，石家庄桥东区和开元县就业规模较大。2008—2013年，道路运输业进一步向京津地区集中。新增道路运输业就业人数超过4 000人的区(县)有北京西城区、朝阳区、房山区、大兴区与平谷区，天津武清区、北辰区、宁河区，以及石家庄桥东区和长安区。2014—2018年，京津多个区(县)道路运输业出现明显下降，下降最多的是天津宁河区，其次为北京朝阳区、大兴区，就业人员数下降超过了4 000人。另外，北京东城区、石景山区、丰台区，天津北辰区、南开区等下降幅度也较大。京津道路运输业增长最多的区(县)仅有海淀区、顺义区和滨海新区。与京津相比，在这一阶段，唐山和石家庄部分区(县)道路运输业增长明显。

其他运输装卸搬运和仓储业的空间演变与道路运输业相似。在研究初期高度集中于京津城区及近郊；2008—2013年，京津近郊区(县)如顺义区、北辰区、东丽区等从业人员进一步增长。与此同时，石家庄晋州市、唐山唐海县等从业人员开始有所增加。2014—2018年，京津城区及近郊区从业人员大部分下降，而河北唐山、石家庄城区及外围，以及沧州黄骅市从业人员出现持续增长。而邮政业从业人员相对更加集中。在研究初期，从业人员高度集中于北京东城区、顺义区等。2008—2013年，北京城区进一步集聚，天津东丽区、津南区，以及唐山路北区和石家庄城区有所增长。2014—2018年，北京的增长中心转向西城区和大兴区，而天津只有滨海新区略有增长。石家庄城区外围有一定规模的增长。

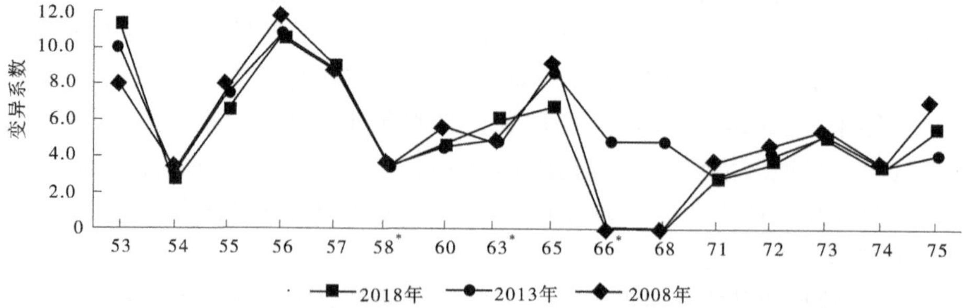

图8-2　京津冀区(县)尺度生产性服务业各两位数部门的变异系数

总之,道路运输业,其他运输装卸搬运和仓储业向京津郊区和河北扩散趋势明显,而邮政业相对更为集中。水上运输业、铁路运输业、航空运输业分别与港口、车站、机场的分布密切相关,如京津冀水上运输业主要分布在沿海各市相关区域。

(2)信息服务业两个各细分部门集聚度高,但具有相反的空间变化趋势。

信息服务业包含两个细分行业部门,分别为电信和其他传输服务业、软件和信息技术服务业,前者进一步聚集,后者则趋于分散。

电信和其他传输服务业高度集中在北京海淀区、西城区等中心城区。北京海淀区作为中国信息产业发展较早的地区,其信息服务业具有绝对优势。2008 年,北京海淀区是电信和其他传输服务业的首位地区,共有就业人员 4.5 万人。排在第二位的是西城区,约有就业人员 2.7 万人。西城区拥有中国联通、中国电信、中国移动等电信行业国有企业的总部,电信服务业因而较为显著。另外,东城区和朝阳区也有 7 000 人以上的该行业从业人员。总体上,北京中心城区是电信和其他信息传输服务业的核心区。其他就业人员数较高的地区有天津市和平区,该部门就业人员数超过 1 万人。河北各地级以上城市城区拥有较小规模的电信和其他信息传输服务业部门就业,形成较低等级的服务中心。动态来看,海淀区始终是该部门的最大增长单元,其次为朝阳区。天津市内的电信服务业有向滨海新区转移的趋势,总体规模较小。

软件和信息技术服务业在 2008 年的空间格局基本与电信服务业相似,但在研究后期变化趋势有所不同,呈现出外溢的趋势。该部门首位空间单元同样为海淀区,就业人员数高达 25.7 万人,而次位的朝阳区仅为 4.5 万人。此外,北京东城、西城、丰台、昌平、大兴等区(县),天津西青区拥有 7 000 人以上的就业人数,河北各市该部门规模较小。动态来看,2008—2013 年,该部门新增就业的空间分布与原有集中地区高度重合。此外,天津滨海新区和武清区开始成为增长区,河北石家庄城区有较小规模的增幅。2014—2018 年,北京各区(县)软件和信息技术服务业继续保持增长的同时,开始向外溢出。与北京相邻的廊坊广阳区成为新区增长区。另外,天津武清区、滨海新区保持着高速的增长,但原有的集中区西青区出现较为严重的下降。河北省内该部门的增长地区只位于石家庄城区各区(县),秦皇岛和邯郸城区成为新的显著增长地区,但规模相对较小。

(3)金融服务业各细分部门的集聚程度较高,具有中心城区指向性。

金融服务业包括货币金融、资本证券与其他金融服务业、保险业两类。2013 年,北京西城区是两类金融服务业细分部门的首位地区,货币金融等服务业与保险业的就业人员数分别高达 16.5 万人与 4.4 万人。西城区金融街集聚着中国银行保险监督管理委员会、中国证券监督管理委员会、中国工商银行、中国农业银行、中国建设银行等国有银行总部和各类基金管理企事业单位(刘辉和申玉铭,2013),形成了金融行业的集聚区。另外,2013 年海淀区、朝阳区、东城区也有两类金融服务业的次级集聚区。而在天津与河北各市城区出现较低等级的集聚中心区。

(4)京津租赁业、商务服务业保持城区增长,也向外围郊区乃至环京津的河北县(区)溢出。

商务服务业的两个细分部门空间格局和演变具有较大的相似度。租赁业,2008 年总体规模较小,其首位地区为北京朝阳区,仅有约 0.5 万就业人员。在空间上主要集中于北京城区与天津滨海新区。2008—2013 年，增长最大的空间单元依然是朝阳区，增长约 8 500 人。同时，北京大部分区（县）、天津城区外围均有不同程度的增长。2014—2018 年，天津滨海新区增长显著，与海淀区形成两个增长中心。与此同时，河北各主要城市城区也开始有了显著的增长。商务服务业，2008 年空间格局与租赁业类似。2008—2013 年除京津两地多个区（县）保持增长外，石家庄也有一定规模的增长。2014—2018 年，石家庄城区的增长更为显著。

（5）研发服务外溢不明显，专业技术服务业与科技推广和应用服务业具有一定的郊区化趋势。

在区（县）尺度，相比其他类型的生产性服务业，科技推广和应用服务业三个细分的行业部门，在 2008—2018 年发生了更大的空间变化。

研究和试验发展主要集聚在北京城区及近郊，外溢不明显。2008 年该部门高度集中，其中第一层级的北京海淀区、朝阳区、丰台区就业人员数超过 2.1 万人，东城区和西城区超过 1.1 万人。2008—2013 年，新增研究与试验发展从业人员第一层级的主要有海淀区、朝阳区、大兴区、昌平区。位于第二层级的主要是东城区、西城区、石景山区，天津东丽区、石家庄城区。天津郊县、北京郊县以及河北部分地区如涿州市、广阳区有较小规模的增长。2014—2018 年，该行业新增规模较大，仅集中于北京海淀区、朝阳区、丰台区、大兴区等少量地区。

专业技术服务业集聚度相对不高，在北京城区之外，也有一定分布。2008 年高值区主要位于北京、天津城区和天津滨海新区。另外，涿州市比较突出，有该行业从业人员 3.3 万人，也位于第一层级。专业技术服务业规模次高的区（县）主要位于京津郊区以及河北各城市城区。2008—2013 年，专业技术服务业新增就业人员主要位于北京城区，京津郊区区（县）也有较大的增长。而河北只有石家庄城区、任丘市有较大的增幅。2014—2018 年，北京专业技术服务业除在中心城区进一步集聚外，已开始向外围地区扩散，如大兴区在 5 年时间内新增 1.9 万人该部门就业。天津有两个新增较多的区（县），分别是滨海新区与蓟州区。河北省保定城区、石家庄城区有较多的增长，唐山和沧州城区有少量的增长。

科技推广和应用服务业在城区集聚的同时出现郊区化趋势。2008 年高度集中于北京中心城区，同时北京郊区区（县）也有较多分布。在天津城区如南开区也有较多的集中。2008—2013 年，京津冀两地出现一定程度的郊区化。另外，在河北部分区（县），如唐山丰南区、乐亭县，沧州沧县，石家庄藁城区、赵县，邢台内丘县、曲周县等地区出现不同程度的增长。2014—2018 年，河北、天津原有的新兴增长中心又出现了负增长。石家庄城区、邯郸城区、秦皇岛城区开始成为新的增长地区，而天津只剩下武清区、滨海新区两个增长地区。北京中心城区的海淀区、朝阳区在进一步集聚科技推广和应用服务业的同时，外围的昌平、顺义、大兴等制造业比重较高的郊县也有较多的新增就业人员。

8.2.2　制造业集中度相对较低，郊区化和向京津外围转移趋势明显

8.2.2.1　制造业整体郊区化趋势明显，且存在一定的行业差异

与生产性服务业相比，京津冀制造业的空间分布集中度相对较低，郊区化明显。制造

业的变异系数远小于生产性服务业,且呈下降趋势,表明集聚具有减弱趋势(刘典和蔺雪芹,2020)。在空间上,2008 年,京津冀制造业整体上呈现以京津为主,且制造业就业集聚区(县)多位于城市的近远郊。其中,第一层级包含三个区(县),分别是天津滨海新区、西青区和北京大兴区,制造业就业总量分别为 23. 6 万人、17. 8 万人、16. 6 万人。第二层级区(县)制造业总就业量为 8 万~12 万人,主要为京津近郊区(县),如顺义区、海淀区、朝阳区、通州区,天津北辰区、东丽区、津南区、武清区等。第三层级区(县)制造业就业量为 4. 6 万~8 万人,除北京昌平区、石景山区,天津静海区、宝坻区、河西区外,还包括唐山路北区、丰南区、丰润区、迁安市,石家庄长安区、辛集市,邯郸武安市。第四、五层级制造业从业人员数在 1 万~4 万人,主要分布在前三层级区(县)周边。

动态来看,2008—2013 年京津冀制造业增加较多的区(县)主要位于北京远郊、天津近远郊和滨海新区,石家庄市东部区(县),沧州中部和唐山西部区(县)。同时,部分中心城区区(县)出现明显的制造业负增长,如北京石景山区、天津河东区、石家庄长安区和桥西区、唐山路北区制造业就业量下降了 1 万人以上,反映出京津冀主要城市城区空间结构“退二进三”的调整。各类型的制造业的增长也主要围绕城区外围。2014—2018 年,制造业空间结构发生较大变化。制造业总体上不仅在京津两地大幅下降,同时在河北各城市的城区,如保定和石家庄市区,以及传统的工业区,如迁安、武安明显下降。制造业增长区主要位于河北各城市的郊县或沿海地区。

分行业来看,京津冀技术密集型制造业的区(县)分布差异更大,劳动和资本密集型制造业较为均衡,河北省区(县)增长明显。从变异系数可以看出,技术密集型制造业的变异系数明显大于劳动与资本密集型制造业(见图 8-3)。在空间上,劳动密集型制造业除京津外,在冀中南形成另一个集中连片区;资本密集型制造业在沿渤海区域以及冀西南地区形成两个片区。而技术密集型制造业主要分布在京津走廊,呈现出双中心的结构,在河北各地仅有零星的小片区(县)分布。值得注意的是,承德、张家口、秦皇岛等中小城市城区区(县)存在一定规模的制造业就业人口。动态来看,2008—2013 年劳动密集型和资本密集型制造业在沧州、石家庄、唐山等市的增加幅度和范围远大于技术密集型制造业。其中,劳动密集型制造业增长较多的区域为石家庄辛集市、藁城区、无极县、晋州市,保定蠡县、高阳县等。资本密集型制造业增长最多的为石家庄藁城区,衡水安平县,沧州黄骅市、献县,唐山迁安市和曹妃甸区。另外,沧州近郊、唐山近郊区(县)增长幅度也较大。与之相比,技术密集型制造业在河北各地增长不明显,没有处于前三层级的区(县)。

2014—2018 年,各类型制造业在这一时间段的变化格局有所不同,具体如下:①劳动密集型制造业在京津冀各区(县)普遍下降,仅剩下零星几个高增长的区(县)。其中下降幅度最大的前几位区(县)分别为天津武清区、宝坻区、滨海新区,北京大兴区,石家庄藁城区、辛集市。增长最大的前两个区(县)为河北霸州市、清河县,新增劳动密集型制造业就业人数 1 万人以上;其次为文安县、平乡县新增 5 000 人以上;另外,南宫市、枣强县、北戴河区、定州市、深泽县、大城县等增加了 4 000 人以上。以上各区(县)多为传统产业集群所在地,如河北霸州的都市休闲食品产业集群。②资本密集型制造业进一步从京津全域退出,同时在石家庄、唐山、沧州城区部分地区也有明显下降。这一时期,资本密集型制造业增长规模最大的为唐山丰润区(新增 6 万余人),其次为衡水安平县、廊坊大城县,各增长 2 万余人。就业量下降最大的区域为迁安市(减少 6 万余人),其次为津南区、西青区和武安市(各下降 5.3 万余人)。③技术密集型制造业的增长区(县)相对较多,下降区(县)较少。增长规模最大排在第一层级的分别是天津北辰区、沧州黄骅市、天津滨海新区、北京大兴区、沧州泊头市、邯郸永年区、廊坊大城县、邢台任县等,新增就业人员数在万人以上。

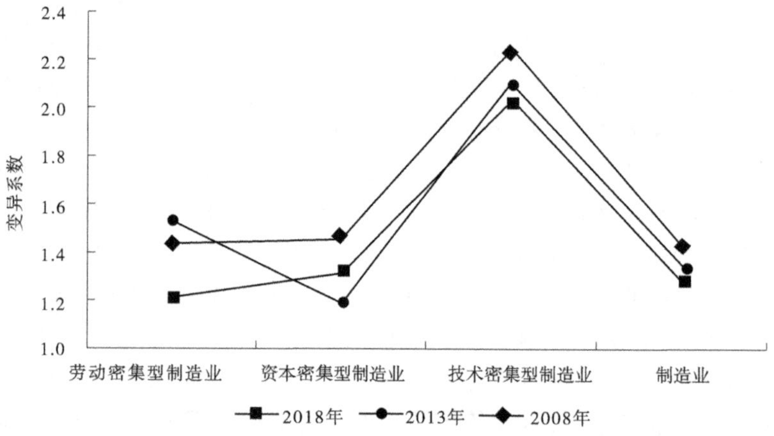

图 8-3 京津冀区(县)制造业及各大类的变异系数

8.2.2.2 劳动密集型制造业细分行业经历了疏解与再集聚的过程

京津冀劳动密集型制造业各细分部门在研究期内经历了较大的空间格局演变。基于前文研究基础,本节选择纺织业,纺织服装、服饰业,皮革、毛皮、羽毛及其制品业和制鞋业,家具制造业四个部门为例具体阐明其空间格局及演变特征(见表 8-1)。

表 8-1 2018 年京津冀劳动密集型主要细分行业集聚区(县)

产业部门	第一层级区(县)	第二层级区(县)
纺织业	保定高阳县	保定蠡县;石家庄深泽县、晋州市;邢台南宫市、清河县
纺织服装、服饰业	北京顺义区、朝阳区、大兴区;天津宝坻区;保定容城县、安新县;石家庄晋州市;邢台宁晋县	北京通州区;天津蓟州区;石家庄藁城区;邢台清河县
皮革、毛皮、羽毛及其制品业和制鞋业	石家庄辛集市	石家庄无极县;保定高碑店市、安新县;衡水枣强县
家具制造业	廊坊霸州市	廊坊香河县;天津静海区、滨海新区

(1)纺织业在研究初期加速向郊区(县)集聚,在研究后期普遍下降,并完成郊区化。静态来看,2008 年京津冀纺织业就业人员数万人以上的区(县)为保定高阳县、石家庄长安区、邯郸丛台区。另外,规模较大的还有天津东丽区和河东区,石家庄晋州市,保定蠡

县,邢台桥东区、宁晋县和清河县,就业规模在 6 000 人以上。动态来看,2008—2013 年就业增长最多的区(县)为原有的高就业区,分别为高阳县、晋州市、蠡县,新增就业人数 1.9 万人;另外,纺织业就业增长相对较多的区(县)有藁城区、南宫市、鸡泽县、高邑县、栾城区、赵县、滦南县、邱县、深泽县,新增人员数在 4 500~8 400 人。这些区(县)多位于各市郊县,与之相比,纺织业下降的地区多位于城区。其中下降规模最大(3 300 人以上)的空间单元主要有长安区、河东区、丛台区、桥东区(邢)、通州区、新市区、大兴区、桃城区。2014—2018 年,纺织业显著增长的仅有两个区(县),分别为清河县与深泽县,各新增 6 700 余人和 5 100 余人。就业下降最为剧烈的为上一时期新增最多的地区——晋州市、高阳县、蠡县,其下降幅度在 1.2 万人以上。在研究末期,纺织业第一、二层级的区(县)只剩下保定高阳县、石家庄晋州市等非城区区(市、县)。

(2)纺织服装、服饰业。研究期内,京津两地区(县)纺织服装、服饰业下降明显,河北部分区(县)则显著增加。研究初期,该部门首位地区为天津宝坻区(2.6 万人),其次为顺义区、容城县、密云县(现密云区)、蓟州区、大兴区就业规模均在 0.9 万人以上。其余较高分布地区也多位于京津两市,表明该行业在研究初期以京津为主。2008—2013 年,北京西北部区(县)多经历该部门就业的下降过程,其中密云和顺义下降幅度最大,分别为 0.7 万人和 0.3 万人;增长的区(县)为大兴区、朝阳区和延庆区,其中大兴区增长幅度最大,为 1.5 万人。这一阶段天津北部区(县)呈现进一步集中趋势,以武清区增长幅度最大,5 年间增长近 7 万就业人员。与之相比,河北各地增长相对不显著,仅石家庄藁城、晋州等有小规模的增长。另外,容城县纺织服装、服饰业在这一阶段显著下降。2013—2018 年,京津原有高集聚区(县)均出现不同程度的下降,以武清区最为剧烈,减少近 7 万人。同时,河北多个地区呈现出增长态势。其中安新县增长幅度最大,5 年增加约 0.5 万人。

(3)皮革、毛皮、羽毛及其制品业和制鞋业主要集聚在辛集市等少数地区。该部门区域集中度较高,2008 年首位区(县)辛集市就业人员数 2.7 万人,占京津冀该部门的 36%。就业规模第二层级的无极县、肃宁县分别有该行业 7 700 余人和 6 600 余人,分别占总体的 10%和 8%。以上三个区(县)在 2008—2013 年就业量进一步提升。同时,保定安新县、高碑店市,衡水枣强县和故城县也有较大规模的增长。2014—2018 年,原规模较大区(县)开始出现较大规模的负增长。而新出现的增长中心如高碑店、雄县、枣强县则继续保持增长。

(4)家具制造业空间格局演变最为剧烈。研究初期主要集聚在京津两地,中期开始转向京津郊区,研究末期转向河北霸州等地。具体来看,2008 年,滨海新区为首位区(县),就业规模达 0.8 万余人。其余规模较大的地区有大兴区、朝阳区、通州区、顺义区、北辰区、静海区、霸州市,就业规模在 0.2 万人以上。显然,研究初期京津冀家具制造业主要位于京津两市。2008—2013 年,增长最多的是霸州市,位于第一层级的还有通州区、路南区、宝坻区等。位于第二层级的有香河县、武清区、顺义区、藁城区、广阳区、正定县、大兴区、北辰区。2014—2018 年,京津区(县)多为负增长,其中,下降较多的有大兴区、通州区、宝坻区等。增长最为显著的地区为廊坊霸州市,新增就业近 1.4 万人,排在第二位的武邑县仅增长 0.2 万余人。增长较大的地区还有静海区、香河县、曹妃甸区等。

8.2.2.3　资本密集型制造业细分行业部门普遍由扩张转为收缩

（1）石油加工、炼焦和核燃料加工业在研究期经历了较大的变化。在研究初期，分成规模最大的地区为天津滨海新区和北京房山区（1.3 万人以上）。其他规模较大的地区还有唐山古冶区、沧州黄骅市、邢台邢台县、石家庄长安区、邯郸武安市等（0.3 万~0.5 万人）。动态来看，2008—2013 年，房山区、长安区、邢台县分布下降最多，而黄骅市、武安市、峰峰矿区、迁安市、乐亭县等有不同程度的增长。其中黄骅市增长最大（约 0.7 万人）。2014—2018 年，房山区、长安区、邢台县进一步加速下降，同时滨海新区、路北区开始下降。而相关地区增长规模较小，其中最大的邯郸鸡泽县，仅增加约 0.2 万人。在研究末期，京津冀该部门形成了以滨海新区为主要分布中心，房山区、黄骅市、武安市为次中心的空间格局（见表 8-2）。

表 8-2　2018 年京津冀资本密集型细分行业集聚区（县）

产业部门	第一层级区（县）	第二层级区（县）
石油加工、炼焦和核燃料加工业	天津滨海新区	北京房山区；沧州黄骅市；邯郸武安市
化学原料和化学制品制造业	天津滨海新区	石家庄深泽县
橡胶和塑料制品业	天津滨海新区；衡水景县、桃城区	唐山玉田县；天津武清区、北辰区、西青区；廊坊文安县；保定雄县；沧州沧县；邢台清河县
非金属矿物制品业	唐山丰润区；廊坊大城县；沧州河间市；石家庄灵寿县	北京顺义区；天津武清区、滨海新区；唐山玉田县、滦县、开平区；秦皇岛海港区；衡水枣强县；邢台沙河市
黑色金属冶炼和压延加工业	唐山丰润区	唐山丰南区；天津东丽区、静海区；廊坊霸州市；邯郸武安市
金属制品业	衡水安平县	天津武清区、静海区；沧州青县、盐山县、南皮县

（2）化学原料和化学制品制造业在 2008 年后开始郊区化，2013 年后进入全面收缩阶段。2008 年，京津冀化学原料和化学制品制造业总体上形成京津产业带和石家庄次中心。就业规模最大的为天津滨海新区，拥有近 3 万从业人员。而排在次位的西青区仅有约 1 万人。断裂点分析结果中，位于第二层级的还有大兴区、海淀区、朝阳区、通州区、运河区、宣化区、北辰区、长安区、东丽区，主要为京津两地城市郊县，以及张家口、沧州与石家庄城区。另外，石家庄各郊县也有一定的规模。2008—2013 年，增长最为显著的为唐山曹妃甸区（唐海县）和石家庄藁城区，分别增加 1.8 万和 1.6 万该产业就业人员。增长规模处于第二层级的滨海新区、房山区、广阳区、武邑县、黄骅市、栾城区，石家庄辛集市、新乐市、井陉县等新增该部门就业数为 0.4 万~0.8 万人。在空间上形成沿海和以石家庄

为中心的两个增长片区。同期,京津冀各城市城区化学原料和化学制品制造业下降明显,如北京海淀区、朝阳区,石家庄城区、张家口城区、衡水城区等。2014—2018年,京津和石家庄近郊区(县)开始出现负增长,同时曹妃甸区(唐海县)、滨海新区等也开始下降。该部门增长的区(县)较少,仅有深泽县、大城县、任丘市有超过0.3万人的增长;这些区(县)多位于各市行政区边缘地区,或者拥有资源优势。

(3)橡胶和塑料制品业在京津全域分布减少,向衡水景县与桃城区等少数地区集聚。该部门在研究初期,高度集中在天津滨海新区、西青区、北辰区等城区外围。此外,北京通州区、大兴区,唐山玉田县,衡水景县、桃城区等也有较大分布。2008—2013年,天津该部门进一步增加并向北部区(县)集中。此外,沧州新华区、沧县,保定雄县,石家庄辛集市,邢台清河县,衡水景县、桃城区均有较多增长。该部门分布减少地区以城区为主,主要有北京海淀区、通州区,唐山滦县,天津西青区,保定新市区,石家庄长安区等。2014—2018年,天津环城区的近郊显著下降,仅滨海新区有一定的增长。同时,北京进入全域持续下降阶段。增长的区(县)主要位于廊坊、保定、邢台、衡水等。其中,廊坊文安县和大城县、沧州东光县、衡水景县、邢台宁晋县和任县、石家庄栾城区在这一阶段增长最多。在研究期末,衡水景县和桃城区增长成为新的万人以上的橡胶和塑料制品业分布区。橡塑产业是河北景县的特色支柱产业之一。河北省衡水市桃城区被命名为“中国橡胶制品之乡”,产品涵盖橡胶止水带、盆式支座、板式支座、橡胶水坝、桥梁伸缩装置五大系列,占据了全国较大市场份额。

(4)非金属矿物制品业集聚区在2013年后收缩明显。京津冀非金属矿物制品业在2008年主要分布在京津唐地区。其中唐山丰南区、路北区、丰润区处于断裂点分析结果中的第一层级;北京昌平、海淀、朝阳、房山等区处于第二层级;天津武清、西青、津南、滨海新区,唐山路北区位于第三层级。京津唐之外,仅有涞水县、开门平山县、鹿泉区、沙河市和峰峰矿区等有较多的该部门分布。2008—2013年,该部门新增就业较多的区(县)主要位于天津、唐山、沧州与邯郸。增长最多的是邢台沙河市(1.6万人),其次增长较多的还有武清区、大城县、丰南区、三河市、开平区、顺义区、高邑县、武安市等。增长较多的前两个层级区(县)多相互连接,形成片状区域。与之相对,唐山路北区则减少了1.2万人,下降显著。同时,北京城区、张家口部分区(县)等有一定程度的下降。2014—2018年,该部门明显减少的地区增多。原有该产业的分布中心如丰南区、沙河市、鹿泉区、峰峰矿区、高邑县下降幅度最大。京津两市全境该部门的分布也在减少。

(5)黑色金属冶炼和压延加工业在2013年普遍开始收缩。研究初期,根据断裂点分析结果,位于第一层级(3万以上就业人员数)的有邯郸武安市,唐山路北区、迁安市、丰南区,北京石景山区。这些地区的钢铁生产基地多在“五五”计划时期或之前建成。第二、三层级区(县)多位于天津、唐山两市(如河东区、静海区、东丽区、西青区,丰润区、双滦区、开平区、遵化市),还包括张家口宣化区、廊坊霸州市、石家庄平山县、邯郸复兴区等。2008—2013年,原有就业中心大多进一步集聚。如唐山、天津、邯郸三市核心城区外原有高就业中心区(县)均继续新增就业。位于生态涵养区的张家口和承德城区不再新增,北京石景山区和唐山路北区则显著下降。另外,在这一阶段,沧州该部门新增区(县)较多,主要有黄骅市、献县、泊头市等。2014—2018年,京津冀大部分黑色金属冶炼和压延加工业高就业区(县)呈现下降的态势。其中下降幅度最大的为唐山迁安市和邯郸武安市两个钢铁大县(县级市)。新增最多的为唐山丰润区,其次为唐山玉田县、沧州任丘市、邯郸临漳县和成安县。

(6)金属制品业的就业空间分布由集中于京津两市转向河北文安县、大城县等地区。2008年,京津冀该部门就业规模前三个层级的区(县)几乎全部位于京津两市。其中天津滨海新区、东丽区、津南区、北辰区等就业规模高达1.2万人以上。2008—2013年,衡水市的安平县该部门新增就业人员数最高,为3.4万人,大部分增长显著区(县)位于天津和沧州。北京、石家庄、唐山的郊县有较小规模的增长。2014—2018年,原有天津、北京分布中心区(县)剧烈下降,以天津宁河区、东丽区、津南区等最为显著。与此同时,廊坊文安县、大城县,沧州任丘市、黄骅市、泊头市、献县等保持一定规模的增长。其中,衡水市安平县仍为增长规模最大的地区。丝网产业是安平的特色产业,安平丝网产销量、出口量均占全国的80%以上(新华网,2021)。

8.2.2.4 技术密集型制造业各细分行业空间格局

技术密集型制造业各细分行业空间格局经历了郊区化和由京津向河北各地区溢出的演变。

(1)医药制造业分布集中在北京、天津、石家庄,随着时间由各地城区向郊区集聚。2008年,位于第一层级的区(县)医药制造业规模达万人以上,包括石家庄长安区、桥西区和北京大兴区,其中长安区最高,为2.3万人。第二层级的分布规模为0.4万~0.8万人,主要在北京朝阳区、海淀区、顺义区、昌平区,天津西青区、滨海新区、南开区、北辰区,石家庄裕华区、藁城区等。以上区域占京津冀医药制造业的69%。2008—2013年,原有分布区进一步集聚,并向外围扩散。分布增长最大的三个区(县)为裕华区、藁城区和大兴区。另外,保定安国市增长较为显著,而石家庄桥西区和长安区有较大的下降。2014—2018年,各区域增长的幅度有所减缓,增长最大的为大兴区和滨海新区,各新增就业约0.7万人和0.5万人。其余新增较多的主要位于城区外围,如北京通州区、昌平区、密云区,石家庄正定县、无极县等。而城区及近郊如朝阳区、长安区、裕华区、东丽区、津南区医药制造业分布显著下降。保定安国市则依托其中药材产业链,继续保持较高的增长。

(2)交通运输设备制造业空间分布在京津两市收缩,在保定、廊坊和沧州部分县(区)增长较快。2008年,该部门空间分布的第一、二层级区主要位于北京、天津两市,包括北京昌平区、顺义区、丰台区、大兴区,天津武清区、西青区、东丽区、北辰区。另外,唐山丰润区、保定南市区也有较多的分布。2008—2013年,除丰台区外,原有集聚区进一步增长,并向周边区(县)扩散。但在2014—2018年,北京昌平、顺义、通州等区(县),天津东丽区、西青区、武清区等,以及保定南市区(2015年5月撤销,与北市区合并为莲池区)等原先的集聚中心开始显著下降。增长较为显著的仅有天津滨海新区,有一定增长的区(县)包括北京大兴区、天津静海区、廊坊大城县、保定近郊区(县),以及邢台清河县等。天津滨海新区在整车制造领域,聚集了一汽丰田、一汽大众、长城汽车三大品牌(蔺雪芹等,2018);在新能源汽车领域,也有较全的产业链布局。

(3)ICT制造业同样经历了由空间扩张至收缩的过程。2008年,该部门高度集中于京津两市的海淀区、大兴区、西青区、滨海新区等地。顺义区、朝阳区、武清区、津南区、安次区也有较高的分布。2008—2013 年,原有高分布区(县)进一步强化该产业的集聚(朝阳区除外)。与此同时,秦皇岛海港区也有所增长。廊坊广阳区、固安县以及沧州城区外围等有较少的增长。2014—2018 年,ICT 制造业出现较大变化。北京全域呈现出负增长,天津除滨海新区外同样呈负增长。其中,西青区下降幅度最高,接近 8.8 万人。增长的区域以天津滨海新区最高,约为 8.8 万人,廊坊各地则保持较高的增长。滨海新区主要发展集成电路,廊坊则主要有富士康廊坊电子厂为代表的 ICT 产品代加工和显示屏产业链等。

(4)电气机械和器材制造业的空间分布也出现京津两地收缩而河北部分地区扩张的趋势。2008 年,该部门第一、二、三层级的区(县)多位于京津两市,主要为城区外围区(县)。京津之外,保定新市区分布最多,高达 2.6 万人,其次是宁晋县,再次是任丘市和河间市。2008—2013 年,京津两地原有分布较多该部门的区(县)规模虽有所增长,但不及石家庄等地区。其中,石家庄藁城区、宁晋县分别新增 1.2 万人和 1.1 万人,位于第一层级。同时,保定新市区、石家庄新乐市、晋州市等也有较大的增长。2014—2018 年,原有高集中地区开始负增长,如天津北辰区、西青区,北京大兴区,保定新市区等。只有滨海新区有显著的增加(1.8 万人),另外宁晋县也保持一定的增长。

(5)通用设备制造业在研究期内,同样出现京津分布减少,河北集聚区(县)增加的趋势。2008 年,分布较高的前两个层级区(县)大部分位于京津城区及外环。其中大兴区、滨海新区和北辰区就业人员数超过 1.1 万人。河北省内只有徐水区、献县、泊头市分布较多,是第二层级。2008—2013 年,北京城区明显减少,而天津城区如河西区减少的同时,其外围郊县或新区则进一步大量增加该行业的分布,其中排名第一的滨海新区增加了 1.7 万人。河北省内以永年区分布增加最多,多达 1.6 万人;增加较多的还有石家庄藁城区、保定徐水区、唐山丰南区等。2014—2018 年,京津全域该行业的分布都在减少,以天津城区外围降幅最大。河北多地增长显著,最高的有沧州黄骅市、邢台任县和邯郸永年区。其中,邯郸永年区,是全国最大的标准件生产基地和集散中心,被称为“中国标准件之都”(河北省工业和信息化厅,2019;王晓霞,2020)(见表 8-3)。

表 8-3　技术密集型细分行业集聚区(县)

产业部门	2018 年第一层级区(县)	2018 年第二层级区(县)
医药制造业	北京大兴区	北京昌平区;天津北辰区、滨海新区;石家庄藁城区、裕华区
交通运输设备制造业	天津滨海新区	北京昌平区、顺义区、大兴区;天津武清区、西青区;保定北市区、南市区
计算机、通信和其他电子设备制造业	天津滨海新区	天津西青区;北京海淀区、大兴区
电气机械和器材制造业	天津滨海新区;邢台宁晋县	北京海淀区、大兴区;天津北辰区;保定竞秀区;沧州任丘市

续表 8-3

产业部门	2018 年第一层级区(县)	2018 年第二层级区(县)
通用设备制造业	邯郸永年区	北京大兴区;天津武清区、北辰区、津南区、滨海新区;沧州黄骅市、泊头市;邢台任县
专用设备制造业	天津北辰区	天津滨海新区;北京大兴区;沧州黄骅市、泊头市
仪器仪表制造业	北京昌平区、海淀区、大兴区;天津滨海新区	北京顺义区、朝阳区、通州区;天津西青区;沧州黄骅市、泊头市、献县;保定竞秀区;石家庄裕华区;承德双桥区

(6)专用设备制造业在研究初期,同样高度集中于京津城区与其城区外围;同时唐山路北区和秦皇岛海港区也有较高的分布。2008—2013 年,京津郊区增长较多,而城区有所减少或缓慢增长。这一阶段,增长最多的是天津滨海新区,新增 5 万余人。河北省内增长较多的地区有张家口万全区、秦皇岛海港区、沧州献县、泊头市和盐山县,以及石家庄藁城区。2014—2018 年,京津仅剩北辰区该行业的分布继续增加,且增幅较大,约为 6.5 万人。北辰区聚集了 14 家央企,有 18 家德资企业落户。河北省内,仅有沧州黄骅市、泊头市保持较高的增长。

(7)仪器仪表制造业,高度集中于京津两市,并呈现出郊区化和向两市之外溢出的趋势。2008 年,仪器仪表制造业首位地区为北京海淀区,拥有 1.4 万从业人员。其余较高的多分布于京津,如朝阳区、大兴区、昌平区、西青区、滨海新区等。2008—2013 年,京津郊县的分布进一步增多,而城区如天津河北区明显减少。同时,唐山路北区、保定新市区和沧州泊头市、献县有较大的增长。2014—2018 年,京津该部门保持增长的区(县)数量明显减少,只剩下北京大兴区、顺义区和密云区,天津北辰区、河东区、滨海新区。增长最多的地区为唐山丰润区、丰南区、黄骅市、大兴区、大城县、滨海新区、裕华区等。可见沧州、石家庄、唐山该部门得到较快的发展。

8.2.3　生产性服务业与制造业在实体地域上既存在城乡分离也存在共同集聚

由前文分析可知,京津冀产业经过 10 年的空间演化,在区域实体地域上形成了复杂的空间结构。一方面存在显著的城区与郊区空间单元的二三产业分离,另一方面存在制造业集聚区与生产性服务业集聚区的部分重合。具体而言,主要表现在以下几个方面:

(1)北京城区是整个京津冀地区制造业的高级生产性服务业供应核心区。为京津冀制造业提供金融服务、软件和信息技术服务业、会计法律等专业咨询、研发与设计等高级服务。由于服务的价值含量高,可以克服地理距离的空间摩擦,为较远距离的制造企业提供高质量服务。

(2)北京、天津部分郊区区(县)是技术密集型制造业与配套生产性服务业的集聚区。早期“退二进三”和近年来的非首都功能疏解使得郊区成为北京技术密集型制造业集中地(王好和蔺雪芹,2016)。而制造业的集聚吸引与之密切相关的检验检测、商务会展、物流业邻近布局。类似地,天津滨海新区以及城市内环区也成为技术密集型制造业与配套生产性服务业的共同集聚区。

(3)河北主要城市的城区集聚着一定规模的技术密集型制造业。比如,石家庄生物医药产业、唐山轨道运输设备产业、保定汽车制造业(蒋海兵和李业锦,2021)。因此,带来了与本地制造业相配套的生产性服务业的共同集聚。同时,作为全省或各市的行政中心所在地,各市城区也集聚一定规模的金融、商务等中高端生产性服务业,为其腹地提供服务。

(4)河北各市郊区区(县)存在较多的传统制造业集群。比如,辛集的皮革制造业、泊头的模具产业、香河的家具制造业、安平的丝网产业、平乡的自行车产业等。由于传统产业集群技术水平不高,只能吸引少量配套的物流业、销售维修服务业共同集聚。

京津冀区(县)尺度生产性服务业与制造业空间结构示意如图 8-4 所示。

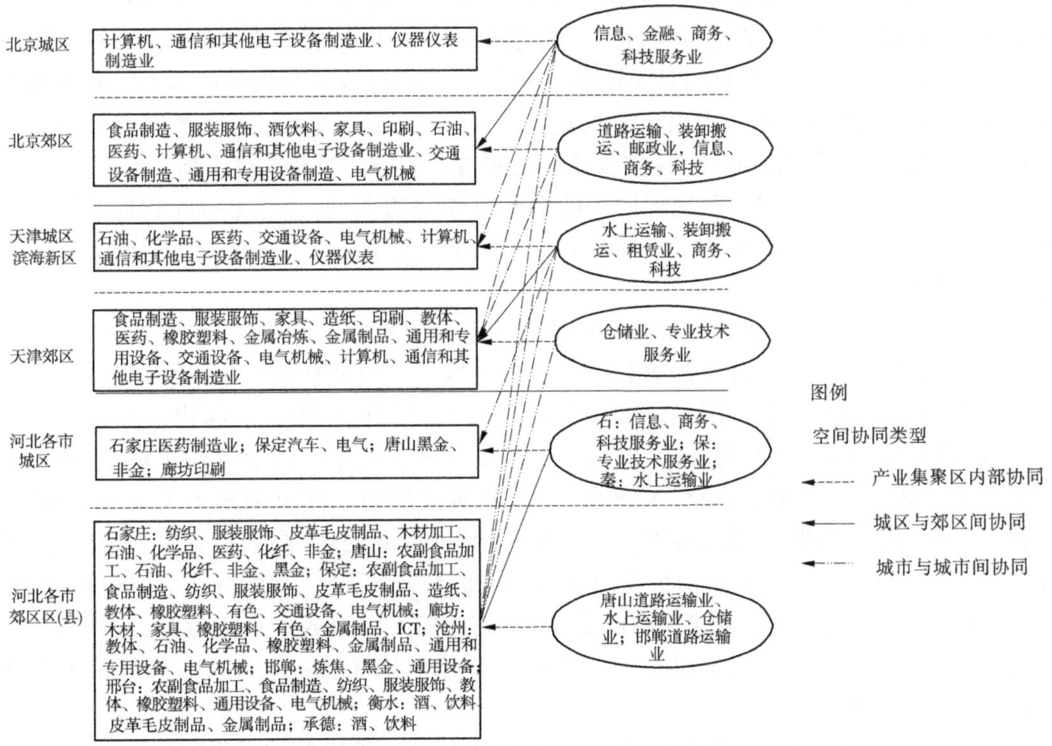

图 8-4　京津冀区(县)尺度生产性服务业与制造业空间结构示意

8.3 区(县)尺度生产性服务业与制造业空间协同实证分析

8.3.1 生产性服务业与技术密集型制造业的城乡空间协同较高,北京生产性服务业对环京地区具有辐射作用

生产性服务业与制造业的空间分布分析表明,两产业的高分布地区存在城区和郊区区(县)空间毗邻的特点。为进一步定量分析两产业间的空间相关性,本节利用 Geoda 软件,采用 Queen 邻接空间矩阵对京津冀两产业各部门间的双变量自相关全局莫兰 I 值进行计算。生产性服务业各行业门类与制造业三大类型的全局莫兰 I 值。

从制造业来看,技术密集型制造业与各类生产性服务业空间自相关程度较高,其中与物流服务业的莫兰 I 值最高。而资本与劳动密集型制造业与各类生产性服务业的莫兰 I 值均相对较低。动态来看,各类型制造业与生产性服务业的邻近性均有所下降。相比较而言,2008—2013 年,劳动密集型制造业与生产性服务业的空间邻近性下降最大;2014—2018 年,资本密集型制造业与生产性服务业的邻近性下降最为明显(见图 8-5)。从生产性服务业各部门来看,京津冀不同行业与制造业的空间自相关存在显著差异,商务服务业、物流服务业与各类制造业的双变量莫兰 I 值较大,信息服务业相应值最小。各类型的两产业之间的空间邻近性呈现出下降的趋势。其中,2008—2013 年,商务服务业下降最大;2014—2018 年,物流服务业、科技服务业与制造业的空间自相关性有所下降。

为识别两产业在京津冀各地区局部的空间自相关的类型,通过 Geoda 软件计算两产业各行业间在各空间单元 LISA 值,并绘制高-高、低-低、低-高、高-低四类空间单元的分布图(见图 8-5、图 8-6)。

总体上,生产性服务业整体与制造业整体的双变量 LISA 值空间分布存在着邻近分布特征,高-高式集聚区分布在京津唐和廊坊部分地区。在研究初期(2008 年),高-高式集聚区主要分布在包括北京城区及外围(涵盖了河北三河市、广阳区与涿州市),以及天津河西区、西青区、东丽区、滨海新区等。低-高式集聚区表示生产性服务业规模小、制造业规模大的区域,主要分布于北京、天津高-高式集聚区周边。其范围涵盖了唐山丰南区、沧州黄骅市、廊坊霸州市、香河县等。2013 年,北京两产业的高-高式集聚区明显缩小,天津明显扩大,并部分覆盖原来的低-高式集聚区,如天津北辰区、武清区、津南区等。2018 年基本格局不变。总体上,京津冀两产业的高-高式集聚区形成了京津走廊,其外围紧密环绕着制造业集聚区。这与上海(李煜,2017)、珠三角地区(Feng, et al., 2020)的产业互动格局具有相似性。

生产性服务业与各类型的制造业双变量 LISA 值图反映出劳动密集型制造业、资本密集型制造业与生产性服务业倾向于空间分离,而技术密集型制造业与生产性服务业存在空间毗邻的趋势。

(1)2008 年,京津冀劳动密集型制造业与生产性服务业的高-高式集聚区主要分布在京津。2013 年,高-高式空间正相关区域明显缩小,而低-高式集聚区出现两个独立的片

区,一个位于京津走廊外侧,另一个位于冀中南地区。2018 年,高-高式集聚区基础稳定,而低-高式集聚区范围更易扩大,向廊坊蔓延。

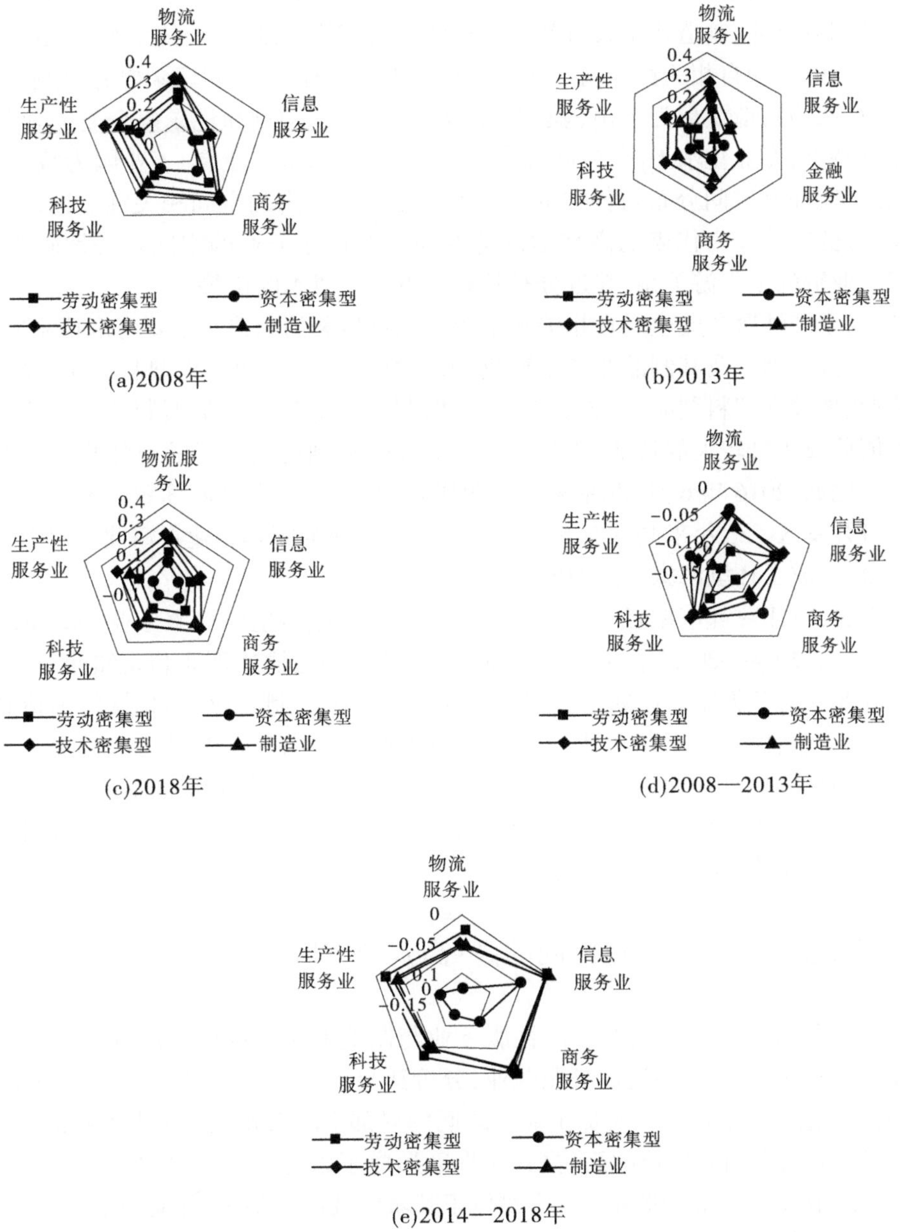

图 8-5　京津冀生产性服务业各门类与制造业各类型全局空间自相关莫兰 I 值变化

(2)生产性服务业与资本密集型制造业的低-高式集聚区远多于高-高式集聚区,表明两产业倾向于空间分异。其中,高-高式集聚区以天津为主,低-高式集聚区以唐山、廊坊、沧州部分区(县)为主。动态来看,北京、石家庄城区的高-高式集聚区在 2013 年后消失,表明资本密集型制造业得到明显疏解。

(3)生产性服务业与技术密集型制造业的集聚类型以高-高式为主,高-高式集聚区在研究初期以北京城区及外围为主要分布区,2018 年,北京高-高式集聚区面积减小,而天津明显增大。低-高式集聚区多与京津相邻,包括涿州市、固安县、黄骅市、丰南区等。

具体到细分行业,制造业中具有都市特点的劳动密集型制造业、技术密集型制造业与生产性服务业的空间自相关性最高。从全局莫兰 I 值来看,印刷和记录媒介复制业、仪器仪表制造业、医药制造业最为突出(莫兰 I 值大于 0.2)。印刷和记录媒介复制业具有都市型工业的特点,专业化水平高,空间分布以商业楼宇、都市工业园、工业园为载体(曹玉红等,2015),因而其空间分布与各类生产性服务业具有较高的空间相关性。而以仪器仪表制造业、医药制造业为代表的高技术制造业与生产性服务业的空间相关性较为明显。通常具有产业链的上下游关系,邻近分布具有减少交易成本的优势。

另外,与生产性服务业全局自相关水平较低或不显著的制造业主要有烟草制造业、纺织业,皮革、毛皮、羽毛及其制品业和制鞋业,家具制造业等劳动密集型制造业,以及化学纤维制造业、橡胶和塑料制品业、金属冶炼、金属制品业等资本密集型制造业。这些行业具有附加值低或污染较大的特征,通常布局或者被疏解到远离城区的内陆腹地或者渤海沿海地区。比如,2016 年 6 月,北京家居企业代表爱依瑞斯、意风家具等六家企业入驻河北芦台经济开发区。近年来共计有 55 家来自北京、天津的家具企业在河北省唐山市汉沽管理区安家,形成了环渤海家具产业园。

动态来看,京津冀都市型轻工业与技术密集型制造业与生产性服务业具有空间相关性增强的趋势。2008—2013 年,水上运输业、装卸搬运和运输代理业和仓储业、科技推广和应用服务业等与各类制造业的空间邻近布局倾向增大。制造业中酒、饮料和精制茶制造业,医药制造业、仪器仪表制造业与生产性服务业的空间邻近性呈增大趋势。2014—2018 年,食品制造业,纺织服装、服饰业,计算机、通信和其他电子设备制造业,医药制造业等与各生产性服务业细分行业的空间邻近性有所增大。然而,各资本密集型制造业部门与生产性服务业的空间相关性持续下降。

8.3.2 商务服务业与制造业之间的高-高式分布区主要位于北京、天津

为进一步分析京津冀典型的生产性服务业与制造业主体部门的局部空间自相关特征,本节选择感应度系数较高的商务服务业,分析其与医药制造业、交通运输设备制造业、ICT 制造业、黑色金属冶炼和压延加工业等之间的局部空间自相关集聚类型区的分布。

商务服务业与医药制造业的高-高式集聚区形成了以北京为主要中心片区,天津、石家庄城区为次中心的格局。北京片区主要位于其城区及南部郊区,并向廊坊广阳区扩散。天津和石家庄在研究初期仅有河西区、新华区是高-高式集聚区,到研究末期,两市高-高式集聚区显著增大。其中,石家庄有新华区、桥西区、长安区、裕华区,天津有西青区、津南区、东丽区。可见,高-高式集聚区的空间分布基本与京津冀医药制造业的集聚区吻合。值得注意的是,京津之外,石家庄医药制造业也有较为雄厚的基础。该市华北制药集团为全国最早、最大的抗生素和半合成抗生素基地。研究期内,石家庄生物医药产业已经形成

了较完善的产业链,涵盖研究、开发、生产、销售各个环节。

商务服务业与交通运输设备制造业的高-高式集聚区形成了北京、天津两个片区,并具有连成京津走廊的趋势。北京片区主要包括朝阳区、通州区、顺义区、昌平区等,天津片区主要包括滨海新区、东丽区、西青区、津南区等。动态来看,随着天津武清区、廊坊广阳区的加入,有望形成京津走廊。类似地,商务服务业与计算机、通信和其他电子设备制造业的高-高式集聚区分布格局具有相同的特点。

由前述可知,在京津两地行政区范围,以医药、交通设备、ICT 制造业为代表的技术密集型制造业与商务服务业形成了中心外围的空间格局。以北京制造业上市企业和其所聘请的会计师、律师事务所的空间分布关系为例,如图 8-6 所示,北京制造业上市企业主要分布在城六区外沿以及郊区区(县),而其聘请的会计师事务所、律师事务所主要集中在东城、西城及其相邻的区域。

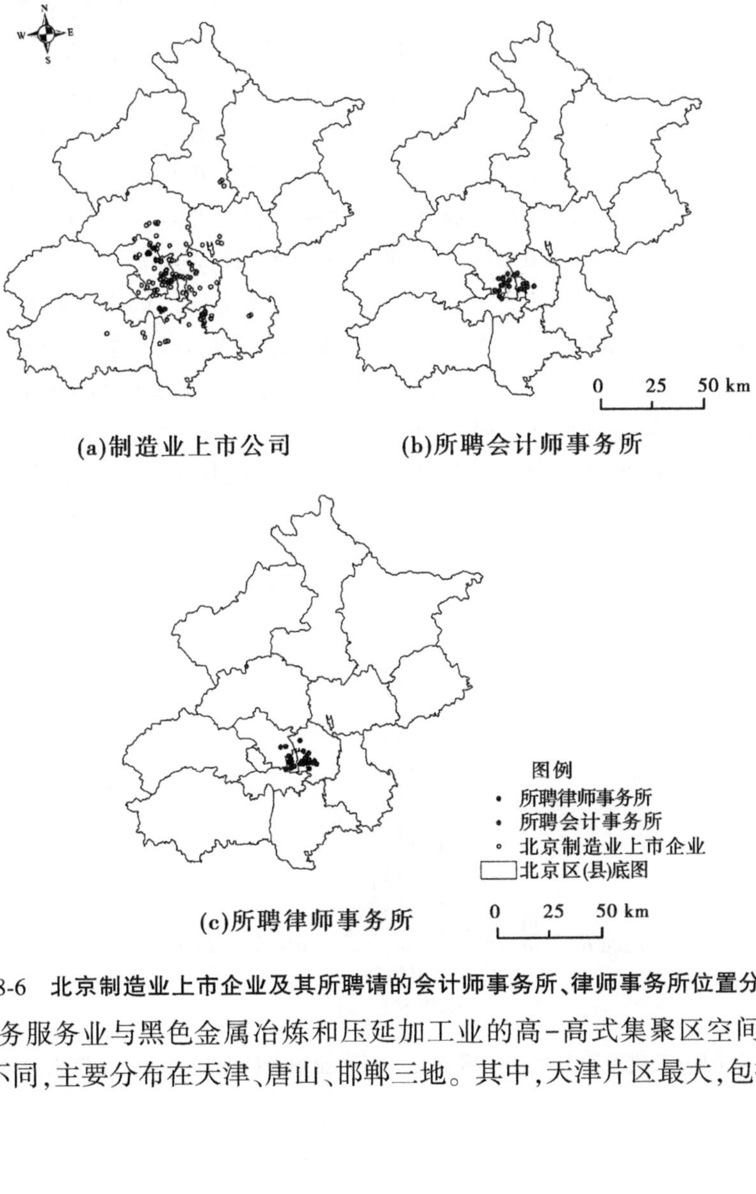

(a)制造业上市公司　(b)所聘会计师事务所

(c)所聘律师事务所

图 8-6　北京制造业上市企业及其所聘请的会计师事务所、律师事务所位置分布

但是,商务服务业与黑色金属冶炼和压延加工业的高-高式集聚区空间格局则与以上行业有所不同,主要分布在天津、唐山、邯郸三地。其中,天津片区最大,包括滨海新区、

东丽区、西青区等。唐山则主要为路北区,邯郸为丛台区,都属于两地的中心城区。唐山和邯郸是京津冀地区钢铁制造业的集聚区,其城区生产性服务业的发展有助于推动区域钢铁产业的转型升级。以唐山为例,在路北区集中分布着综合管理服务、组织管理服务、人力资源服务、咨询与调查等商务服务业企业。这些企业或属于钢铁企业的子公司,或为独立机构,面向唐山提供本地化的相关服务。典型的商务服务业企业有航铁(中国)控股有限公司唐山分公司、中铁世纪传媒广告有限公司唐山广告分公司、河北钢铁产业转型升级基金(有限合伙)、唐钢国际工程技术有限公司、中铁如家(唐山)旅游产品展览有限公司、唐山荣钢祥泰投资有限公司、冀汇金控(唐山)商务信息咨询有限公司茂华分公司等。

8.3.3　生产性服务业与制造业共同集聚水平较低,但存在行业差异

整体上看,京津冀区(县)尺度上生产性服务业与制造业大多数组合之间空间共同集聚倾向不强,但存在行业差异性。基于京津冀区(县)数据计算结果,京津冀两产业各两位数部门间共聚平均值仅为-0.006 8～-0.004 6,接近于零。另外,两产业部门间共同集聚值的频数呈左偏的正态分布特征(见图 8-7),且高值区低于预测值。这与席强敏和罗心然(2017)、赵景华等(2018)的分析结果相似。这主要是由于生产性服务业尤其是高端的生产性服务业部门具有极高的集聚度,集中分布于大城市中心区。而制造业受地租等成本的制约,持续郊区化。但从各行业间组合的差异看,2008—2018 年,组合间的共同集聚值标准差由 0.017 1 增大到 0.019 7,表明存在较大的行业异质性。

产业关联低是构成京津冀二三产业在区(县)尺度实现协同发展的较大阻碍。借鉴 Duranton 和 Overman (2008)、曼琦和席强敏(2014)的研究方法,根据产业关联与共同集聚两个属性将京津冀两产业细分行业间的组合划分为四个类型(见图 8-8)。在第一象限中,生产性服务业对制造业投入率高,并且两产业之间更具有邻近分布的概率,利于实现地方化集聚外部性;但是京津冀地区位于该象限的产业组合数占比不高,处于 10.3%～

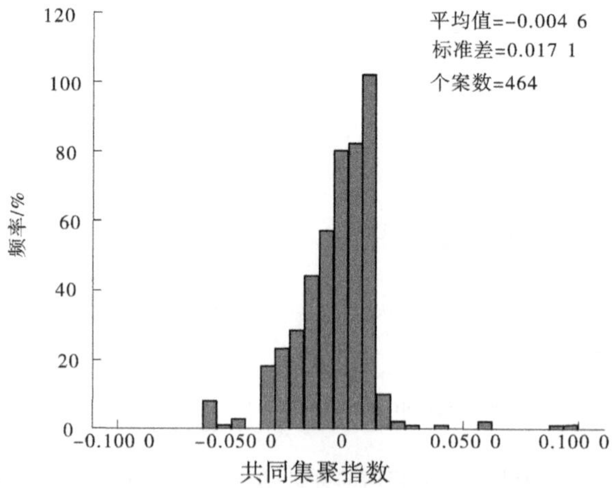

(a)2008年

图 8-7　区(县)尺度京津冀生产性服务业与制造业细分行业间的共同集聚指数频数直方图

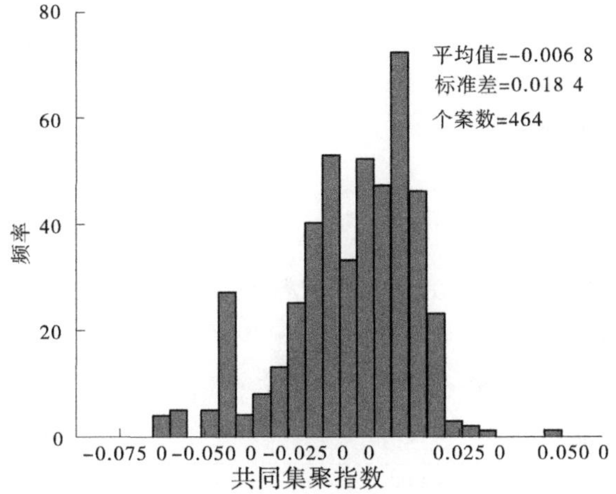

(b)2013年

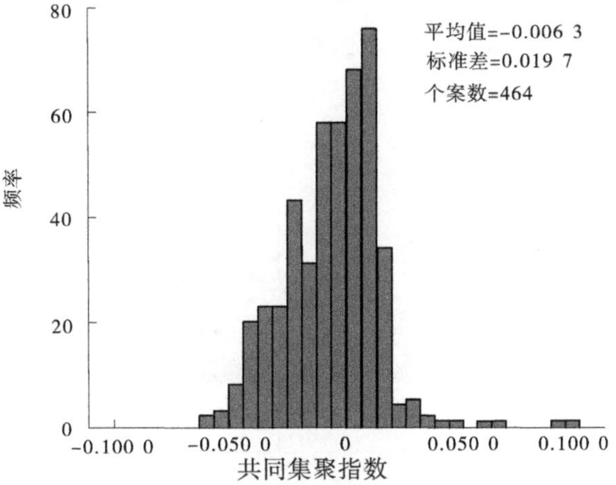

(c)2018年

续图 8-7

14%。位于该象限典型的组合有黑色金属、道路运输业的组合,以及交通运输制造业与商务服务业的组合(见表 8-4)。第二象限中,制造业通过"购买"异地的生产性服务业满足需求,较适宜形成制造业集聚区域与生产性服务业集聚区域之间的地域功能分工合作,从而促进京津冀区域一体化实现。这样的空间分布既可发生在城市内部,也可产生在省际城市之间。但位于该象限的组合数较小,占比在 10. 8% ~ 15%,这与席强敏和罗心然(2017)的研究较为一致,表明京津冀区域间的二三产业合作有进一步提升的空间。位于该象限典型的组合有商务服务业—酒、饮料和精制茶制造业、商务服务业—仪器仪表制造业。在第三、四象限中,制造业的生产性服务业投入水平不高,无法实现协同。动态来看,2008—2018 年,第三、四象限的组合数持续增多,而一、二象限的组合数呈现下降趋势。这表明产业关联的下降构成京津冀二三产业协同发展的较大阻碍。京津冀生产性服务业与制造业细分行业间共同集聚指数与产业关联四象限图及其中典型组合,见图 8-8、见表 8-7。

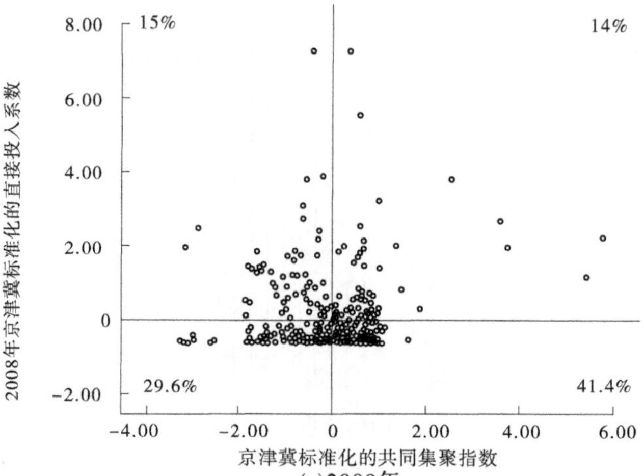

(a)2008年

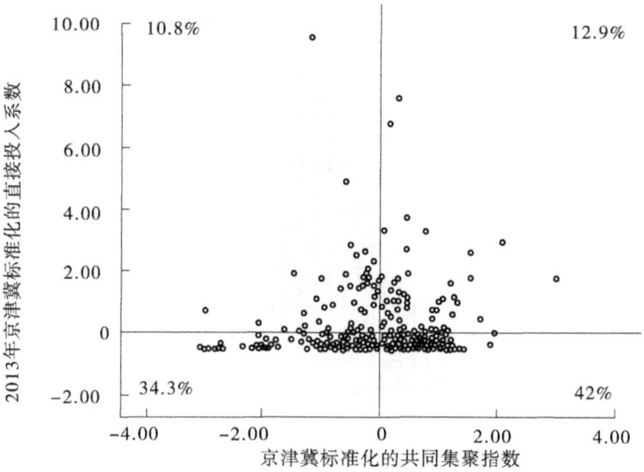

(b)2013年

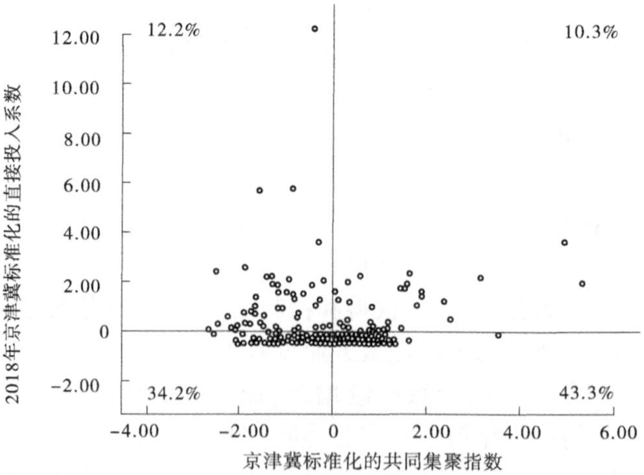

(c)2018年

图 8-8　京津冀生产性服务业与制造业细分行业间共同集聚指数与产业关联四象限图

表8-4　京津冀生产性服务业与制造业细分行业间共同集聚与产业关联四象限中典型组合

象限	关联形式	典型组合
第一象限	(高关联高集聚)	道路运输业-黑色金属冶炼和压延加工业、商务服务业-交通设备制造业
第二象限	(高关联低集聚)	商务服务业-酒、饮料和精制茶制造业、商务服务业-仪器仪表制造业
第三象限	(低关联低集聚)	软件和信息技术服务业-金属制品业、专业技术服务业-纺织业
第四象限	(低关联高集聚)	电信和其他信息传输服务业-医药制造业、航空运输业-酒、饮料和精制茶制造业

具体分行业来看,京津冀道路运输业与黑色金属冶炼和压延加工业等制造业部门具有较高的共同集聚水平。2008年,集聚程度最高的组合为道路运输业与黑色金属,为0.094 9。其次为道路运输业与纺织业、化学原料和化学制品制造业、通用设备制造业的组合。其他共同集聚指数大于0.02的还有商务服务业与黑色金属、交通设备制造业的组合。而共聚值小于-0.02的组合主要由以上提到的制造业部门与其他生产性服务业行业部门的组合构成。如共聚值最小的为航空运输业与黑色金属的组合,为-0.060 5;又如软件和信息技术服务业与黑色金属的共同集聚指数仅为-0.049 2。

2013年,共聚值最高的组合依然是道路运输业、黑色金属的组合。其次为道路运输业-非金属矿物制品业,商务服务业-非金属矿物制品业、商务服务业-黑色金属的组合。此外,共同集聚指数大于0.02的还有道路运输业、化学原料和化学制品制造业、通用设备制造业的组合,以及商务服务业-交通设备制造业的组合等。共同集聚指数远小于-0.02的组合同样主要由纺织业、非金属矿物制造业、黑色金属、金属制品业、通用设备制造业等与道路运输业、商务服务业以外的其他生产性服务业部门组成。2018年,各部门组合的共同集聚指数大于0.02的组合有所增加,除2013年的组合外,新增加了道路运输业-农副食品加工业、商务服务业-专用设备制造业的组合。

动态来看,生产性服务业与金属冶炼、金属制品业、交通设备制造业的共聚水平有所提高。2008—2013年、2014—2018年两个时间段,两产业的空间关系经历了不尽相同的变化。2008—2013年,道路运输业与印刷和记录媒介复制业,文教娱乐用品制造业,有色金属冶炼和压延加工业等空间邻近性显著增强;而与化学原料和化学制品制造业、黑色金属、金属制品业的空间共聚性显著减小。另外,黑色金属冶炼和压延加工业与各类生产性服务业的共聚指数下降明显。与此同时,科技推广和应用服务业与黑色金属的集聚度显著增强,与非金属矿物制造业、纺织业等部门的集聚度有一定增长。2014—2018年,黑色金属冶炼和压延加工业与道路运输业、信息服务业、商务服务业的共同集聚水平增长最多。另外,纺织业、非金属矿物制品业具有类似的趋势,但增长幅度较小。此外,商务服务业、道路运输业、专业技术服务业与农副食品加工业、金属制品业、交通设备制造业的共同集聚度有一定上升。这反映了在京津冀协同发展上升为国家战略后,传统产业升级的压力促使钢铁冶炼、传统汽车制造等产业提高了对相关生产性服务业的吸引。共聚指数下降较大的主要是商务服务业与各类劳动密集型与资本密集型制造业部门,这主要是非首都功能疏解以及环境规制促使相关产业从北京向冀津、从城区向边缘区转移的结果。

8.4 本章小结

本章基于区(县)尺度,利用京津冀经济普查数据,结合产业关联分析结果,对生产性服务业与制造业的空间分布及空间协同做了定量分析,主要有以下结论:

(1)在区(县)尺度,京津冀两产业在城乡聚落体系中既存在城乡分割的中心外围空间格局,也在部分郊区呈现出集聚区的空间重合。一方面,京津冀区(县)生产性服务业的空间分布具有大梯度层级分布的特点,集中与扩散并存,且存在行业异质性。北京中心城区集中度最高,其次是天津,再次是河北各地级市的城区。动态来看,京津冀生产性服务业的空间演变呈现出向城区进一步集中和郊区化并存的趋势。生产性服务业各门类空间格局具有差异,其中,物流服务业区(县)分布相对较为均衡,信息服务业区(县)差异最大,商务、科技、金融服务业居中。另一方面,京津冀区(县)制造业集中度相对较低,郊区化和向京津外围转移趋势明显,并存在行业差异。制造业就业规模大的区(县)多位于京津城市近远郊,各类型的制造业的增长也主要围绕各城市城区外围。京津冀区(县)劳动与资本密集型制造业由京津向河北转移趋势显著,技术密集型制造业虽然京津占比较高,但也存在向河北溢出的趋势。

(2)京津冀主要位于城区的生产性服务业与主要位于郊区的制造业存在空间协同,北京对环京部分区(县)存在辐射。其中,以技术密集型制造业与物流、商务、科技服务业最为显著。具体到细分行业,研究发现具有都市型特点的劳动、技术密集型制造业与生产性服务业的空间毗邻度最高。两产业的城郊协同区域主要有京津两个片区,环京的三河市、广阳区与涿州市等受到了北京的辐射。随着产业疏解,京津冀资本密集型制造业与各类生产性服务业的协同区域向天津、唐山、沧州转移。主要制造业部门如医药制造业、交通运输设备、计算机、通信和其他电子设备制造业与生产性服务业的城郊协同区域仍然主要分布在北京、天津两市内部。

(3)京津冀区(县)尺度上两产业共同集聚水平较低,但存在行业差异,产业关联低是区(县)二三产业实现协同发展的较大阻碍。动态来看,金属冶炼、交通设备制造业等与生产性服务业间的共聚程度有所提高。汽车制造业是交通设备制造业的典型部门,在产业链的串连下,北京顺义区汽车产业已经形成了整车制造、配套零部件、汽车科技服务、汽车商务、汽车物流等生产+服务的综合性产业集聚区,可以作为京津冀其他制造业集聚区高质量发展的标杆。

第 9 章　京津冀生产性服务业与制造业空间关系典型案例分析

本章选择典型行业和地区的案例,分别从地方和区域两个尺度介绍了京津冀生产性服务业与制造业的空间组织形式,以及其对区域发展的作用。首先,以京津冀上市公司为例,展示北京生产性服务业对天津、河北制造业上市公司的区域支持作用。其次,以北京顺义区汽车产业集群、天津滨海新区航空产业集群为例,展示配套生产性服务业对高技术制造业集群的支撑作用。最后,以河北省清河县羊绒产业集群为案例,分析该传统纺织产业区是如何通过发展生产性服务业来促进产业升级的。

9.1　北京生产性服务业支持京津冀制造业发展的案例

9.1.1　北京生产性服务业对天津、河北制造业上市公司的跨地区服务支持

9.1.1.1　北京会计师事务所为津冀上市制造企业提供审计服务

根据《中华人民共和国公司法》有关规定,上市公司的年度会计报表必须经过独立的会计师事务所审计。上市公司审计内容主要包括:

(1)公司财务收支审计。对上市公司的资金来源状况及资产、负债管理情况进行审计。同时,对有资金介入的部门、单位,不仅要审查其自身财务状况,还须重点检查资金的使用渠道和使用方向。

(2)公司经济效益审计。主要是审查、找出上市公司经营管理过程中存在的问题,并提出改进措施、建议,以更好地提高本部门或本单位的经营管理水平、提高经济效益。

(3)经济责任审计。经济责任审计是指审计人员依法对经济责任人所承担的经济责任的执行情况进行的审查。一般侧重于经营责任目标的审计,并通过审计资料和信息的积累,为离任责任审计服务。

证券资格会计师事务所是可以审计上市公司,参与 IPO 审计的会计师事务所。会计师事务所作为独立鉴证机构,承担着资本市场财务信息质量看门人的职责,在提高资本市场财务信息质量方面具有极端重要性。资本市场是以信息披露为核心的市场,财务信息是资本市场最为基础、最为重要的信息。高质量的财务信息有助于投资者作出正确的投资决策、形成合理的价格预期,更好地发挥市场配置资源的决定性作用,同时有助于及时揭示风险,为守住不发生系统性风险的底线创造有利条件,在推动资本市场更好地服务实体经济、防控金融风险、保护投资者合法权益等方面发挥着重要作用。

另外,会计师事务所与上市公司之间的聘用关系在短期内具有稳定性。中华人民共和国财政部财会〔2011〕24 号文件规定:会计师事务所连续承担同一家中央企业财务决算审计业务应不少于 2 年,不超过 5 年;进入全国会计师事务所综合评价排名前 15 位且审

计质量优良的会计师事务所，经相关企业申请、国资委核准，可适当延长审计年限，但连续审计年限应不超过8年。同一会计师事务所连续承担企业财务决算审计业务不应该超过5年，达到规定年限的上市公司必须强制轮换。

北京是中国主要的证券财务服务中心，由于地理上的邻近性，通常天津、河北两省（市）制造业上市公司会选择北京的会计师事务所提供年报审计服务。据中国证券监督管理委员会网站公示的《从事证券服务业务会计师事务所名录（截至2021年9月30日）》[1]，全国74家从事证券服务业务的会计师事务所中，北京有31家，占全国的41.9%。相比之下，天津只有2家，河北仅有1家。截至2020年12月，天津共有60家上市公司，其中，制造业33家，主要集中在医药生物、专用设备、计算机和通信设备等行业。天津33家制造业上市公司2020年公司年报中，共有20家选择聘用北京的会计师事务所为其提供审计服务（见表9-1）。河北上市公司共有62家、制造业46家，大多从事化工、钢铁、医药生物等行业。查询2020年河北46家制造业上市公司年报，84.8%的企业聘请了北京的会计师事务所为其提供审计服务（见表9-2）。

表9-1　2020年天津制造业上市公司与北京会计师事务所的聘请关系

天津制造业上市公司名称	聘请的北京会计师事务所
天津滨海能源发展股份有限公司	立信会计师事务所（特殊普通合伙）
天津富通信息科技股份有限公司	中兴财光华会计师事务所（特殊普通合伙）
天津普林电路股份有限公司	天职国际会计师事务所（特殊普通合伙）
天津力生制药股份有限公司	信永中和会计师事务所（特殊普通合伙）
天津九安医疗电子股份有限公司	大华会计师事务所（特殊普通合伙）
天津汽车模具股份有限公司	信永中和会计师事务所（特殊普通合伙）
天津桂发祥十八街麻花食品股份有限公司	立信会计师事务所（特殊普通合伙）
凯莱英医药集团（天津）股份有限公司	容诚会计师事务所（特殊普通合伙）
天津红日药业股份有限公司	信永中和会计师事务所（特殊普通合伙）
天津经纬辉开光电股份有限公司	信永中和会计师事务所（特殊普通合伙）
天津膜天膜科技股份有限公司	致同会计师事务所（特殊普通合伙）
天津利安隆新材料股份有限公司	天职国际会计师事务所（特殊普通合伙）
建科机械（天津）股份有限公司	大华会计师事务所（特殊普通合伙）
天津锐新昌科技股份有限公司	信永中和会计师事务所（特殊普通合伙）
天津捷强动力装备股份有限公司	容诚会计师事务所（特殊普通合伙）

[1] http://www.csrc.gov.cn/newsite/kjb/sjypgjgba/202109/t20210930_406414.html.

续表 9-1

天津制造业上市公司名称	聘请的北京会计师事务所
天津中新药业集团股份有限公司	信永中和会计师事务所(特殊普通合伙)
天津友发钢管集团股份有限公司	立信会计师事务所(特殊普通合伙)
恒银金融科技股份有限公司	信永中和会计师事务所(特殊普通合伙)
天津七一二通信广播股份有限公司	立信会计师事务所(特殊普通合伙)
天津久日新材料股份有限公司	大华会计师事务所(特殊普通合伙)

表 9-2　2020 年河北制造业上市公司与北京会计师事务所聘请关系(部分)

河北制造业上市公司名称	聘请的会计师事务所
河北汇金机电股份有限公司	中勤万信会计师事务所(特殊普通合伙)
唐山汇中仪表股份有限公司	立信会计师事务所(特殊普通合伙)
河北承德露露股份有限公司	天职国际会计师事务所(特殊普通合伙)
河北衡水老白干酒业股份有限公司	利安达会计师事务所(特殊普通合伙)
石家庄常山纺织股份有限公司	中兴财光华会计师事务所(特殊普通合伙)
开滦能源化工股份有限公司	利安达会计师事务所(特殊普通合伙)
龙星化工股份有限公司	天职国际会计师事务所(特殊普通合伙)
乐凯胶片股份有限公司	致同会计师事务所(特殊普通合伙)
河北宝硕股份有限公司	大华会计师事务所(特殊普通合伙)
沧州大化股份有限公司	天职国际会计师事务所(特殊普通合伙)
唐山三友化工股份有限公司	中喜会计师事务所(特殊普通合伙)
河北金牛化工股份有限公司	致同会计师事务所(特殊普通合伙)
新奥天然气股份有限公司	中喜会计师事务所(特殊普通合伙)
石家庄以岭药业股份有限公司	中勤万信会计师事务所(特殊普通合伙)
河北常山生化药业股份有限公司	中喜会计师事务所(特殊普通合伙)
华北制药股份有限公司	中天运会计师事务所(特殊普通合伙)
恒天天鹅股份有限公司	中喜会计师事务所(特殊普通合伙)
沧州明珠塑料股份有限公司	中喜会计师事务所(特殊普通合伙)
唐山冀东水泥股份有限公司	信永中和会计师事务所(特殊普通合伙)
新兴铸管股份有限公司	大华会计师事务所(特殊普通合伙)

9.1.1.2　北京律师事务所为津冀上市制造企业提供法律咨询服务

根据《律师事务所从事证券法律业务管理办法》,律师事务所和律师的主要职责是:为企业证券发行、上市和交易等证券业务活动提供的制作、出具法律意见书等文件的法律服务(见图 9-1)。比如在企业发行上市过程中,收集股份公司相关资料,依法进行全面的尽职调查,编制股份公司股票发行与上市的法律意见书。参与起草招股说明书,就其是否存在法律风险作出公正的判断,并就其中相关问题提出专项法律意见。又比如为上市公司的收购、重大资产重组及股份回购、实行股权激励计划、上市公司召开股东大会提供书面的法律意见服务。

君合律师事务所

JUNHE

北京市建国门北大街 8 号华润大厦 20 层
邮编：100005
电话：(86-10) 8519-1300
传真：(86-10) 8519-1350
junhebj@junhe.com

北京市君合律师事务所

关于天津桂发祥十八街麻花食品股份有限公司

回购部分社会公众股份事宜之法律意见书

致：**天津桂发祥十八街麻花食品股份有限公司**

北京市君合律师事务所（以下简称"**本所**"或"**君合**"）接受天津桂发祥十八街麻花食品股份有限公司（以下简称"**公司**"或"**桂发祥**"）的委托，根据《中华人民共和国公司法》（以下简称"**《公司法》**"）、《中华人民共和国证券法》（以下简称"**《证券法》**"）、《深圳证券交易所股票上市规则》（以下简称"**《上市规则》**"）、《上市公司回购社会公众股份管理办法（试行）》（以下简称"**《回购办法》**"）、《中国证券监督管理委员会关于上市公司以集中竞价交易方式回购股份的补充规定》（以下简称"**《补充规定》**"）、《深圳证券交易所上市公司以集中竞价方式回购股份业务指引》（以下简称"**《回购指引》**"）等中国（本法律意见书所指"**中国**"不包括香港特别行政区、澳门特别行政区和台湾地区）现行法律、行政法规、部门规章及规范性文件和《天津桂发祥十八街麻花食品股份有限公司章程》（以下简称"**《公司章程》**"）的有关规定就公司以集中竞价交易方式回购公司部分社会公众股份事宜（以下简称"**本次回购股份**"），出具《北京市君合律师事务所关于天津桂发祥十八街麻花食品股份有限公司回购部分社会公众股份事宜之法律意见书》（以下简称"**本法律意见书**"）。

为出具本法律意见书，本所律师依据《律师事务所从事证券法律业务管理办法》（以下简称"**《业务管理办法》**"）和《律师事务所证券法律业务执业规则（试行）》（以下简称"**《执业规则》**"）等有关规定，查阅了按规定需要查阅的

图 9-1　法律意见书样例

通过天眼查网站,以及巨潮资讯网查阅上市公司信息,发现河北、天津制造业上市公司大部分都聘请北京的律师事务所为其提供法律服务。其中,河北 46 家制造业上市企业中,共有 40 家选择北京的律师事务所;天津 33 家制造业企业中,21 家选择北京的律师事务所,5 家选择北京律师事务所在天津的分支机构。显然,北京的律师事务所为津冀两地

制造业企业在证券市场进行正常融资活动提供了必不可少的法律专业咨询服务。

9.1.2　北京顺义汽车制造业与相关生产性服务业的共同集聚

顺义区是北京市的汽车产业基地之一。2003 年初，选址顺义区的北京汽车生产基地开始全面建设。北京现代汽车是汽车基地引进的第一家企业，同时，北京现代摩比斯汽车零部件有限公司、北京现代海斯克钢材有限公司、北京机电院高技术有限公司等配套企业相继入驻。顺义区汽车产业链向全区范围辐射，形成以汽车基地为核心，辐射杨镇、南彩等地的组团式产业集群。通过多年发展，顺义已形成以研发设计为引领，以整车及核心零部件制造为基础，以汽车金融、汽车销售、展示体验、共享出行、无人驾驶等业态为延伸的产业生态。汽车产业也是《顺义区国民经济和社会发展第十四个五年规划和二〇三五年远景目标纲要》所确定的创新产业集群中的关键内容。

顺义区汽车制造企业包括北京奔驰新能源、北京现代、北汽越野、理想汽车、京环装备特种车 5 大整车企业（见图 9-2～图 9-4），并有北京海纳川瑞延汽车饰件有限公司、北京现代摩比斯汽车零部件有限公司、费尔特兰（北京）汽车滤清系统有限公司、北京韩太汽车部件有限公司、北京兴福赛汽车饰件有限公司等 100 余家零部件企业。截至 2020 年 12 月，该区累计生产汽车超过 1 000 万辆，汽车及零部件企业累计实现产值 1.5 万亿元，累计实现税收 1 200 亿元。

图 9-2　北京汽车产业研发基地

首先，汽车制造业的发展吸引了汽车商务与展览服务业的同步发展。顺义拥有汽车

(a)　(b)　(c)　(d)

图 9-3　北京顺义区部分整车生产工厂

(a)　(b)

图 9-4　北京顺义区部分汽车配件企业

金融、汽车贸易类企业，如北京汽车国际发展有限公司、北京汽车城投资管理有限公司、北京欧德宝汽车贸易有限公司等。顺义在展览领域具有得天独厚的条件。2008 年 3 月，新国展一期展馆建成投入使用，成为北京市规模最大的室内展馆（见图 9-5）。围绕该中心建立的新国展产业园内入驻有北京中展投资发展有限公司、北京中投创展置业有限公司、北京国展国际展览有限公司、北京时代龙马国际会议展览有限公司等重点企业。在相关展览企业的配合下，北京国际汽车展览会多次在新国展举办(见图 9-6)。

图 9-5　顺义区中国国际展览中心新馆

图 9-6　2020(第十六届)北京国际汽车展览会

其次，在汽车科技服务方面，顺义聚集了汽车研究与试验发展、整车与零部件产品检测检验、科技推广与应用等相关企业。研究与试验发展企业有宝马研发中心、北京理工新能源电动汽车工程研究中心有限公司、北京北汽越野车研究院有限公司、北京长城华冠汽车科技股份有限公司等；检测检验专业服务业企业主要有北京宏鑫机动车检测有限公司、交科院检测技术(北京)有限公司等；科技推广与应用企业主要有北京汽车股份有限公司、北京小桔新能源汽车科技有限公司、北京首钢新能源汽车材料科技有限公司、海卓珍氢能源技术有限公司等。

国家汽车质量监督检验中心(北京)(见图 9-7)于 2014 年由国家质检总局批准，依托北京市产品质量监督检验院建设。该中心建有碰撞安全实验室、零部件实验室、整车性能实验室、排放节能实验室、灯光电器与新能源实验室、电磁兼容实验室、材料与油品实验室、仿真实验室、新能源汽车监控中心、缺陷工程分析实验室。检测领域涵盖碰撞安全、整车性能、节能环保与新能源、零部件、材料与油品等，覆盖 121 个产品、1 708 个参数。该中心通过开展汽车及其零部件、相关材料等检验测试服务，为顺义汽车企业研发提供高水平、专业化的检验和开发测试服务平台。另外，通过开展国际比对和技术交流，与其他国家实验室进行互认合作，为顺义汽车进入国外市场开辟绿色通道。

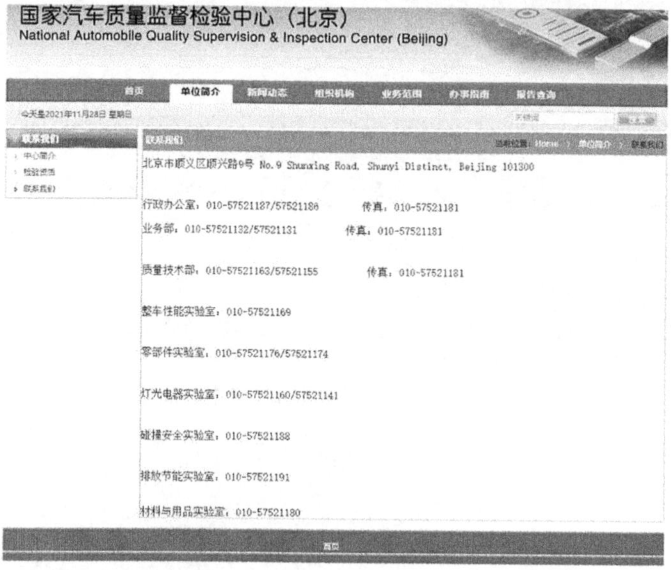

图 9-7　国家汽车质量监督检验中心(北京)网站截图

最后，北京顺义汽车产业集群带动了汽车物流业的发展。北京顺义汽车产业集群整车运输企业规模较大的有长久物流和中远物流等。在北京现代发展早期，长久物流承担了 45%的业务量，中远物流负责北京现代 100%的进口采购物流业务和 50%以上的全国商品车配送业务，并担负运送 MOBIS 变速器、MOBIS 模块到北京现代生产线的服务。

9.1.3　北京顺义汽车制造业与相关生产性服务业共同集聚的案例

北京顺义区汽车产业生态如图 9-8 所示。

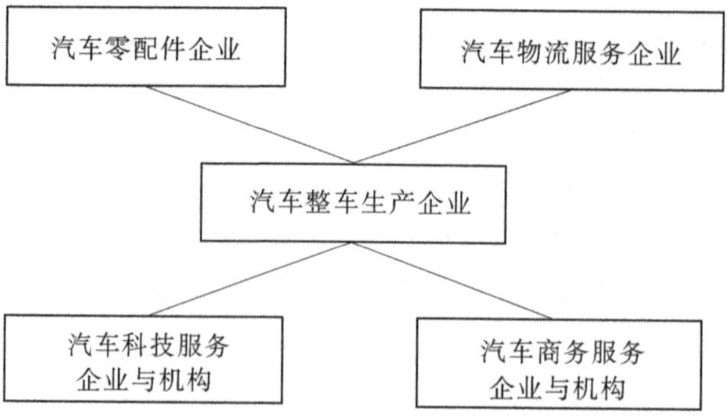

图 9-8　北京顺义区汽车产业生态

在汽车科技服务方面，顺义聚集了汽车研究与试验发展、整车与零部件产品检测检验、科技推广与应用等相关企业。研究与试验发展企业有宝马研发中心、猎豹汽车研究院、北京汽车研究总院有限公司、北京现代汽车技术中心等(见图 9-9)；检测检验专业服务企业主要有北京宏鑫机动车检测有限公司、交科院检测技术(北京)有限公司等；科技推广与应用企业主要有北京汽车股份有限公司、北京小桔新能源汽车科技有限公司、海卓珍氢能源技术有限公司等。值得注意的是，造车新势力理想汽车在顺义区拥有研发总部，并着手收购北京现代第一工厂，将其改造为自己的生产工厂，实现从“北京研发服务+京外生产”，向“京内研发+生产”的发展模式转变。

(a)　(b)　(c)　(d)

图 9-9　北京顺义区汽车科技服务相关单位

(e) (f)

续图 9-9

北京市产品质量监督检验院如图 9-10 所示。

图 9-10 北京市产品质量监督检验院

顺义汽车产业集群需要配套物流业。汽车产业集群中规模较大的整车运输企业主要有中首物流、长久物流和中远物流等。长久物流在北京现代发展早期,承担了较大比重的业务量,中远物流负责北京现代一半以上的全国商品车配送业务和全部进口采购物流业务,并担负运送关键部件到北京现代生产线的任务。另外,顺义区汽车零配件仓储业也得到同步发展,作者在实地调研中发现,北京理工大学电动车技术有限公司在顺义金马工业园设有仓储基地(见图 9-11)。

(a)　(b)　(c)　(d)

图 9-11　北京顺义区汽车运输场景及相关物流园与仓储基地

9.2　天津、河北生产性服务业配套支持制造业发展案例

9.2.1　天津滨海新区航空制造业与相关生产性服务业的协同发展

天津滨海新区位于天津东部沿海，自 20 世纪 80 年代以来逐步成为天津经济开发的重心。1986 年，在国务院批复的《天津市城市总体规划方案》中，首次提出了“全市工业布局向沿海转移”“建设发展滨海地区”的战略。1994 年，天津正式提出“滨海新区”概念，并组成协调各行政区与功能区单位行动，至 2002 年，基本完成滨海新区建设计划。2006 年，滨海新区开发开放被纳入国家发展战略，得到国家政策、资源的大力支持。2008 年，行政区划改革，天津市塘沽区、汉沽区、大港区撤销，设立滨海新区。此后，2013 年、2018 年滨海新区先后进行功能区、行政区的精简与梳理，目前，滨海新区行政区划面积 2 270 km^2，辖天津经济技术开发区、天津港保税区、天津滨海高新技术产业开发区、天津东疆保税港区、中新天津生态城 5 个国家级开发区、21 个街镇（中共天津市委党史研究室，滨海新区区委党史研究室，2016）。2019 年，滨海新区对全市增长的贡献率在 50% 以上。据

《人民日报》2019 年 11 月的报道，2018 年，滨海新区以占京津冀地区 1%的土地面积，创造了京津冀地区 8.7%的生产总值和 6.8%的一般公共预算收入，成为推动京津冀协同发展的重要动力源。

航空产业是天津滨海新区重要的支柱产业之一。目前，滨海新区成为国内重要的民用飞机和零部件制造业基地、我国北方地区重要的国际航空货运枢纽、全国航空租赁和金融中心、国家级大型宇航产品研制基地，产业经济规模超过 1 000 亿元。中国航空工业集团、中国航天科技集团、中国航天科工集团三家国内航空航天产业领军企业相继落户天津滨海新区。天津已经形成了以航空制造业为核心，以航空租赁业和航空运输业为主干，集航空研发、航空制造、航空物流以及航空金融等多个行业于一体的较为完整的航空产业链。

滨海新区航空制造业经历了从无到有的发展过程。2006 年空中客车 A320 系列总装生产线在天津建设，该项目由空中客车公司与由天津保税区、中国航空工业第一集团公司和中国航空工业第二集团公司组成的中方联合体共同签署框架协议。空中客车 A320 总装生产线自落户以来，围绕其进行相关配套或服务的古德里奇、PPG、泰雷兹、左迪雅戈、英德拉、西飞机翼等 50 个航空制造项目相继落户滨海新区。2008 年，中国航空工业集团和天津保税区共同组建中国航空工业直升机公司。2009 年 4 月 8 日，直升机研发制造基地项目全面开工建设。2017 年，欧洲直升机公司“小松鼠”系列轻型直升机客户化中心正式落户天津空港经济区，进一步完善了直升机生产链体系。

在航空物流方面，滨海新区依托空港国际物流区、综合保税区引进重点企业。空港国际物流区引进顺丰、圆通、中通、韵达等多家快递项目；中外运生物医药监管库、公共拼装区、华宇快件中心等投入运营。依托综合保税区内的平台企业，中航物流、霍尼韦尔亚太物流中心和三星通信原材料分拨中心启动运作。航空总部不断进驻天津滨海新区，奥凯航空总部入驻空港商务园，中航直升机总部迁入空港。

航空维修是航空产业链上不可缺少的一环，具有技术含量高、附加值高、投资大等优势。长期以来，滨海新区采取多项措施稳步推进航空维修产业发展，吸引大型维修企业落户区内，实现由单一的检测、维修向飞机改装、制造等高附加值方向转型。截至 2019 年，滨海新区保税区已聚集航空维修企业 10 余家，业务涵盖大飞机、公务机、直升机、发动机、发动机短舱、关键零部件维修和飞机客改货等领域，并成功探索整机保税维修、小时包修等创新模式[1]。其中，天津海特飞机工程有限公司成为天津首家同时具备飞机整机和部分附件维修能力的航空维修企业。

飞机租赁作为金融业与航空业融合发展的重要业态，是航空运输产业链的重要一环，能够有效推进航空业的产能升级，服务国产大飞机拓展市场，促进实体经济循环。飞机租赁是以飞机为租赁物的租赁业务，是航空公司化解机队扩张与资金短缺矛盾的有效途径。飞机租赁方式可分为飞机融资租赁和飞机经营租赁。天津东疆保税港区是全球继爱尔兰之后拥有飞机资产最多、世界第二大的飞机租赁聚集地，聚集了大量租赁公司，飞机资产囊括数十种机型。天津东疆保税港区开展了多项政策试点和监管创新，先后与柬埔寨、马

---

[1] https://www.ndrc.gov.cn/fggz/cxhgjsfz/dfjz/201902/t20190221_1159419.html? code=&state=123。

来西亚、尼泊尔、格鲁吉亚、巴基斯坦等多个国家的航空公司合作,开展了离岸飞机租赁业务。自2009年底开始,天津东疆保税港区逐步探索出单机公司、保税租赁、离岸租赁等"东疆模式"。

飞机租赁与航空运输业活动的顺利展开离不开相关商务服务业的支持。比如天津航空金融服务有限公司、天津东疆航空资产市场管理有限公司,向市场提供租赁管理服务、航空租赁业务咨询、航空投融资方案设计、飞机残值处理、航空融资和租赁产品结构设计、航空租赁资产交易经纪服务等。又如天津渤海供应链管理有限公司,向市场提供供应链管理、代办仓储、保税仓储、航空国际货物运输代理等业务。

航空科技服务业也是天津航空产业链上的重要一环。天津滨海新区航空产业区,除拥有机场和飞机制造业外,还布局有一所综合性民航大学——中国民航大学,为航空产业区提供技术支持。另外,衍生一批飞机零部件和无人机研发与设计、检测认证、技术转让等科技服务企业,如一飞智控、天津京航智控、天津全华时代等。据报道,华翼蓝天科技有限公司成功研制了空中客车A320飞机和波音飞机全任务飞行模拟机,一举打破了国外厂家在民用客机训练器产品上的垄断,成为我国唯一取得空中客车公司和波音公司数据包授权的国内企业。

9.2.2　河北邢台清河县羊绒产业集群依靠生产性服务业升级发展

河北清河羊绒产业,发展始于20世纪70年代末,已形成从原绒采购、分梳、纺纱、织衫、织布到制衣完备的产业链条,年加工经销山羊绒6 000 t、绵羊绒50 000 t,分别占全国总量的50%、90%;纺纱7 000 t,其中山羊绒纱线3 000 t,占全国总量的45%;织衫3 000万件以上,其中山羊绒衫600万件,占全国总量的21%。现有规模以上企业48家,一般纳税人企业1 170家。2019年,产业实现营业收入232.9亿元、税收3.11亿元、出口2.38亿美元、电商成交额90亿元,为全国最大的羊绒加工集散地和纺纱基地。该县羊绒产业集群的发展壮大与生产性服务业的配套支持密切相关。

9.2.2.1　金融服务——羊绒集群仓储贷

清河县羊绒生产企业多以民营中小企业和个体工商户为主,这些企业回款周期长,需要储备大量资金保证生产。然而,企业大部分资金用于羊绒原料的收购,缺少房产等传统质押物。羊绒产品价值稳定、不易变质、储存便捷,是很好的质押产品,中国农业银行邢台市支行与第三方评估机构合作,创新金融服务。规定企业可将羊绒存货交由第三方评估机构进行价值评估,并据此申请贷款,有效解决了企业无质押物融资难问题。

9.2.2.2　商务服务——清河国际羊绒及绒毛制品博览会、电子商务

1994年,清河成功举办了首届清河国际羊绒交易会,此后每年一届,至2021年已举办28届。历届羊绒交易会,不但把清河羊绒及制品展示给了国内外的客商,而且通过羊绒交易会促进了产业集群与国内外业界的交流。同时,清河国际羊绒及绒毛制品博览会,是提高清河知名度和展示良好形象的平台,包括意大利的哥伦布、香港的金利来等在内的国内外知名企业纷纷把巨资投向清河,早在2007年,全县通过羊绒博览会搭桥建成投产的合资企业已近40家。

2021年第28届交易会开幕式上,第二届电商节同步进行,突出线上、线下联动。线

下组织了国内与清河电商关系密切的 7 个产业集群，共计 100 家企业在清河参展，包括广东大朗毛衫、浙江桐乡濮院毛衫以及河北省内的大营皮草、肃宁服饰等产业集群集体亮相本届羊绒交易会。同时，本届交易会还搭建了两条网红直播街，召集了清河 64 家知名企业和网红主播在这里开设全时空、强互动、可定向的参展商专属直播间。此外，还举行了第二届清河电商节对接大会暨百名网红电商选品活动，来自全国各产业集群的实体企业负责人与清河的电子商务从业者、网红主播进行了深入对接，达成了多项合作意向。交易会期间，羊绒小镇综合管理中心与中国针织工业协会合作建设的“中国针织纱线流行趋势（清河）展示基地”正式落成。该基地由东华大学等行业专家根据当前的流行趋势，制作 100 款花型布片和 20 款成衣进行最新趋势的展示，为企业科学把握流行趋势、精准进行产品设计提供了有益借鉴。

互联网技术扩展与应用，使清河羊绒产业搭上了电子商务快车。依托羊绒特色产业，清河电子商务蓬勃发展，网店达 3 万多家，年销售额达 35 亿元，从业人员达 6 万人，涌现出 14 个淘宝村、2 个淘宝镇，是国家级“电子商务示范基地”。清河羊绒制品的网络销售量已经占据长江以北地区毛衫类电子商务销量的 20%以上，成为全国最大的羊绒制品网络营销基地，其“专业市场+电子商务”的新型电子商务模式，被认定为中国电子商务发展的三种模式之一。2021 年第 28 届交易会开幕式上，中国纺织工业联合会流通分会正式授予清河羊绒小镇“中国服装电商直播基地”荣誉称号。

目前，清河电子商务交易额已经突破 110 亿元，直播销售占据 70%的市场份额，全县主播数量超过 10 000 人，为了推动网红直播业务的发展，清河县政府搭建了多个创业孵化平台。交易会期间，总投资 4 000 余万元、建筑面积达 6 000 m^2 的清河新电商孵化中心正式建成并投入使用。为新电商行业培育孵化专业人才，成为推动清河直播电商发展的又一空间载体。

9.2.2.3 科技服务——工业设计、技术研发

历经 40 多年的发展，清河已形成完整的羊绒产业生产、加工和销售链条，年分梳山羊绒、纺纱、织衫分别占全国市场份额的五成、四成、两成，年产值达 240 亿元。但在过去，由于品牌、设计、研发的不足，清河羊绒长期处于产业的中低端，为国内外多个知名品牌供应羊绒、纱线乃至代加工成衣，利润十分微薄。例如，某个国外大品牌 50%的羊绒产品用的都是清河生产的纱线，1 kg 纱线可以制成 5 件售价 3 万元的成品，但清河的纱线原材料 1 kg 出口价只有 1 000 多元。

出现产业规模和利润倒置现象，根源在于品牌和设计的缺失。为破解这一发展瓶颈，近年来，清河以“设计+”为突破口，清河羊绒将通过向工业设计发力来实现转型升级，延伸产业链，创新供给链。该县出资 3 000 万元，与武汉纺织大学等 3 所高校、10 家服装设计机构合作，成立清河羊绒设计研发中心、省级羊绒产业技术研究院，构建产、学、研相结合的创新体系，推动工业设计成果产业化。与中关村合作成立羊绒产业创新中心，加强羊绒功能材料研发。与中国科学院相关院所合作建设创新实验室、创新创业学院，为羊绒产业创新发展提供有力支撑。通过搭建高端设计师工作平台，每年研发设计新款羊绒服饰 1 000 余款，免费为企业提供制版工艺 3 000 余次，直接为企业增效 1 亿余元，受益企业 180 余家。数据显示，到 2018 年底，清河羊绒初加工占有率已由过去的 65%下降到现在

的45%,深加工由10%提升到25%。2019年10月,清河羊绒服装设计师协会正式成立。该协会通过积极整合清河乃至全国行业资源,不断吸引、培养更多优秀设计师,致力成为政府、行业及设计师之间的桥梁与纽带。

河北清河羊绒产业通过向工业设计发力实现转型升级,从最初的分梳原料,逐步发展为如今从分梳、纺纱、织布到织衫的完整产业体系,初步实现了从“羊绒之都”到“羊绒纺织名城”的转变。以“设计+”带动品牌成长,清河羊绒品类商标注册量已突破4 000个,在全国县域中排名第一位。该县拥有国家地理标志证明商标“清河羊绒”1个、中国驰名商标3个、中国服装成长型品牌53个。

9.3　本章小结

本章通过典型案例展示京津冀具有产业关联的生产性服务业与制造业的空间组织模式及其作用,得出以下结论:

(1)京津冀区域范围内,以专业服务业为代表的高端生产性服务业高度集中在北京城区。由于地域邻近的优势,天津、河北以及北京郊区的上市制造业公司大多选择北京城区的专业服务企业获得相应服务。

(2)京津冀各地方制造业集群的发展离不开集群内生产性服务业的配套。一方面,北京顺义区汽车产业集群、天津滨海新区航空产业集群的案例表明,先进制造业的发展需要与之相关的配套生产性服务业协同布局与协作。另一方面,河北清河羊绒产业升级的经验也表明,传统制造业实现转型升级离不开生产性服务业的支持。

第10章 京津冀生产性服务业投入对制造业提升的空间效应与机制

由前文分析可知,生产性服务业在京津冀的空间分布具有高度的集聚性,且可跨行政区进行异地贸易。本书拟通过建立线性回归模型,实证分析与本地生产性服务相比,异地服务是否能显著提升本地制造企业的生产效率这一科学问题。另外,通过分析行政区界对中心效应的阻碍作用是否显著存在,评估生产性服务业在京津冀产业协同发展中的作用。验证在京津冀这一跨省城市群地区,生产性服务业的中心效应是否遵循中心地理论法则,并判断其波及的空间范围。

10.1 问题提出和研究假设

制造业是生产性服务业的重要使用者。作为知识和信息等无形投入要素的生产者和提供者,生产性服务业的投入对制造业企业效率具有潜在的提升促进作用。从经济地理学视角看,这种促进作用一方面表现在城市化集聚区或者专业化集聚区内的蜂鸣,另一方面表现在全球管道、全国管道、区域管道内跨地区流动。

10.1.1 协同集聚效应与挤出效应

产业集聚和产业集群理论认为,生产性服务业企业是集群中重要的组成部分。作为专业化知识的提供方,生产性服务业企业是新马歇尔式产业集群内创新环境的建造者。在竞争优势理论中,生产性服务业是区域内优势产业的辅助性机构。通过为不同行业客户提供服务,生产性服务业企业搭建起了跨行业知识和技术沟通的桥梁,为区域产业演进提供孕育环境。如工业设计企业通过为家电企业服务积累的某些知识,可以转移到电子产品的客户产品中去。

然而,生产性服务业企业和制造业企业具有各自的产业特性,其区位选择具有不同的偏好。其中,制造业企业通常占地面积大,对于地价较为敏感,而生产性服务业企业通常可以支付较高的地租。在城区中,后者的发展往往对前者的空间形成挤压,迫使前者向郊区转移,这在大城市更为普遍。

由前面章节研究可知,京津冀生产性服务业与制造业具有高度的空间差异性,因此提出假设一:生产性服务业对本地制造业的效率提升作用小于挤出效应。此外,由于知识基础的差异(Growe, 2016; Wagner and Growe, 2020a),以及技术知识含量的不同(Gallego and Maroto, 2015),生产性服务业不同部门空间区位具有差异,并且对制造业的效率提升作用具有行业异质性,因此提出假设二:生产性服务业对制造业的效率提升效应具有部门异质性。

10.1.2　流动空间与地方空间

不同于必须面对面提供服务的消费性服务业产品，生产性服务业具有可贸易性，可通过跨地区对外输送为本地赚取“外汇”。尽管生产性服务业也具有面对面提供的需求，但随着信息技术和交通方式的进步，其输送方式和范围不断扩大。

其远距离输出方式多样。第一，可依托物质介质，如软件包等，通过电信网络等虚拟渠道传送。第二，生产性服务业企业派遣技术员工到外地提供面对面的专业性服务。第三，生产性服务业企业及其客户可在展览会、博览会等第三方空间，通过创造临时性的地理邻近完成服务交易(Growe，2019b；Wagner and Growe，2020b)。

在信息化日益深化的知识经济时代，流动空间正在逐步替代地方空间成为经济活动空间组织的主要形式。生产性服务业，尤其是高端生产性服务业被普遍认为是流动空间的塑造者。这种作用在全球表现为全球城市的形成和世界城市网络的构建。在区域则表现在巨型城市-区域(也有学者用城市群、巨型区域、大型都市连绵区等名词指代)的出现，并且日益向功能多中心方向演化发展。

不同于早已进入后工业社会的西方发达国家，中国现阶段仍处在工业化中后期，制造业在国民经济和区域发展中仍然扮演重要角色。与此同时，在中国特色社会主义市场经济中，政府与市场均在资源配置中发挥关键作用。但转型期行政区经济的存在(刘君德，2006)，阻碍了区域经济一体化进程(孙久文，2020)。

因此，在中国大型城市群地区，关于生产性服务业对制造业的供给模式，存在两个问题亟待解决。流动空间是否超越地方空间成为区域经济活动的主导力量。生产性服务业对制造业的空间互动，如何共同影响各级城市(镇)之间，以及城乡之间的关系，进而重塑城市群空间形态？

基于以上考虑，本书提出第三点、第四点假设。假设三：京津冀生产性服务业对制造业的效率提升作用超越了行政边界，可跨区域辐射；假设四：中心地理论(行政区原则)依然对生产性服务业的传输产生影响。

10.2　模型构建、变量说明与数据来源

10.2.1　模型构建

为检验生产性服务业对制造业效率的作用，本节借鉴 Yang 等(2018)的建模思路，同时考虑企业、产业与空间因素对制造业生产效率的影响。

首先，引入科布-道格拉斯生产函数公式：

$$Y = AL^{\theta}K^{\beta}H^{\varphi} \tag{10-1}$$

式中：Y 为制造企业的总产值，是劳动力(L)、资本(K)、人力资本(H)的函数；A 为效率参数，代表外部影响全要素生产率的因素。

其次，假定全要素生产率是一个指标函数，有衡量生产性服务业投入、集聚经济效应和企业属性等因素的作用。其公式为：

$$A = \exp(\alpha_0 + \sum_{i=1}^{I} \alpha_i \ln X_i + r_i + i_i + o_i) \tag{10-2}$$

最后，将式(10-2)代入式(10-1)，通过方程两边同除以 L 并分别求导，式(10-1)可转化为一个可检验的线性方程：

$$\ln\left(\frac{Y}{L}\right) = \alpha_0 + \beta\ln\left(\frac{K}{L}\right) + \varphi\ln\left(\frac{H}{L}\right) + \sum_{i=1}^{I} \alpha_i \ln X_i + r_i + i_i + o_i + \varepsilon \tag{10-3}$$

式中：$\ln\left(\frac{Y}{L}\right)$ 为单位就业人员的产出，$\frac{K}{L}$ 和 $\frac{H}{L}$ 分别为资本劳动比率和人力资本劳动比率；X_i 为生产性服务业、集聚经济效应和企业属性等一系列变量；r_i、i_i 和 o_i 分别为区域、产业部门、所有权等与制造业生产率相关的哑变量。

10.2.2　变量说明

10.2.2.1　因变量

劳动生产率(LP)，由每个制造企业的单位劳动生产总值衡量。图 10-1 展示京津冀制造企业劳动生产率的变化范围。参考 Yang 等(2018)的做法，将劳动生产率按照两位数行业代码分类，并计算每个两位数部门劳动生产率的平均值和中位数。同时，报告各部门企业劳动生产率第十百分位数和第九十百分位数的值。从图 10-1 可知，各部门之间的劳动生产率分布具有明显的差异。其中，医药制造部门(27)、黑色金属冶炼和压延加工业(31)、农副食品加工业(13)生产率均值高于其他部门，同时其各自内部企业之间的差异也更大。

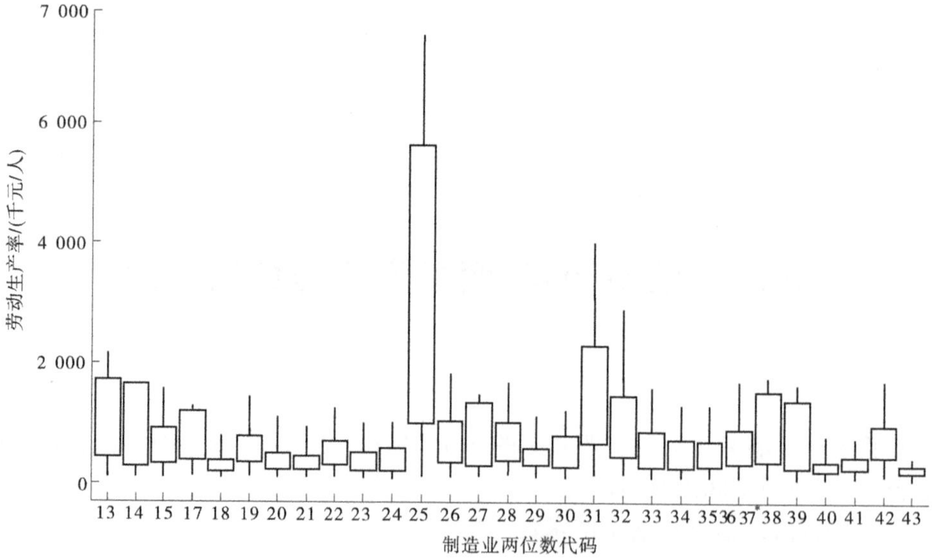

图 10-1　京津冀规模以上制造企业劳动生产率的部门差异(2013 年)

10.2.2.2　解释变量

企业层面解释变量有资本劳动比例与人力资本。资本劳动比例定义为企业固定资产与企业从业人员数之比(ZB)。资本劳动比例预期与劳动生产率呈正相关关系。因为资本存量的数量，如机器设备等将增加工人的生产效率。由于企业层面的人力资本数据难以获得，因此本书采用区（县）层面的人力资本-人口比率替代指标，即制造企业所在区域内总人口的人均受教育年限（JY）。预期劳动力受教育程度越高，制造企业的生产效率就越高。

衡量生产性服务业对制造业劳动生产率的影响程度和空间范围，是本书的重要目标之一。已有文献普遍肯定了其对制造业效率的提升作用，但对二者空间关系还存在争议。生产性服务业与制造业具有产业关联关系，是关键的中间投入产品，可用制造企业的生产性服务业直接投入测度。鉴于本书同时考虑生产性服务业对本地和外地制造企业的劳动效率提升作用，在此借鉴 Yang 等（2018）的方法，引入生产性服务业直接投入指标（$PSDI_{im}$），用以指代 i 制造部门的企业所在地 m 所能获得的生产性服务业直接投入。其公式如下：

$$PSDI_{im} = \sum_{j} \sum_{n} EMP_j^n \cdot W_{ij} / d_{mn} \tag{10-4}$$

式中：EMP_j^n 为区（县）n 中 j 生产性服务业部门的总就业人员数，当 $m = n$ 时，表示本地所能提供的生产性服务业投入，可测度与本地制造业共同区位的生产性服务业的效率提升作用；W_{ij} 为生产性服务业和制造业部门间的供需关系。

由于企业层面数据难以获得，此处用投入产出表数据作为替代，具体为：当 m、n 属于同一省或直辖市时，W_{ij} 为生产性服务业 j 部门和制造业 i 部门之间的直接投入系数；当 m、n 分属不同省、直辖市时，W_{ij} 由前述章节所构建的两部门的京津冀各地以及区际投入产出表计算而得（见图 10-2）。

在流动空间假设下，知识、信息、智力人才流对行政边界具有穿透性，并且可以在同级、高低等级城市之间相互流动，即低等级的城市也可为高等级城市提供服务。而中心地理论的核心假设之一为低等级城市只能从高等级城市获得高一级的服务，从而高等级城市的服务半径大于低等级城市。本书将等级指标 p_m、p_n 引入式（10-4）中，并假定 m 地制造企业只能从同级或更高一级的区（县）获得生产性服务。因此，得到新的生产性服务业投入公式：

$$PSDI_{im} = \begin{cases} \sum_{j} \sum_{n} EMP_j^n \cdot \dfrac{W_{ij}}{d_{mn}} & (p_m \leqslant p_n) \\ 0 & (p_m > p_n) \end{cases} \tag{10-5}$$

关于京津冀各区（县）的等级设定，本书参考 Wen 和 Thill（2016）对京津冀功能性城市区域的划分。该文献参考国外成熟的多中心城市功能区理论，基于人口规模与密度、建成区面积，以及通勤范围将京津冀 13 个城市所有区（县）划分为城市中心区、环绕城区郊区和其他地区。基于此并结合生产性服务业的集中程度，本书规定京津冀各地区中心地的级别 p_n 排序为：北京中心区>天津中心区>河北省会石家庄中心区、北京外环区、天津外环区>河北省其余 10 个地市的中心区>河北省各市外环区>其他地区。

10.2.2.3　控制变量

为精确评估生产性服务业对制造业的效率提升作用，需要控制集聚经济的影响。将三个与集聚经济相关的变量引入模型中，分别为区位熵（LQ）、产业多样化指数（DYX）、

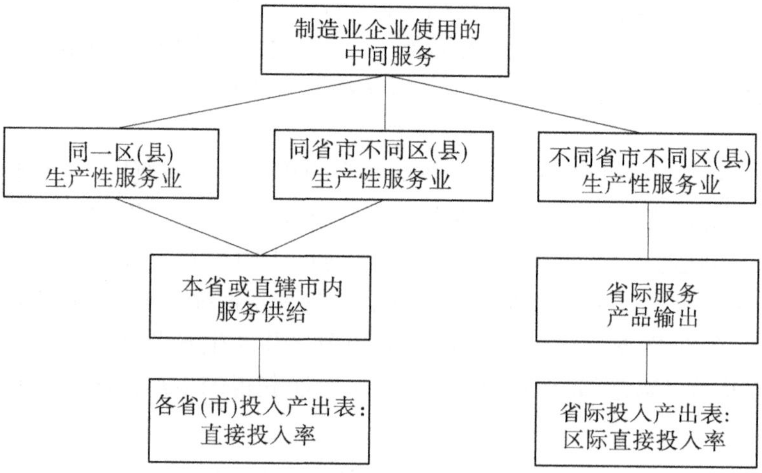

图 10-2　W_{ij} 计算方法

人口规模(POPU)。区位熵用于衡量地方化集聚程度,反映同一两位数代码产业部门内的企业在空间单元 m 上的集中程度。制造业产业多样化指数是空间单元 m 内两位数代码的制造业部门的赫芬达尔指数的倒数测度。人口规模由空间单元 m 的人口总量表示。多样化指数和人口规模两个变量用以控制城市化经济对制造业效率的影响。产业多样性高的地区容易通过产业之间的技术与信息交换从而实现产业创新,实现发展路径的创造(贺灿飞,2018)。大规模的人口地区通过劳动力池效应和提供较好的基础设施为制造业企业效率提升创造良好条件(Baldwin 等,2008)。然而,考虑人口规模超大的大城市中可能存在挤出效应,制造业企业生产率可能随着人口持续增长出现倒 U 形下降,故在模型中增加人口模型的平方这一指标(POPUSQ)。

另外,企业层面的变量被引入方程,以控制企业属性对生产效率的影响。

首先,制造企业成立时间被认为是可能与生产效率相关的。一方面,成立越早的企业采用的技术可能越落后,从而导致效率较低;另一方面,存活时间越久的企业可能越具有获利能力和较高的生产效率。企业年龄的衡量采用二元变量,分别表示制造企业是否成立于 2008 年之后,1998—2008 年,1988—1998 年,或在 1988 年之前。

其次,企业规模通常被认为与企业生产效率具有关联,规模越大的企业越易实现范围经济和规模经济,从而提升生产率。在此引入企业规模变量,用企业从业人员数表示。

最后,引入三个哑变量。第一个哑变量表示企业的所有权,所有制造业企业被划分为国有控股、私人控股、外商和港澳台控股,以及其他四种所有权类型。第二个哑变量为企业所在地区的等级,表示企业在城区还是郊区。第三个哑变量为产业部门,用制造企业所属两位数代码表示,用以控制产业部门差异对生产效率的影响。

指标描述性统计见表 10-1。

表 10-1　指标描述性统计

变量	变量描述	个数	最小值	最大值	平均值	标准差
劳动生产率	从业人员人均产值	19 368	2. 2	20. 4	12. 8	1. 2
资本劳动比率	从业人员人均固定资产	19 368	1. 2	18. 8	10. 7	1. 7
人力资本	区(县)人均受教育年限	204	7. 7	13	9. 3	1. 2
区位熵	各区(县)制造业部门区位熵	6 120	0	104. 3	1. 2	4. 1
产业多样性	各区(县)制造业部门赫芬达尔指数的倒数	204	0. 4	53. 6	6. 8	5. 1
总人口	各区(县)的总人口数	204	62 454	3 545 137	511 791	417 006
1988 年以前	二元变量,1 表示企业成立于 1988 年之前	19 368	0	1	0	0. 2
1988 年	二元变量,1 表示企业成立于 1988—1998 年	19 368	0	1	0. 1	0. 3
1998 年	二元变量,1 表示企业成立于 1998—2008 年	19 368	0	1	0. 6	0. 5
2008 年	二元变量,1 表示企业成立于 2008 年之后	19 368	0	1	0. 2	0. 4
企业规模	制造企业就业人员数	19 368	1	3	1. 8	0. 5
本地生产性服务业投入	制造企业可从所在地获得的生产性服务业投入	6 120	71	2 508 674	19 403	78 738
区域生产性服务业投入	制造企业可从京津冀获得的生产性服务业投入	6 120	5 113	2 825 211	50 564	104 386

10. 2. 3　数据来源

制造企业原始数据来自 2013 年中国工业企业数据库,包含营业年收入在 2 000 万以上的所有工业企业的基本情况和财务信息。该数据库提供企业成立时间、所在地址、行业编码(四位数代码)、控股权归属、固定总资产、营业状态、从业人员数、工业总产值等信息。数据库中将企业营业状态分为营业、筹备、停业、关闭、其他共五类,本书仅提取状态为营业的制造企业。剔除信息不完整及不便处理的企业之后,共得到 19 431 家京津冀制造业企业作为研究样本。生产性服务业企业数据来自 2013 年经济普查数据库。

空间层面数据基于区(县)的汇总数据。由于在市带县行政体制下,地级及以上城市行政区范围往往大于城市实体地域,模糊了城乡的分别,让研究结果大打折扣。因此,本书选择区(县)为空间单元,便于区分以建成区为主体的城市地区和以乡(镇)村聚落为主体的农村地区。经过对京津冀空间数据的整理,共得到 204 个区(县)地理尺度空间单元。通过按两位数行业代码汇总各区(县)企业数据,得到各区(县)的区位熵和产业多样化指数。人口规模和人均受教育年限数据来自 2010 年第六次全国人口普查年鉴分县数据。虽然与研究期存在 3 年的时间差,但因为人口规模和人均受教育年限通常短期内较为稳定,这样的数据缺陷整体上不会对研究结果造成结构性影响。

10.3 京津冀生产性服务业投入对制造业提升的空间效应与机制

10.3.1 大城市非城区区(县)的物流、信息服务业与制造业存在协同集聚效应

在不考虑区(县)外部生产性服务输入的情况下,利用 OLS 方法分析生产性服务业本地供应与制造业生产效率的关系。表 10-2 为分析结果,其中,模型一为区(县)生产性服务业总体对本地制造业的效应,模型二至模型六分别为交通、信息、金融、商务、科技服务的影响。模型系数均通过共线性检验。

从本地生产性服务业及各分行业回归系数的符号来看,只有金融业为正,且通过显著性检验。这表明金融业与制造业的协同集聚对制造业的效率显著产生正向的促进作用。而其他负值或不显著的系数表明,京津冀制造业和本地大多生产性服务业在区(县)空间单元并未产出协同集聚效应。相反,本地生产性服务业的发展导致制造业生产资源受到挤压。可能的原因主要为随着部分城市推行“退二进三”政策,制造业逐步退出中心城区,与生产性服务业形成了明显的空间分异格局。分行业看,科技与商务服务业对制造业的挤出效应最大,交通与信息服务业不明显。

解释变量中,资本对制造企业的生产效应影响系数最大,为 0.363,并通过显著性检验。显然,这反映出研究期京津冀大多制造部门的增长模式依然是主要靠增加机械设备、物质资源投入等传统方式,表明京津冀制造业的发展有待通过加大生产性服务业等软性投入要素来实现高质量发展。人力资源的作用具有差异,模型一、模型二、模型三、模型四中不显著,但在商务和科技服务加入后的模型中显著为正,说明京津冀人力资源对制造业企业生产效率提升需要借助商务、科技服务业企业的桥梁作用。

控制变量中,集聚因素均通过了显著性检验,且符号为正,表明制造业生产率同时受到专业化集聚效应和城市化集聚效应的促进作用。然而,区位熵的系数大于产业多样化和人口规模,表明制造业生产率受专业化集聚效应的影响更大一些,即与多样化制造部门企业的集聚相比,来自同一行业部门的制造业企业的集聚更能促进效率提升。人口平方显著为正,表明人口规模超大的地区可能存在挤出效应,随着人口持续增长,制造业企业生产率可能出现倒 U 形下降。

与企业相关的各变量中,企业规模和企业年龄均显著影响到了生产率,而企业控股类型与行业类型无影响或影响微小。其中,企业年龄系数随着企业年龄增大而增大,反映出成立越久的制造业企业越具有更强的生存和盈利能力。而负值的企业规模回归系数则表明,企业规模与其生产效率成反比,意味着中小型制造业企业更容易通过调整生产策略来

实现持续增长。

最后,表示区(县)相对位置的区(县)等级显著为负,说明越靠近城市中心的区(县)制造业企业,因生产成本提高等因素的影响,其生产效率越低。

表10-2　同区(县)生产性服务业对制造业效率提升作用

变量	模型一	模型二	模型三	模型四	模型五	模型六
本区(县)生产性服务业	-0.027***					
本区(县)交通		0.005				
本区(县)信息			0.003			
本区(县)金融				0.016**		
本区(县)商务					-0.051***	
本区(县)科技						-0.039***
(常量)	8.682***	9.184***	9.314***	9.197***	8.167***	7.614***
资本劳动比例	0.363***	0.362***	0.362***	0.361***	0.362***	0.361***
平均受教育年限(年)	0.114	0.01	-0.021	-0.033	0.18**	0.345***
区位熵	0.116***	0.117***	0.116***	0.118***	0.111***	0.11***
赫芬达尔倒数	0.063***	0.051***	0.051***	0.056***	0.089***	0.066***
人口平方	0.067***	0.058***	0.057***	0.056***	0.075***	0.082***
位置行政地位	-0.047***	-0.07***	-0.07***	-0.073***	0.009	-0.05***
1988年以前	-0.018	-0.124***	-0.124***	-0.015	-0.016	-0.019
1988年	0.215***	0.105***	0.105***	0.214***	0.218***	0.219***
1998年	0.11***			0.11***	0.113***	0.111***
2008年		-0.109***	-0.109***			
行业代码两位数	0.001	0.002**	0.002**	0.002**	0.001	0.003***
企业规模	-0.345***	-0.347***	-0.346***	-0.347***	-0.346***	-0.35***
企业控股情况	0.002	0.001	0.001	0.001	0.006	0.002
F值	851.123	850.201	850.424	850.899	865.430	863.955
观测数	19 368	19 368	19 368	19 368	19 368	19 368
调整后R^2	0.363	0.363	0.363	0.363	0.367	0.367

注: ***表示通过99%的显著性检验,**表示通过95%的显著性检验。

鉴于京津冀制造业多位于郊区或城市腹地,而区(县)的相对位置对其生产企业效率也产生显著影响,因此为了单独分析制造业集中地区生产性服务业投入的效率提升作用,下文将北京、天津、石家庄中心城区区(县)的数据样本排除并重新分析。在新的样本中,生产性服务业及各部门的系数变化十分明显(见表10-3),其中,交通、信息服务的系数由不显著转为显著为正,生产性服务业总体、商务服务业的系数呈增大趋势。这说明在非大城市中心区域的制造业企业容易与所在区(县)内交通和信息服务产生协同集聚效应。而商务、科技、金融类服务则需要从区(县)外部购买更为优质的服务产品才能显著提高生产效率。因此,假设一部分成立,虽然总体上生产性服务业与制造业呈现挤出效应,但各行业存在显著差异。其中,交通、信息服务与制造业在非城区区(县)存在协同集聚效应,而其余各类服务部门与制造业呈挤出效应。

表 10-3　非大城市城区区(县)生产性服务业对制造业效率提升作用

变量	模型一	模型二	模型三	模型四	模型五	模型六
本区(县)生产性服务业	-0.018*** ↑					
本区(县)交通		0.024*** ↑				
本区(县)信息			0.006*** ↑			
本区(县)金融				0.013* ↓		
本区(县)商务					-0.047*** ↑	
本区(县)科技						-0.039***
(常量)	8.682***	9.701***	9.798***	9.197***	8.549***	8.018***
F 值	809.442	809.966	809.984	809.472	820.440	822.424
观测数	180 013	180 013	180 013	180 013	180 013	180 013
调整后 R^2	0.368	0.369	0.369	0.368	0.372	0.372

10.3.2　行政区边界对生产性服务业输出的效率提升作用产生明显影响

京津冀制造业企业除可以从本区(县)获得生产性服务业外,还可从外部输入相应服务。然而,京津冀地区一个省级行政区、两个直辖市行政区内共存在 13 个地级及以上城市。为检验行政边界是否影响生产性服务业的输送,本节依次先后假设生产性服务业产品:①仅在地级及以上城市(简称“本市”)输送;②仅在省级或直辖市内部输送;③可在省际之间输送(见图 10-3)。

首先,当制造业企业仅在“本市”获得生产性服务时,模型回归结果如表 10-4 所示,仅金融业系数显著为正。另外,从生产性服务业及其各部门的系数变化(与表 10-3 相应系数比较)趋势看,可以发现,在考虑了“本市”其他区(县)的生产性服务业输入后,除金融业外,其他各类生产性服务业部门的效率提升作用均呈现下降态势。这表明,金融业在“本市”范围内供给最有可能增强全市范围内制造企业的生产率。其他解释变量及控制变量的系数符号及显著性,与仅考虑本区(县)生产性服务业供应的模型相似,表明地级市行政区内生产性服务业对制造业企业的生产效率影响不明显。

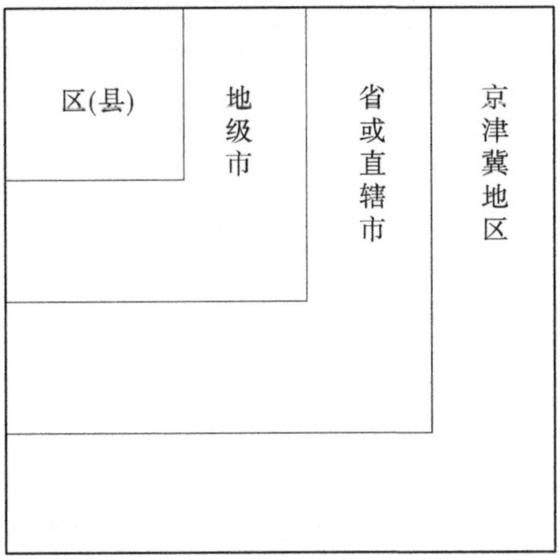

图 10-3　行政边界对制造业企业可获取的生产性服务地域范围示意

表 10-4　同地级市生产性服务业对制造业效率作用

变量	模型一	模型二	模型三	模型四	模型五	模型六
本市 PS	-0.024** ↓					
本市交通		-0.033** ↓				
本市信息			-0.108*** ↓			
本市金融				0.018* ↑		
本市商务					-0.054*** ↓	
本市科技						-0.040*** ↓
(常量)	9.238***	9.684***	7.849***	9.606***	8.895***	8.434***
F 值	809.617	809.617	829.227	809.434	821.693	821.858
观测数	180 013	180 013	180 013	180 013	180 013	180 013
调整后 R^2	0.369	0.369	0.374	0.368	0.372	0.372

其次,制造业企业可从省级行政区内获得生产性服务投入情境下的回归结果如表 10-5 所示,交通服务与金融服务的系数均显著为正,且呈增大趋势。与区(县)内部就地提供生产性服务业的效应相比,生产性服务业总体、信息服务业、商务服务业与科技服务业的系数呈下降趋势。这表明交通、金融服务业可以在全省范围内远程输送,但是信息、商务、科技等知识密集型服务业由于与制造业关联较弱,省级范围内难以对制造业企业产业起促进作用。

表 10-5　同省/直辖市生产性服务业对制造业效率作用

变量	模型一	模型二	模型三	模型四	模型五	模型六
本省 PS	-0.031** ↓					
本省交通		0.031** ↑				
本省信息			-0.040*** ↓			
本省金融				0.023** ↑		
本省商务					-0.056*** ↓	
本省科技						-0.041*** ↓
（常量）	9.258***	9.584***	8.793***	9.599***	9.037***	8.469***
F 值	809.841	809.840	817.811	809.629	822.153	823.873
观测数	180 013	180 013	180 013	180 013	180 013	180 013
调整后 R^2	0.369	0.369	0.371	0.369	0.372	0.373

最后，将跨省服务流引入模型，回归结果如表 10-6 所示。总体上看，京津冀省际服务产品输入并没有对制造业企业的效率产生明显提升作用。虽然金融业的系数显著为正，但该系数值与省域内服务供给模型系数持平，表明在增加跨省金融服务后，制造业企业效率无明显提升。类似的，生产性服务业及其他各细分行业的系数都呈现出下降趋势。这说明京津冀三地制造业企业倾向于优先从本省市寻找服务供给，省际行政边界对生产性服务业的有效输送产生明显的阻滞作用。

表 10-6　包含跨省服务流的京津冀生产性服务业对制造业效率作用

变量	模型一	模型二	模型三	模型四	模型五	模型六
京津冀 PS	-0.039*** ↓					
京津冀交通		0.029** ↓				
京津冀信息			-0.113*** ↓			
京津冀金融				0.023**—		
京津冀商务					-0.061*** ↓	
京津冀科技						-0.077*** ↓
（常量）	9.214***	9.572***	7.811***	9.593***	9.023***	7.621***
F 值	810.239	809.718	830.064	809.577	823.873	837.262
观测数	180 013	180 013	180 013	180 013	180 013	180 013
调整后 R^2	0.369	0.369	0.374	0.369	0.373	0.377

10.3.3　中心地理论等级原则

以上分析没有限定生产性服务业跨区（县）流动的方向。在中心地体系中，生产性服务业的层级与中心地等级相对应,低级中心地可以从高一级中心地获得更高级的服务,但高一级中心地无法从低级中心地获得相应服务,也就是说,高级生产服务是单向流动的,只能从高级中心地流向低级中心地。为验证中心地理论在京津冀地区的生产性服务业区(县)之间传输的适用性,本节根据中心地等级原则将限定条件计入方程,鉴于在省级空间尺度上,生产性服务业对制造业的效率提升作用最强,本节仅分析省域尺度下的结果(见表 10-7)。回归结果中,除金融业外,其余各类生产性服务业部门的系数均出现了不同程度的增长(与表 10-5 相比)。这表明中心地的等级原则依然部分地适用于生产性服务业的空间布局,反映出中心地理论对于生产性服务业中心的布局仍然具有指导意义。

表 10-7　中心地体系下省内京津冀生产性服务业对制造业效率作用

变量	模型一	模型二	模型三	模型四	模型五	模型六
中心地 PS	-0.024*** ↑					
中心地交通		0.033** ↑				
中心地信息			-0.024*** ↑			
中心地金融				0.020** ↓		
中心地商务					-0.046*** ↑	
中心地科技						-0.029*** ↑
(常量)	9.238***	9.684***	8.973***	9.621***	8.935***	8.632***
F 值	809.617	810.256	813.798	809.577	823.873	818.456
观测数	180 013	180 013	180 013	180 013	180 013	180 013
调整后 R^2	0.369	0.369	0.370	0.368	0.373	0.371

在信息化、网络化时代,流动空间正在替代地方空间成为经济活动空间组织的主导模式,城市群区域倾向于由单中心等级式的空间结构,向多中心扁平式的空间结构转变。实现这样的转变仍需要较长的过程和条件,导致在可预见的时间内,中心地理论仍具有较大解释力。

10.4　本章小结

本书通过将生产性服务业投入引入科布-道格拉斯公式,基于产业集群理论、产业关联理论、流动空间理论以及中心地理论,利用 OLS 回归模型分析了生产性服务业投入对不同空间尺度内规模以上工业企业生产效率的影响程度。主要结论如下:

(1)在包含京津冀全域的情况下,京津冀制造业和本区(县)大多生产性服务业并未产出协同集聚效应,仅金融业具有明显提升作用。这表明生产性服务业的发展,尤其是城市中心区的生产性服务业,易导致本区(县)制造业生产资源受到挤压,产生挤出效应。分行业看,科技与商务服务业对制造业的挤出效应最大,交通与信息服务业不明显。然而在排除大城市中心区域之后的样本分析结果表明,非中心城区制造企业容易与所在区

(县)内交通和信息服务产生协同集聚效应。

(2)行政区边界对生产性服务业输出的效率提升作用产生明显影响。京津冀三地制造业企业倾向于优先从本省市寻找服务供给,省际行政边界对生产性服务业的有效输送产生明显的阻滞作用。在省域范围内,交通、金融服务业远程输送有助于提高制造业生产效率,信息、商务、科技等知识密集型服务业由于与制造业关联较弱,在省级范围内难以对制造业产生促进作用。相对而言,地级市行政区的影响不明显。

(3)中心地理论的等级原则依然部分适用于生产性服务业的空间布局,仅金融业例外。在京津冀低等级的区(县)从高等级区(县)获得生产性服务业产品更加有可能提升其制造业企业的生产效率。因此,加强交通、通信基础设施建设,增强广大腹地与各级中心地的连通性十分有助于提高京津冀整个地区二三产业的协同发展。

(4)其他解释变量中,资本投入对制造业的生产效率影响最为明显,表明京津冀制造业还处在依靠实物投入获取规模化效益阶段。而人力资本效用的发挥需要借助商务、科技服务业企业的桥梁作用。这两个变量均从侧面反映京津冀生产性服务业投入对制造业的效率提升作用还有很大的提升空间。

各控制变量的作用程度不一。集聚因素显著促进了制造业企业效率的提升,与多样化集聚效应相比,专业化集聚更能促进制造业企业效率提升。人口平方显著为正表明城市规模对企业效率的作用具有临界值,制造业企业生产率可能随着人口持续增长出现倒U形下降。与企业相关的各变量中,企业规模和企业年龄均显著影响生产率,而企业控股类型与行业类型无影响或影响微小。区(县)等级与制造业企业生产效率显著负相关,意味着距离市中心越远并不会明显影响对生产性服务业投入的可获得性。

第 11 章　不同尺度京津冀生产性服务业与制造业空间协同政策启示

基于前文的分析结果可知，在不同尺度京津冀生产性服务业与制造业的空间协同表现具有差异，其协同的空间调控因此也应各不相同。本章分别从省、地级以上城市、区（县）三个尺度，以及产业共聚与产业分工两个视角，提出促进京津冀两产业空间协同发展的产业布局调整方向与政策启示。

11.1　省级层面两产业空间协同的方向与政策建议

11.1.1　省内视角

11.1.1.1　北京促进制造业高质量发展，以推动先进制造业与现代服务的深度融合

省内产业关联分析结果表明，北京生产性服务业更多地为服务业提供中间产品，分配到制造业中的份额急剧下降。为推进先进制造业与生产性服务业的融合，北京有必要保持一定比重的制造业。从实体空间来看，北京全市其实是一个包含了城市建成区与郊区腹地的区域，具有广阔的发展空间。但与上海、深圳、广州相比，北京制造业发展薄弱，辐射带动能力差，2011 年以来北京制造业规模以上企业数量、固定资产投资持续下滑。为避免首都经济脱实向虚、竞争力下降的风险，应加大力度重视发展高端制造、智能制造、绿色制造产业。建议适度放宽对制造业限制条件，并进一步降低企业成本，依托北京市发达的生产性服务业，引进技术领先的重大制造业项目。统筹协同全市资源，加大为亦庄、房山、顺义、昌平、通州等郊区高端制造业的发展土地供给，着力培育营商环境。加快在中关村亦庄园、房山园、顺义园等郊区分园，以及环京的北三县等区（县），布局若干国际水平先进制造业发展示范区。统筹布局高精尖产业制造标准化厂房和中试基地，打造一批高品质、专业化的产品研发设计、小批量中试加工环节的承接平台。

11.1.1.2　天津、河北加快传统制造业转型升级，并布局相应的配套生产性服务业

天津、河北两地制造业是本省（市）生产性服务业的最大用户之一。提升制造业的发展水平将有助于吸引相应的配套生产性服务业协同布局。为此，一方面，京津各地区传统制造业集聚区应当加快转型升级步伐，以提高对生产性服务业的规模化需求。主动利用工业互联网、5G、增材制造等先进技术以及相应的现代化管理方式，加快产业技术水平的升级换代与产品价值含量的提高。另一方面，为促进传统制造业转型升级，河北、天津应根据本地制造业需求，发展与北京差异化且空间邻近需求高的生产性服务业。重点引导生产性服务业发挥本地化优势，侧重于满足小微生产企业的需求，与北京同类型生产性服务业企业开展差异化竞争。

11.1.2　省际视角

11.1.2.1　发挥北京科技创新中心作用，加大科技、信息服务业对津冀制造业的投入

本书研究分析发现，京津冀生产性服务业对制造业的省际、省内关联均主要集中于金

融业与物流服务业，而科技、信息服务业的比例有待提高。另外，已有文献表明中小企业由于受成本因素、社会资源因素的制约，难以在更大空间范围内寻找最优的生产性服务企业或者是制造业用户，需要得到更多的政策关注。因此，为满足中小制造企业的相关生产性服务需求，京津冀地区可通过搭建跨省生产性服务业公共平台、建立统一的工业互联网等措施。一方面扩大北京中小生产性服务企业的服务范围，另一方面使边缘地区的中小制造业企业便捷地获得中心城市优质的服务，从而加强北京科技创新服务与天津、河北制造业企业需求的对接。通过借助北京创新服务的支持，推动河北实现跨越式发展，从而缩小区域发展差异。

11.1.2.2 建立京津冀三地协调机构和区域间合作机制，加强相互交通与通信联系

行政区边界对生产性服务业的服务产品跨区流动产生抑制作用，但行政区经济现象短期内难以消除，因此要求地方政府之间建立良好的区域交流、沟通和协调机制，来综合平衡各方利益。首先，通过中央政府协调，组建自愿参与的京津冀区域政府联合会，协调三地政府的行动。其次，发挥社会力量作用，搭建非政府机构、行业协会等各方自主合作的平台，建立跨行政区的组织协调机构，解决跨区域产业合作过程中资源流动和利益协调问题。着力提升京津冀三地产业协同水平，加快形成分工定位明确、产业链高度耦合的区域协同格局。最后，为减小距离摩擦，促进跨省的两产业协作，需要进一步强化京津冀中小城镇与大中城市间的交通和通信联系，完善交通网络和信息基础设施网络。

11.2 城市层面两产业空间协同的方向与政策建议

11.2.1 城市内部

11.2.1.1 加快中小城市城市化进程，扩大产业协同发展的空间载体

以制造业为基础发展起来的城市，在实现产业升级的过程中需要提高城市化水平来吸引高级生产性要素的集聚。以劳动或资本密集型制造业兴起的城市，要实现产业升级发展主要通过两种途径。一是通过承接发达地区转移来的技术密集型制造业，二是通过向产业价值链微笑曲线的两端——产品研发设计和产品营销与售后延伸。两种产业升级路径均需要同步发展配套的生产性服务业。而生产性服务业的发展对高素质劳动力，以及城市规模具有一定的要求。为此，京津冀中小城市应当加快城市化进程，扩大城市规模，改善城市的居住和公共服务水平，吸引高素质人才的流入。通过扩大产业协同的空间载体，改善先进服务业发展环境。

11.2.1.2 依据城市规模合理安排产业发展次序，充分发挥产业发展比较优势

不同规模与等级的城市适宜发展的产业具有差异，应确定好优先次序。生产性服务业只有在城市产业发展到一定阶段才具有较好的布局条件。对于大城市，通常是生产性服务业吸引了制造业的协同集聚，而对于中小城市，通常是制造业先发展，之后才能带动相应生产性服务业的布局。由于特大城市、大城市具有规模优势，可发挥产业多样化集聚（也称城市化集聚）优势，发展综合性的生产性服务业。前文分析表明，生产性服务业具有集聚性，高度集中在北京，其次为天津、石家庄。因此，除北京外，天津中心城区、石家庄城区和滨海新

区可发展综合性的生产性服务业，为全省（市）制造业提供多样化的本地生产服务。但对于劳动、资本密集型制造业为主的城市，应优先做强做大本地优势行业，同时适宜优先发展符合本地制造业需求的专业化生产性服务业，避免盲目追求大而全的服务业门类。

11.2.2　城际视角

11.2.2.1　核心城市的服务功能与中小城市生产功能相协调

北京作为京津冀核心城市，承担着为区域提供高端生产性服务业的功能。然而，河北各市产业结构与北京存在巨大差异，导致难以就近应用北京的信息、科技等先进服务。另外，基于地级市间的产业空间协同分析表明，北京与各城市的服务联系存在等级性，与各城市的规模与行政等级相关，主要集中在北京与天津、北京与石家庄、北京与唐山之间，但对其他城市的联系强度则相对不高。为促进区域的协同发展，北京在加强与天津、石家庄、唐山产业联系的同时，也应结合其他城市的优势产业提供工业互联网、数字信息技术等服务平台。比如，针对廊坊的家具产业集群，衡水的丝网产业集群提供工业互联网、科技研发与产品设计等高级生产性服务业。同时，鼓励从北京疏解出来制造业企业，将其服务部门留在北京，形成多区位经营的格局，从而搭建起跨区域的产业链。

11.2.2.2　完善城市间利益分配机制

各城市间应打破“条块分割”的体制弊端，完善城际政府间利益分配机制。为促进区域一体化进行，实现经济运行效率最大化，核心城市应该将不符合本身比较优势的产业转移到其他城市。然而转出城市与转入城市之间会产生税收分成问题，目前虽有一系列举措，但仍然无法有效协调城市政府间的利益。为此，建议省级（直辖市）政府适当将经济权力下放在地级市（直辖市、区、县），促成城市地方政府间形成具有弹性的利益协调与分配机制。以此，推动制造业进一步向中小城市集聚，而生产性服务业则进一步向中心城市集聚，形成中心外围的城市产业空间分工体系。

11.3　区（县）层面两产业空间协同的方向与政策建议

11.3.1　区（县）内部

（1）延伸产业集聚区产业价值链，促进服务外包与产业间的分工与合作。

本书研究表明，与制造业联系密切的部分生产性服务业与制造业具有空间共聚的倾向。一方面是由于制造业集群的发展带动对生产性服务业规模化的需求，从而吸引后者协同布局；另一方面是由于大城市中心城区商务成本过高，促使部分生产性服务业向远郊转移，从而与制造业共聚在产业园区。为发挥两产业的集聚效应，政府应引导集聚区内处在价值链低端的传统产业增加对先进生产技术的引进与应用水平。同时，根据产业链特点布局专业性的生产服务或鼓励大型企业专业服务部门的市场化运作，围绕产业集聚区优势产品，形成产品设计、研究与开发、产品试制、规模化生产、销售、售后服务等全过程的产业链体系。通过促进跨行业企业间的互动交流，推进产业集聚区向创新集群演化。

（2）为中小企业建立公共服务平台，培育专、精、特、新企业。

通过建立公共服务平台,解决中小企业共同面临的人力资源、市场销售、科技研发等难题。通常中小企业由于资金、技术、信息的限制,难以从外部获得先进生产性服务。同时,不同行业的中小企业之间也存在信息屏障。对于中小企业集聚区,应搭建起服务于企业共性需求的公共平台,促进生产性服务企业与制造业企业建立正式与非正式联系。通过发展服务型制造业与制造业服务化,增强企业竞争力,培育专、精、特、新企业。由于距离核心城市较远的制造业集群更难获得中心城市的辐射,因此更应关注边缘地区产业集群共性服务需求的解决。

11.3.2 区(县)之间

(1)调整产业空间布局,强化城区生产性服务业与郊区制造业的空间协同效益。

对区(县)层面的两产业空间结构分析表明,城乡分异布局较为明显。由于生产性服务业比制造业具有更强的地价承受能力,当发展空间受限时二者具有挤出效应。特别是在制造业城市发展到一定阶段后,生产性服务业,特别是高端服务业的进入,将挤压制造业的发展空间。因此,主动将旧城区制造业中占地面积大且单位空间效益低的产业部门疏解到城区外围,可为发展高级生产性服务业提供充足的发展空间。中心外围的产业空间结构,有助于最大化城市土地利用效益。另外,郊区卫星城镇、产业新城的建设也将有助于形成多中心的城市空间格局,减轻“大城市病”的危害。为促进城区区(县)与郊区区(县)产业空间协同,需要着重建设发达的交通网络,将产业园区与城市商务中心区相连,便于二三产业间紧密联系。

(2)推进环京区(县)主动对接,积极融入首都都市圈。

都市圈是城镇化战略的关键一环,也是京津冀协同发展的骨干。狭义的首都都市圈为1小时通勤范围,将部分环京区(县)包含在内。空间相关性分析也表明,北京对环京廊坊安次区、大厂回族自治区等具有一定的辐射。因此,将环京区(县)纳入统一规划,打造布局合理、分工协作有序的首都都市圈具有可行性。具体地,可将生产技术成熟、大批量生产的环节转移至环京区(县),以充分利用外围区域地价便宜、劳动力充足的优势。在空间上,由于地理邻近,环京区(县)较容易与北京的产业上下游企业建立面对面的社会联系,进一步形成行业联盟、行业协会等非政府组织。通过根植性的产业网络纽带,形成产业一体化的首都都市圈。在空间治理方面,环京区(县)有必要主动与北京产业对接,同时提高基础设施与公共服务水平,以支撑北京外疏产业的落地。

11.4 本章小结

生产性服务业与制造业空间协同政策启示如图11-1所示。在不同尺度层面生产性服务业与制造业空间协同可能产生的效应具有明显差异。在省级层面,两产业的空间协同将有助于促进京津冀二三产业融合与减少区域内部经济发展水平的差异。在地级以上城市层面,不同规模与发展水平的城市的两产业空间协同将促进京津冀城市群的建设与城市化集聚效应。在区(县)层面,两产业的空间协同将在都市圈内促进产业链的合理化布局,并带动小城镇、卫星城、大城市边缘地区协同发展。

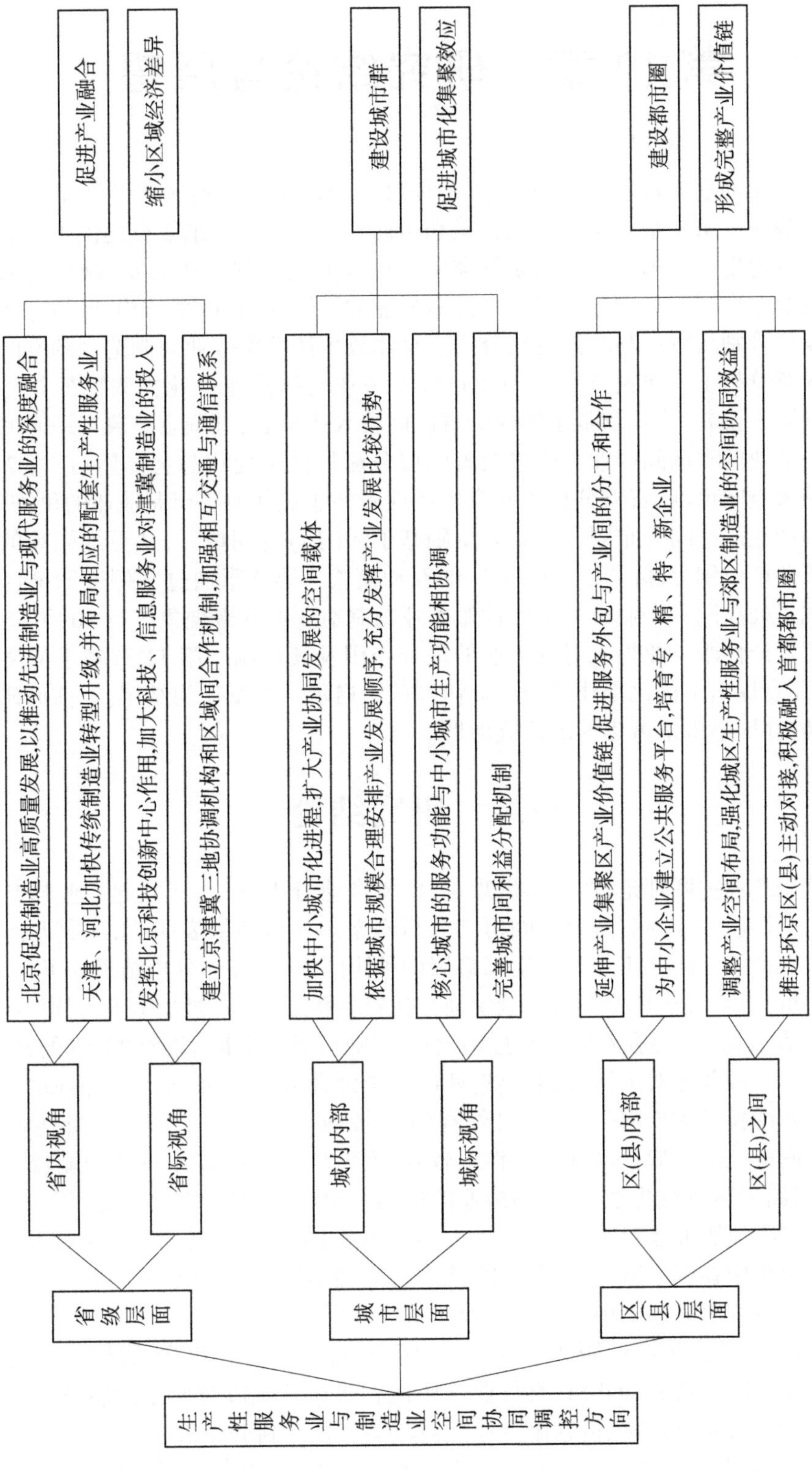

图11-1　生产性服务业与制造业空间协同政策启示

第 12 章　研究结论与展望

本研究基于地理学视角,旨在基于多地理尺度分析京津冀地区生产性服务业与制造业空间协同规律。第 1 章介绍了研究背景和国内外研究进展。第 2 章提供本研究的主要理论基础和理论框架。第 3 章介绍京津冀生产性服务业与制造业的发展概况,从产业总体和细分行业两个层面分别分析了生产性服务业的发展规模、内部结构、区域分布及对外功能。第 4 章分别从行业和功能视角分析了京津冀生产性服务业与制造业的空间格局及演变。第 5 章分析了京津冀三省(区)生产性服务业与制造业产业关联特征并比较分析省际间的异同。接着,第 6 章基于构建的省区间投入产出表,刻画京津冀三地间的生产性服务业与制造业的省区间产业关联以及省际服务流特征和变化趋势。然后,第 7 章从地级及以上城市空间尺度,着重分析了北京生产性服务业对其他各市制造业的供需关系,归纳了城际两产业的空间分布规律。第 8 章则基于区(县)空间单元,从更加微观的视角分析了京津冀两产业细分部门在城区-郊区的互动模式。第 9 章通过案例说明郊区产业区内已经出现了处在同一产业链的生产性服务业与制造业的共聚现象。第 10 章,通过定量研究论证了生产性服务业投入对制造业的提升作用及其机制。第 11 章基于前文研究结论,从不同尺度提出了优化京津冀两产业协同政策启示。本章作为结尾,对前面研究结论作简要总结,并展望未来可延伸的研究课题。

12.1　研究结论

本书基于产业关联理论、产业集聚理论、区域产业分工理论,建立起产业与空间二维的多尺度生产性服务业与制造业空间协同分析框架。分析结果表明,京津冀两产业在不同尺度均存在产业空间分工与产业空间集聚两种协同模式,具体分析结果如下:

(1)从两产业空间分工来看,在宏观层面存在着北京先进生产性服务业与津冀各类制造业的分工,而在微观层面存在着城区先进生产性服务业与郊区技术密集型制造业的分工。

①北京信息服务业对天津、河北制造业的需求波及效应较强,而天津、河北生产性服务业对制造业的拉动主要限于省内,对外省(市)带动作用不强。北京、天津生产性服务业对相互之间的经济发展拉动和推动作用较强,河北生产性服务业对外功能较弱。动态来看,天津道路运输业对北京、河北制造业的推动作用逐渐增强,而北京物流服务业、装卸搬运服务业等物流服务业对天津、河北的推动作用呈下降趋势。北京、天津对河北的生产性服务业输出集中在资本密集型制造业,技术密集型制造业有待提升。北京生产性服务业对天津制造业的服务输出中装备制造业比重相对更高。

②分城市看,北京生产性服务业与天津、唐山、石家庄制造业联系最为紧密,与张家口、承德、秦皇岛联系最弱,同时具有行业异质性。津冀各城市对北京的服务需求集中在金融、商务服务业,而对科技、信息服务业相对较弱。各市制造业对北京金融服务业、物流服务业、商务服务业的使用主要由资本密集型制造业占用,对科技、信息服务业的需求主

要集中在各城市具有发展优势的制造业部门。北京高端服务业对津冀的输出地为中心城区,津冀的接受地则具有广域分布特点,不受空间距离的限制。

③从区(县)之间两产业的协同来看,京津冀主要位于城区的生产性服务业与主要位于郊区的制造业存在空间协同,北京对环京部分区(县)存在辐射。其中,以技术密集型制造业与物流服务业、商务服务业、科技服务业最为显著。两产业的城郊协同区域主要有京津两个片区,环京的三河市、广阳区与涿州市等受到了北京的辐射。随着产业疏解,京津冀资本密集型制造业与各类生产性服务业的协同区域向天津、唐山、沧州转移。主要制造业部门如医药制造业,交通运输设备制造业,计算机、通信和其他电子设备制造业与生产性服务业的城郊协同区域仍然主要分布在北京、天津两市内部。

(2)从两产业的集聚来看,三省(市)产业关联具有相似性,围绕地区主导细分产业趋于形成二三产业集群。

①从省(市)内两产业协同来看,三地制造业对道路运输、金融、商务服务业都具有普遍的高投入需求;北京制造业对科技与信息服务业的需求度相对较高,而河北生产性服务业由于主要面向制造业需求,对后者依赖度较高。

②京津冀区(县)层面两产业共同集聚水平较低,存在行业差异、产业关联低是区(县)二三产业实现协同发展的较大阻碍。动态来看,金属冶炼、交通设备等制造业与生产性服务业间的共聚程度有所提高。案例分析表明,在产业链的串联下,北京顺义区汽车产业已经形成了整车制造、配套零部件、汽车科技服务、汽车商务、汽车物流等生产+服务的综合性产业集聚区,具有典型性。

(3)基于研究结果,提出相应的政策建议。在省级层面,建议发挥北京科技创新中心作用,加大科技、信息服务业对津冀制造业的投入;建立京津冀三地协调机构和区域间合作机制。在地级城市层面,建议核心城市的服务功能与中小城市生产功能相协调;加快中小城市化进程,依据城市规模合理安排产业发展次序,避免盲目发展生产性服务业;完善城市间利益分配机制。在区(县)层面,建议强化城区生产性服务业与郊区制造业的空间协同效益,培育创新集群;推进环京区(县)主动对接,积极融入首都都市圈;延伸产业集聚区产业价值链,促进服务外包与产业间的分工与合作;为中小企业建立公共服务平台。

12.2　主要创新点与研究展望

本书主要创新点如下:

(1)分析了京津冀区域间投入产出关系,揭示了生产性服务业与制造业的产业关联、服务流特征及其变化趋势。

(2)构建了多尺度两产业空间协同分析框架,阐释了京津冀不同空间尺度下区域间协同类型与模式。

同时,研究中还存在一些不足之处,以下是本书今后可以拓展的方向:

(1)探讨北京对京津冀区域内部产业协同与区域外部产业协同的关系。

(2)进一步挖掘提炼不同尺度之间的内在关系和规律,并补充深化京津冀两产业空间协同机制。

附　录

附录 A　行业分类对照表

国民经济行业两位数代码的部门分类	对应的 139 部门的投入产出表部门分类
53 铁路运输业	铁路运输
54 道路运输业	道路运输
55 水上运输业	水上运输
56 航空运输业	航空运输
57 管道运输业	管道运输
58 装卸搬运和运输代理业、仓储业	装卸搬运和仓储业
60 邮政业	邮政
63 电信、广播电视和卫星传输服务； 64 互联网和相关服务	电信和其他信息传输服务
65 软件和信息技术服务业	软件和信息技术服务
66 货币金融服务；67 资本市场服务；69 其他金融业	货币金融和其他金融服务，资本市场服务； （注：在 2007 年投入产业表中自然数为金融业）
68 保险业	保险
71 租赁业	租赁
72 商务服务业	商务服务
73 研究和试验发展	研究和试验发展
74 专业技术服务业	专业技术服务
75 科技推广和应用服务业	科技推广和应用服务

附录B　京津冀生产性服务业细分行业对制造业的影响力系数和感应度系数及变化情况

表B-1　2007年京津冀和中国生产性服务业细分行业的影响力系数

行业类别	影响力系数				对制造业的影响力系数			
	北京	天津	河北	全国	北京	天津	河北	全国
铁路运输业	0.810	0.500	0.761	0.658	0.258	0.056	0.141	0.172
道路运输业	0.669	1.136	0.838	0.839	0.106	0.336	0.197	0.286
水上运输业	0.752	1.053	0.718	0.862	0.224	0.336	0.142	0.308
航空运输业	0.927	0.944	0.926	1.098	0.277	0.224	0.258	0.457
管道运输业	0.464	0.516	1.026	0.803	0.043	0.059	0.220	0.223
装卸搬运和其他运输服务业	1.144	1.050	0.845	0.882	0.198	0.290	0.150	0.307
邮政业	0.692	1.043	1.026	0.823	0.135	0.255	0.289	0.264
电信和其他信息传输服务业	0.729	0.579	0.902	0.673	0.204	0.093	0.225	0.214
计算机服务业	1.243	1.070	1.172	1.004	0.645	0.446	0.582	0.437
货币金融和其他金融服务	0.569	0.462	0.726	0.496	0.100	0.047	0.123	0.075
保险业	0.719	1.882	1.194	0.945	0.154	0.595	0.344	0.261
租赁业	0.663	1.005	0.760	0.927	0.173	0.232	0.122	0.363
商务服务业	0.907	0.886	0.886	1.055	0.290	0.235	0.185	0.490
研究和试验发展业	1.012	0.874	0.897	0.918	0.388	0.313	0.291	0.373
专业技术服务业	1.014	0.825	0.921	0.767	0.367	0.235	0.263	0.272
科技交流和推广服务业	1.067	1.000	0.951	0.792	0.494	0.269	0.221	0.277

表B-2　2012年京津冀和中国生产性服务业细分行业的影响力系数

行业类别	影响力系数				对制造业的影响力系数			
	北京	天津	河北	中国	北京	天津	河北	中国
铁路运输业	0.514	0.679	0.843	0.783	0.065	0.177	0.183	0.214
道路运输业	1.036	0.957	0.778	0.881	0.328	0.216	0.201	0.260
水上运输业	1.285	1.255	0.726	0.967	0.604	0.365	0.127	0.300
航空运输业	1.036	1.034	0.845	1.072	0.298	0.314	0.205	0.393
管道运输业	0.576	0.932	0.878	0.851	0.115	0.338	0.148	0.237
其他运输、装卸搬运和仓储业	1.065	1.193	0.818	0.933	0.469	0.319	0.151	0.295

续表 B-2

行业类别	影响力系数				对制造业的影响力系数			
	北京	天津	河北	中国	北京	天津	河北	中国
邮政	0.534	1.044	0.675	0.834	0.076	0.304	0.138	0.257
电信和其他信息传输服务	0.830	0.742	0.761	0.747	0.263	0.192	0.193	0.220
软件和信息技术服务	0.458	1.015	1.047	0.956	0.055	0.465	0.441	0.349
货币金融和其他金融服务	0.370	0.526	0.705	0.645	0.013	0.083	0.144	0.122
保险	0.520	0.753	0.862	0.760	0.071	0.133	0.175	0.129
租赁	0.522	0.703	0.713	0.854	0.09	0.208	0.116	0.265
商务服务	0.677	0.903	0.869	0.990	0.128	0.302	0.253	0.378
研究和试验发展	0.985	0.782	0.718	0.939	0.301	0.263	0.174	0.343
专业技术服务	0.997	0.826	0.918	0.956	0.275	0.261	0.378	0.359
科技推广和应用服务业	0.880	0.955	0.874	1.003	0.267	0.313	0.33	0.350

表 B-3　2017 年京津冀和中国生产性服务业细分行业的影响力系数

行业类别	影响力系数				对制造业的影响力系数			
	北京	天津	河北	中国	北京	天津	河北	中国
铁路运输业	0.846	0.479	1.077	0.761	0.160	0.072	0.198	0.142
道路运输	1.022	1.012	0.971	0.835	0.257	0.295	0.158	0.210
水上运输	0.696	0.983	1.014	0.893	0.388	0.293	0.133	0.232
航空运输	0.993	0.838	1.233	0.958	0.386	0.261	0.285	0.274
管道运输	0.355	0.730	1.219	0.799	0.049	0.199	0.219	0.19
其他运输、装卸搬运和仓储	1.343	1.115	1.042	0.821	0.102	0.339	0.147	0.200
邮政	0.942	0.716	1.272	0.825	0.135	0.169	0.406	0.190
电信和其他信息传输服务	0.644	0.762	1.072	0.758	0.076	0.200	0.226	0.171
软件和信息技术服务	0.999	0.709	1.272	0.783	0.310	0.196	0.139	0.179
货币金融和其他金融服务	0.570	0.481	0.778	0.688	0.040	0.065	0.112	0.106
保险	0.780	0.770	1.219	0.797	0.022	0.126	0.176	0.105
租赁	0.860	0.728	1.130	0.827	0.050	0.163	0.209	0.209
商务服务	1.096	0.975	1.165	0.992	0.098	0.324	0.384	0.301
研究和试验发展	0.758	0.852	0.829	0.922	0.362	0.258	0.196	0.297
专业技术服务	1.101	0.732	1.113	0.952	0.330	0.197	0.304	0.311
科技推广和应用服务	1.068	0.844	0.984	0.971	0.350	0.224	0.171	0.264

表 B-4　2007—2012 年京津冀和中国生产性服务业细分行业的影响力系数变化情况

行业类别	影响力系数				对制造业的影响力系数			
	北京	天津	河北	中国	北京	天津	河北	中国
铁路运输	-0.296	0.178	0.082	0.126	-0.192	0.122	0.042	0.042
道路运输	0.367	-0.179	-0.060	0.042	0.222	-0.121	0.004	-0.026
水上运输	0.532	0.202	0.008	0.105	0.380	0.029	-0.016	-0.007
航空运输	0.109	0.089	-0.081	-0.026	0.021	0.090	-0.053	-0.064
管道运输	0.112	0.416	-0.149	0.047	0.073	0.279	-0.072	0.014
其他运输、装卸搬运和仓储	-0.079	0.143	-0.027	0.050	0.271	0.029	0	-0.012
邮政	-0.158	0.001	-0.351	0.011	-0.060	0.049	-0.151	-0.007
电信和其他信息传输服务	0.101	0.162	-0.141	0.074	0.058	0.098	-0.032	0.006
软件和信息技术服务	-0.784	-0.055	-0.126	-0.049	-0.590	0.019	-0.141	-0.087
货币金融和其他金融服务	-0.199	0.064	-0.021	0.149	-0.087	0.037	0.021	0.047
保险	-0.198	-1.129	-0.332	-0.185	-0.083	-0.462	-0.169	-0.132
租赁	-0.142	-0.302	-0.048	-0.073	-0.084	-0.024	-0.006	-0.098
商务服务	-0.230	0.017	-0.017	-0.065	-0.161	0.066	0.068	-0.112
研究和试验发展	-0.027	-0.092	-0.179	0.021	-0.087	-0.051	-0.117	-0.030
专业技术服务	-0.017	0	-0.004	0.189	-0.092	0.026	0.115	0.087
科技推广和应用服务	-0.187	-0.045	-0.077	0.212	-0.227	0.044	0.108	0.073

表 B-5　2012—2017 年京津冀和中国生产性服务业细分行业的影响力系数变化情况

行业类别	影响力系数				对制造业的影响力系数			
	北京	天津	河北	中国	北京	天津	河北	中国
铁路运输	0.333	-0.200	0.234	-0.023	0.095	-0.105	0.014	-0.072
道路运输	-0.015	0.055	0.193	-0.045	-0.070	0.079	-0.044	-0.050
水上运输	-0.589	-0.271	0.288	-0.074	-0.215	-0.073	0.006	-0.068
航空运输	-0.043	-0.196	0.388	-0.113	0.088	-0.054	0.079	-0.119
管道运输	-0.221	-0.202	0.342	-0.052	-0.066	-0.139	0.071	-0.047
其他运输、装卸搬运和仓储	0.278	-0.078	0.224	-0.112	-0.367	0.020	-0.004	-0.095
邮政	0.408	-0.327	0.598	-0.009	0.059	-0.135	0.268	-0.067
电信和其他信息传输服务	-0.186	0.020	0.311	0.011	-0.186	0.008	0.032	-0.049
软件和信息技术服务	0.541	-0.305	0.225	-0.173	0.255	-0.269	-0.302	-0.170
货币金融和其他金融服务	0.200	-0.045	0.072	0.043	0.028	-0.018	-0.032	-0.016

续表 B-5

行业类别	影响力系数				对制造业的影响力系数			
	北京	天津	河北	中国	北京	天津	河北	中国
保险	0.260	0.018	0.358	0.038	-0.049	-0.007	0.001	-0.024
租赁	0.338	0.025	0.417	-0.027	-0.039	-0.045	0.093	-0.056
商务服务	0.419	0.072	0.295	0.001	-0.030	0.022	0.131	-0.077
研究和试验发展	-0.228	0.071	0.111	-0.017	0.062	-0.005	0.022	-0.045
专业技术服务	0.104	-0.093	0.195	-0.004	0.055	-0.065	-0.075	-0.049
科技推广和应用服务	0.188	-0.111	0.110	-0.033	0.083	-0.089	-0.158	-0.085

表 B-6 2007 年京津冀和中国生产性服务业细分行业的感应度系数

行业类别	感应度系数				对制造业的感应度系数			
	北京	天津	河北	中国	北京	天津	河北	中国
铁路运输业	1.504	1.975	1.551	0.929	0.709	1.091	0.778	0.374
道路运输业	2.285	3.574	2.542	1.65	1.414	2.160	1.423	0.884
水上运输业	0.820	2.227	1.255	1.084	0.320	1.335	0.638	0.544
航空运输业	1.045	0.763	0.831	0.656	0.327	0.182	0.166	0.127
管道运输业	1.191	0.467	0.405	0.417	0.546	0.052	0.025	0.059
装卸搬运和其他运输服务业	1.297	2.337	0.476	0.622	0.218	1.352	0.060	0.177
邮政业	0.382	0.500	0.433	0.424	0.025	0.049	0.020	0.043
电信和其他信息传输服务业	0.991	0.903	0.930	0.968	0.292	0.260	0.203	0.338
软件和信息技术服务	0.378	0.369	0.354	0.333	0.022	0.020	0.000	0.006
货币金融和其他金融服务	2.163	2.867	1.917	2.349	1.086	1.402	0.761	1.226
保险业	0.332	1.025	0.504	0.827	0.009	0.341	0.058	0.218
租赁业	0.400	1.660	1.241	0.364	0.034	0.610	0.268	0.016
商务服务业	2.848	1.900	1.108	1.531	1.570	0.889	0.408	0.691
研究与试验发展业	0.898	0.510	0.533	0.542	0.348	0.113	0.118	0.152
专业技术服务业	1.043	0.446	0.463	0.736	0.426	0.070	0.072	0.247
科技交流和推广服务业	0.930	0.477	0.470	0.433	0.361	0.109	0.042	0.079

表 B-7 2012 年京津冀和中国生产性服务业细分行业的感应度系数

行业类别	感应度系数				对制造业的感应度系数			
	北京	天津	河北	中国	北京	天津	河北	中国
铁路运输	0.464	1.257	1.100	0.736	0.060	0.580	0.579	0.269
道路运输	2.295	2.405	3.126	2.304	1.386	1.320	2.035	1.350
水上运输	2.456	1.163	0.735	0.642	1.509	0.483	0.274	0.206
航空运输	0.491	0.754	0.543	0.780	0.052	0.177	0.066	0.200
管道运输	0.865	0.358	0.442	0.405	0.272	0.020	0.066	0.046
装卸搬运和运输代理	0.488	2.224	1.018	0.785	0.081	1.033	0.368	0.288
邮政	2.972	0.378	0.388	0.468	1.909	0.016	0.029	0.062
电信和其他信息传输服务	1.060	0.494	0.580	0.856	0.344	0.074	0.116	0.208
软件和信息技术服务	2.790	0.476	0.568	0.471	1.480	0.063	0.098	0.072
货币金融和其他金融服务	0.685	3.055	3.693	3.910	0.201	1.538	2.004	2.169
保险	0.415	0.787	0.724	0.619	0.043	0.191	0.246	0.132
租赁	0.397	1.090	0.613	0.456	0.013	0.322	0.114	0.063
商务服务	0.483	2.103	1.372	2.565	0.076	0.931	0.475	1.364
研究和试验发展	0.425	0.322	0.411	0.637	0.046	0.002	0.065	0.226
专业技术服务	1.620	0.360	0.931	0.893	0.677	0.024	0.325	0.268
科技推广和应用服务	1.810	0.411	0.350	0.659	0.902	0.072	0.020	0.252

表 B-8 2017 年京津冀和中国生产性服务业细分行业的感应度系数

行业类别	感应度系数				对制造业的感应度系数			
	北京	天津	河北	中国	北京	天津	河北	中国
铁路运输	1.022	0.901	1.413	0.823	0.540	0.414	0.611	0.289
道路运输	3.878	4.070	2.274	2.768	1.995	2.615	1.085	1.651
水上运输	0.916	0.803	0.925	0.655	0.413	0.349	0.301	0.200
航空运输	1.074	0.636	0.787	0.847	0.209	0.178	0.099	0.239
管道运输	0.001	0.336	0.452	0.476	0	0.019	0.015	0.083
其他运输、装卸搬运和仓储	0.988	1.240	1.446	1.042	0.268	0.555	0.462	0.453
邮政	0.128	0.387	0.608	0.749	0.060	0.042	0.050	0.255
电信和其他信息传输服务	0.492	0.536	0.627	0.798	0.073	0.085	0.034	0.158
软件和信息技术服务	1.011	0.515	1.230	0.940	0.190	0.086	0.095	0.323
货币金融和其他金融服务	5.008	4.847	4.453	3.852	1.470	2.965	2.040	2.046

续表 B-8

行业类别	感应度系数				对制造业的感应度系数			
	北京	天津	河北	中国	北京	天津	河北	中国
保险	0.680	0.748	1.227	0.700	0.045	0.209	0.172	0.161
租赁	0.621	1.074	0.991	0.585	0.103	0.422	0.188	0.107
商务服务	10.064	3.617	2.610	3.758	3.978	2.059	0.911	2.042
研究和试验发展	0.005	0.301	0.446	0.351	0	0	0.009	0
专业技术服务	1.554	0.582	0.862	0.974	0.310	0.099	0.169	0.253
科技推广和应用服务	0.372	0.517	0.433	0.741	0.161	0.149	0.005	0.286

表 B-9　2007—2012 年京津冀和中国生产性服务业细分行业的感应度系数变化情况

行业类别	感应度系数				对制造业的感应度系数			
	北京	天津	河北	中国	北京	天津	河北	中国
铁路运输	-1.040	-0.718	-0.450	-0.193	-0.649	-0.511	-0.198	-0.105
道路运输	0.010	-1.169	0.584	0.653	-0.028	-0.840	0.612	0.466
水上运输	1.636	-1.064	-0.520	-0.441	1.189	-0.853	-0.364	-0.338
航空运输	-0.554	-0.010	-0.289	0.124	-0.275	-0.005	-0.100	0.073
管道运输	-0.326	-0.109	0.037	-0.012	-0.275	-0.032	0.041	-0.013
其他运输、装卸搬运和仓储	-0.809	-0.113	0.542	0.163	-0.136	-0.319	0.308	0.111
邮政业	2.590	-0.122	-0.045	0.043	1.884	-0.033	0.009	0.020
电信和其他信息传输服务	0.069	-0.409	-0.350	-0.112	0.052	-0.186	-0.087	-0.129
软件和信息技术服务	2.411	0.107	0.214	0.137	1.458	0.042	0.098	0.066
货币金融和其他金融服务	-1.478	0.188	1.776	1.561	-0.884	0.137	1.243	0.943
保险	0.083	-0.237	0.220	-0.208	0.034	-0.151	0.188	-0.087
租赁	-0.003	-0.570	-0.628	0.091	-0.021	-0.287	-0.154	0.047
商务服务	-2.365	0.203	0.263	1.034	-1.494	0.042	0.067	0.673
研究和试验发展	-0.473	-0.188	-0.122	0.095	-0.302	-0.111	-0.053	0.075
专业技术服务	0.578	-0.086	0.468	0.158	0.251	-0.045	0.253	0.021
科技推广和应用服务	0.880	-0.066	-0.120	0.226	0.541	-0.037	-0.022	0.173

表 B-10　2012—2017 年京津冀和中国生产性服务业细分行业的感应度系数变化情况

行业类别	感应度系数				对制造业的感应度系数			
	北京	天津	河北	中国	北京	天津	河北	中国
铁路运输	0.558	-0.356	0.313	0.087	0.479	-0.167	0.032	0.020
道路运输	1.583	1.665	-0.852	0.465	0.609	1.295	-0.950	0.301
水上运输	-1.540	-0.359	0.190	0.013	-1.096	-0.134	0.027	-0.006
航空运输	0.583	-0.117	0.244	0.067	0.158	0.001	0.033	0.039
管道运输	-0.865	-0.022	0.010	0.071	-0.271	0	-0.051	0.037
其他运输、装卸搬运和仓储	0.500	-0.984	0.428	0.257	0.186	-0.478	0.094	0.165
邮政	-2.844	0.009	0.219	0.281	-1.849	0.026	0.021	0.192
电信和其他信息传输服务	-0.569	0.041	0.047	-0.058	-0.271	0.010	-0.081	-0.050
软件和信息技术服务	-1.779	0.039	0.662	0.469	-1.290	0.024	-0.003	0.252
货币金融和其他金融服务	4.323	1.792	0.760	-0.058	1.269	1.427	0.037	-0.123
保险	0.265	-0.039	0.502	0.081	0.002	0.019	-0.074	0.030
租赁	0.224	-0.016	0.379	0.129	0.090	0.099	0.074	0.043
商务服务	9.580	1.515	1.238	1.193	3.902	1.128	0.436	0.677
研究和试验发展	-0.420	-0.021	0.035	-0.286	-0.046	-0.002	-0.056	-0.226
专业技术服务	-0.067	0.222	-0.069	0.080	-0.367	0.074	-0.156	-0.016
科技推广和应用服务	-1.438	0.105	0.083	0.082	-0.741	0.077	-0.015	0.034

参考文献

[1] Airoldi A, Janetti G B, Gambardella A, et al. The impact of urban structure on the location of producer services[J]. Service Industries Journal, 1997, 17(1): 91-114.

[2] Alonso-Villar O, Chamorro-Rivas J M. How do producer services affect the location of manufacturing firms? The role of information accessibility[J]. Environment and Planning A, 2001, 33(9): 1621-1642.

[3] Andersson M. Co-location of manufacturing & producer services: A simultaneous equation approach[J]. Working Paper, 2004: 94-124.

[4] Andreoni A, Gomez C L. Can we live on services? Exploring manufacturing-services interfaces and their implications for industrial policy design[J]. Proceedings of DRUID Academy, 2012.

[5] Bailey D, De Propris L. Manufacturing reshoring and its limits: the UK automotive case[J]. Cambridge Journal of Regions, Economy and Society, 2014,7(3):379-395.

[6] Balland P A, Boschma R, Frenken K. Proximity and innovation: from statics to dynamics[J]. Regional Studies, 2015, 49(6): 907-920.

[7] Bathelt H, Malmberg A, Maskell P. Clusters and knowledge: local buzz, global pipelines and the process of knowledge creation[J]. Progress in Human Geography, 2004, 28(1): 31-56.

[8] Baldwin J R, Beckstead D, Mark Brown W, et al. Agglomeration and the geography of localization economies in Canada[J]. Regional Studies, 2008, 42(1): 117-132.

[9] Bennett R J, Smith C. The influence of location and distance on the supply of business advice[J]. Environment and Planning A, 2002, 34(2): 251-270.

[10] Bennett R J, Robson P J A. The use of external business advice by SMEs in Britain[J]. Entrepreneurship & Regional Development, 1999, 11(2): 155-180.

[11] Bennett R J, Bratton W A, Robson P J A. Business advice: the influence of distance[J]. Regional Studies, 2000, 34(9): 813-828.

[12] Beyers W B. Producer services[J]. Progress in Human Geography, 1992, 16(4): 573-583.

[13] Billings S B, Johnson E B. Agglomeration within an urban area[J]. Journal of Urban Economics, 2016 (91): 13-25.

[14] Boiteux-Orain C, Guillain R. Changes in the intrametropolitan location of producer services in Île-de-France (1978-1997): do information technologies promote a more dispersed spatial pattern? [J]. Urban Geography, 2004, 25(6): 550-578.

[15] Boschma R. Proximity and innovation: a critical assessment[J]. Regional Studies, 2005, 39(1): 61-74.

[16] Bowen Jr J T, Leinbach T R. Air cargo services in Asian industrialising economies: Electronics manufacturers and the strategic use of advanced producer services[J]. Papers in Regional Science, 2003, 82 (3): 309-332.

[17] Bowen Jr J T, Leinbach T R. Competitive advantage in global production networks: air freight services and the electronics industry in Southeast Asia[J]. Economic Geography, 2006, 82(2): 147-166.

[18] Bryson J R. Business service firms, service space and the management of change[J]. Entrepreneurship & Regional Development, 1997, 9(2): 93-112.

[19] Bryson J R, Taylor M. Competitiveness by design and inimitability through service: understanding the dynamics of firm-based competition in the West Midlands jewellery and lock industries[J]. The Service Industries Journal, 2010, 30(4): 583-596.

[20] Bryson J R, Daniels P W. Business Link, strong ties, and the walls of silence: small and medium-sized enterprises and external business-service expertise[J]. Environment and Planning C: Government and Policy, 1998, 16(3): 265-280.

[21] Bryson J R, Daniels P W. Small and medium-sized enterprises and the consumption of traded (producer service expertise) versus untraded knowledge and expertise[M]. Chapters, 2007. In the Handbook of Service Industries. Edward Elgar Publishing.

[22] Bryson J R, Jennifer C, Rachel M. The competitiveness and evolving geography of British manufacturing: where is manufacturing tied locally and how might this change[C]//Future of Manufacturing Project: Evidence Paper 3, 2013: 1-14.

[23] Bryson, J R. Hybrid manufacturing systems and hybrid products: Services, production and industrialisation [M]. 2009. Unversity of Aachen.

[24] Bryson J R, Sundbo J, Fuglsang L, et al. Servitization and manufacturing companies[M]//Service Management. Palgrave Macmillan, Cham, 2020: 223-238.

[25] Burger M, Meijers E. Form follows function? Linking morphological and functional polycentricity[J]. Urban Studies, 2012, 49(5): 1127-1149.

[26] Coe N M , Hess M , Yeung W C , et al. "Globalizing" regional development: a global production networks perspective[J]. Transactions of the Institute of British Geographers, 2004, 29(4):468-484.

[27] Coffey W J, Bailly A S. Producer services and flexible production: an exploratory analysis[J]. Growth and Change, 1991, 22(4): 95-117.

[28] Coffey W J, Shearmur R G. Agglomeration and dispersion of high-order service employment in the Montreal metropolitan region, 1981-1996[J]. Urban Studies, 2002, 39(3): 359-378.

[29] Daniels P W, Bryson J R. Manufacturing services and servicing manufacturing: knowledge-based cities and changing forms of production[J]. Urban Studies, 2002, 39(5-6): 977-991.

[30] De Propris L, Storai D. Servitizing industrial regions[J]. Regional Studies, 2019, 53(3): 388-397.

[31] Delange N. Locations of producer services in Germany-Wirtschaftsppufer(certified public accountants) as an example[J]. Geographische Zeitschrift, 1993, 81(1-2): 18-34.

[32] Devereux M P, Griffith R, Simpson H. The geographic distribution of production activity in the UK[J]. Regional Science and Urban Economics, 2004, 34(5): 533-564.

[33] Deza X V, López M G. Regional concentration of knowledge-intensive business services in Europe[J]. Environment and Planning C: Government and Policy, 2014, 32(6): 1036-1058.

[34] Dicken P. Global shift: reshaping the global economic map in the 21st century[M]. Sage, 2003.

[35] Duranton G, Puga D. From sectoral to functional urban specialisation[J]. Journal of Urban Economics, 2005, 57(2): 343-370.

[36] Duranton G, Overman H G. Exploring the detailed location patterns of UK manufacturing industries using microgeographic data[J]. Journal of Regional Science, 2008, 48(1): 213-243.

[37] Ellison G, Glaeser E L. Geographic concentration in US manufacturing industries: a dartboard approach [J]. Journal of Political Economy, 1997, 105(5): 889-927.

[38] Ellison G, Glaeser E L, Kerr W R. What causes industry agglomeration? evidence from coagglomeration patterns[J]. American Economic Review, 2010, 100(3): 1195-1213.

[39] Esparza A, Krmenec A J. Producer services trade in city systems: evidence from Chicago[J]. Urban Studies, 1994, 31(1): 29-46.

[40] Esparza A, Krmenec A J. The spatial extent of producer service markets: hierarchical models of interaction revisited[J]. Papers in Regional Science, 1996, 75(3): 375-395.

[41] Faggio G, Silva O, Strange W C. Heterogeneous agglomeration[J]. Review of Economics and Statistics, 2017, 99(1): 80-94.

[42] Feng P, Growe A, Shen Y. Regionalization and functional specialization in Chinese mega-city regions: Changing functional patterns of manufacturing and KIBS activities in the polycentric mega-city region of the Pearl River Delta[J]. Erdkunde, 2020,74(3):161-177.

[43] Feng P, Growe A, Shen Y. The middle-aged and knowledge workers: demographic and economic changes in the Pearl River Delta, China[J]. Chinese Geographical Science,2022,32(2):268-284.

[44] Friedmann J, Wolff G. World city formation: An agenda for research and action[M]. Graduate School of Architecture and Urban Planning, University of California, Los Angeles, 1982.

[45] Gallego J, Maroto A. The specialization in knowledge-intensive business services (KIBS) across Europe: Permanent co-localization to debate[J]. Regional Studies, 2015, 49(4): 644-664.

[46] Goe W R. The producer services sector and development within the deindustrializing urban community [J]. Social Forces, 1994, 72(4): 971-1009.

[47] Goe W R, Lentnek B, Mac Pherson A, et al. The role of contact requirements in producer services location[J]. Environment and Planning A, 2000, 32(1): 131-145.

[48] Gomes E, Bustinza O F, Tarba S, et al. Antecedents and implications of territorial servitization[J]. Regional Studies, 2019, 53(3): 410-423.

[49] Golara S, Dooley K J, Mousavi N. Are Dealers Still Relevant? how dealer service quality impacts manufacturer success[J]. Production and Operations Management,2021.

[50] Growe A. Emerging polycentric city-regions in Germany. Regionalisation of economic activities in metropolitan regions[J]. Erdkunde, 2012: 295-311.

[51] Growe A. Where do KIBS workers work in Germany? Shifting patterns of KIBS employment in metropoles, regiopoles and industrialised hinterlands[J]. Erdkunde, 2016: 201-215.

[52] Growe A. Developing trust in face-to-face interaction of knowledge-intensive business services (KIBS) [J]. Regional Studies, 2019a, 53(5): 720-730.

[53] Growe A. Buzz at workplaces in knowledge-intensive service production: spatial settings of temporary spatial proximity[J]. European Urban and Regional Studies, 2019b, 26(4): 434-448.

[54] Guerrieri P, Meliciani V. International competitiveness in producer services[J]. Available at SSRN 521445, 2004.

[55] Hanssens H, Derudder B, Witlox F. Managing organizational and geographical complexity: The'positionality' of advanced producer services in the globalizing economies of metropolitan regions[J]. Erdkunde, 2012: 45-55.

[56] Hanssens H, Derudder B, Witlox F. Are advanced producer services connectors for regional economies? An exploration of the geographies of advanced producer service procurement in Belgium[J]. Geoforum, 2013(47): 12-21.

[57] Hanssens H, Derudder B, Van Aelst S, et al. Assessing the functional polycentricity of the mega-city-region of Central Belgium based on advanced producer service transaction links[J]. Regional Studies, 2014, 48(12): 1939-1953.

[58] Hall P G, Pain K. The polycentric metropolis: learning from mega-city regions in Europe[M]. Routledge, 2006.

[59] Harrington J W, MacPherson A D, Lombard J R. Interregional trade in producer services: review and Synthesis[J]. Growth and Change, 1991, 22(4): 75-94.

[60] Henderson J, Dicken P, Hess M, et al. Global production networks and the analysis of economic development[J]. Review of International Political Economy, 2002, 9(3): 436-464.

[61] Hitchens D, O'Farrell P N, Conway C. Business service use by manufacturing firms in Mid Wales[J]. Environment and Planning A, 1994, 26(1): 95-106.

[62] Horváth K, Rabetino R. Knowledge-intensive territorial servitization: regional driving forces and the role of the entrepreneurial ecosystem[J]. Regional Studies, 2019, 53(3): 330-340.

[63] Howard E, Newman C, Tarp F. Measuring industry coagglomeration and identifying the driving forces [J]. Journal of Economic Geography, 2016, 16(5): 1055-1078.

[64] Hu C, Zhou Y, He C. Regional industrial development in a dual-core industry space in China: The role of the missing service[J]. Habitat International, 2019(94): 102072.

[65] Hu T S. Developments in interactive relationships and knowledge between KIBS firms and their clients in Taiwan[J]. Knowledge Management Research & Practice, 2017, 15(2): 257-271.

[66] Hu T S, Lin C Y, Chang S L. Knowledge intensive business services and client innovation[J]. The Service Industries Journal, 2013, 33(15-16): 1435-1455.

[67] Huallacháin B Ó, Reid N. The intrametropolitan location of services in the United States[J]. Urban Geography, 1992, 13(4): 334-354.

[68] Huallacháin B Ó, Leslie T F. Producer services in the urban core and suburbs of Phoenix, Arizona[J]. Urban Studies, 2007, 44(8): 1581-1601.

[69] O' Sullivan A, Strange W C. The emergence of coagglomeration[J]. Journal of Economic Geography, 2018, 18(2): 293-317.

[70] Illeris S. Proximity between service producers and service users[J]. Tijdschrift voor Economische en Sociale geografie, 1994, 85(4): 294-302.

[71] Illeris S. The role of services in regional and urban development: a reappraisal of our understanding[J]. The Service Industries Journal, 2005, 25(4): 447-460.

[72] Jacobs W, Koster H R A, Van Oort F. Co-agglomeration of knowledge-intensive business services and multinational enterprises[J]. Journal of Economic Geography, 2014, 14(2): 443-475.

[73] Juleff-Tranter L E. Advanced producer services: Just a service to manufacturing? [J]. Service Industries journal, 1996, 16(3): 389-400.

[74] Kautonen M. KIBS as global pipelines of regional innovation systems: a finnish perspective[C]//Proceedings of the XX International Conference of RESER. 2010.

[75] Ke S, He M, Yuan C. Synergy and co-agglomeration of producer services and manufacturing: a panel data analysis of Chinese cities[J]. Regional Studies, 2014, 48(11): 1829-1841.

[76] Kolko J. Urbanization, agglomeration, and coagglomeration of service industries[M]//Agglomeration Economics. University of Chicago Press, 2010: 151-180.

[77] Krmenec A J, Esparza A X. Entrepreneurship and extraregional trade in the producer services[J]. Growth and Change, 1999, 30(2): 213-236.

[78] Lafuente E, Vaillant Y, Vendrell-Herrero F. Territorial servitization: exploring the virtuous circle connecting knowledge-intensive services and new manufacturing businesses[J]. International Journal of Pro-

duction Economics, 2017(192): 19-28.

[79] Lafuente E, Vaillant Y, Vendrell-Herrero F. Territorial servitization and the manufacturing renaissance in knowledge-based economies[J]. Regional Studies, 2019, 53(3): 313-319.

[80] Leinbach T R, Bowen Jr J T. Air cargo services and the electronics industry in Southeast Asia[J]. Journal of Economic Geography, 2004, 4(3): 299-321.

[81] Lentnek B, Macpherson A, Phillips D. Optimum producer-service location[J]. Environment and Planning A, 1992, 24(4): 467-479.

[82] Lentnek B, Macpherson A, Phillips D. A market coverage model for producer services[J]. Papers in Regional Science, 1995, 74(4): 389-399.

[83] Leontief W W. Quantitative input and output relations in the economic systems of the United States[J]. The Review of Economic Statistics, 1936: 105-125.

[84] Liu Y, Lattemann C, Xing Y, et al. The emergence of collaborative partnerships between knowledge-intensive business service (KIBS) and product companies: The case of Bremen, Germany[J]. Regional Studies, 2019, 53(3): 376-387.

[85] Lüthi S, Thierstein A, Goebel V. Intra-firm and extra-firm linkages in the knowledge economy: The case of the emerging mega-city region of Munich[J]. Global Networks, 2010, 10(1): 114-137.

[86] Lund H B, Steen M. Make at home or abroad? Manufacturing reshoring through a GPN lens: A Norwegian case study[J]. Geoforum, 2020(113):154-164.

[87] MacPherson A D, Vanchan V. Locational patterns and competitive characteristics of industrial design firms in the United States[M]//Industrial Design, Competition and Globalization. Palgrave Macmillan, London, 2010: 81-92.

[88] Macpherson A. Interfirm information linkages in an economically disadvantaged region: an empirical perspective from metropolitan Buffalo[J]. Environment and Planning A, 1991a, 23(4): 591-606.

[89] Macpherson A. New product development among small industrial firms: a comparative assessment of the role of technical service linkages in Toronto and Buffalo[J]. Economic Geography, 1991b, 67(2): 136-146.

[90] Macpherson A. The role of producer service outsourcing in the innovation performance of New York State manufacturing firms[J]. Annals of the Association of American Geographers, 1997, 87(1): 52-71.

[91] Macpherson A. Producer service linkages and industrial innovation: results of a twelve-year tracking study of New York State manufacturers[J]. Growth and Change, 2008, 39(1): 1-23.

[92] Makun P, Macpherson D. Externally-assisted product innovation in the manufacturing sector: the role of location, inhouse R&D and outside technical support[J]. Regional Studies, 1997, 31(7): 659-668.

[93] Marshall J N, Damesick P, Wood P. Understanding the location and role of producer services in the United Kingdom[J]. Environment and Planning A, 1987, 19(5): 575-595.

[94] Michalak W, Fairbairn K J. The location of producer services in Edmonton[J]. Canadian Geographer/Le Géographe Canadien, 1993, 37(1): 2-16.

[95] Nelson H J. A service classification of American cities[J]. Economic Geography, 1955, 31(3): 189-210.

[96] Neilson J, Pritchard B, Yeung W C. Global value chains and global production networks in the changing international political economy: an introduction[J]. Review of International Political Economy, 2014, 21(1):1-8.

[97] O'Farrell P N, Hitchens D. Research policy and review 32. Producer services and regional development:

A review of some major conceptual policy and research issues[J]. Environment and Planning A, 1990, 22(9): 1141-1154.

[98] Pan F, Bi W, Lenzer J, et al. Mapping urban networks through inter-firm service relationships: the case of china[J]. Urban Studies, 2017, 54(16): 3639-3654.

[99] Pan F, Bi W, Liu X, et al. Exploring financial centre networks through inter-urban collaboration in high-end financial transactions in China[J]. Regional Studies, 2020, 54(2): 162-172.

[100] Phillips D, Mac Pherson A D, Lentnek B. The optimum size of a producer service firm facing uncertain demand[J]. Environment and Planning A, 1998, 30(1): 129-141.

[101] Raff H, Von der Ruhr M. Foreign direct investment in producer services: theory and empirical evidence [J]. Available at SSRN 289083, 2001(53): 299-321.

[102] Rossi E C, Beaverstock J V, Taylor P J. Transaction links through cities:'decision cities'and 'service cities' in outsourcing by leading Brazilian firms[J]. Geoforum, 2007, 38(4): 628-642.

[103] Rusten G, Bryson J R. Understanding the relationship between information communications technology and the behaviour of firms Located in regional clusters[J]. Chapters, 2007.

[104] Rusten G, Gammelsaeter H, Bryson J. Combinational and dislocated knowledge and the Norwegian client-consultant relationship[J]. The Service Industries Journal, 2004, 24(1): 155-170.

[105] Rusten G, Bryson J R, Gammelsaeter H. Dislocated versus local business service expertise and knowledge: the acquisition of external management consultancy expertise by small and medium-sized enterprises in Norway[J]. Geoforum, 2005, 36(4): 525-539.

[106] Sassen S. The global city[M]. Princeton University Press, 2013.

[107] Schiller D, Burger M J, Karreman B. The functional and sectoral division of labour between Hong Kong and the Pearl River Delta: from complementarities in production to competition in producer services? [J]. Environment and Planning A, 2015, 47(1): 188-208.

[108] Schwartz A. Corporate service linkages in large metropolitan areas: a study of New York, Los Angeles, and Chicago[J]. Urban Affairs Quarterly, 1992, 28(2): 276-296.

[109] Schwartz A. Subservient suburbia: the reliance of large suburban companies on central city firms for financial and professional services[J]. Journal of the American Planning Association, 1993, 59(3): 288-305.

[110] Scott A J. Global city-regions: trends, theory, policy[M]. Oxford: Oxford University Press,2001.

[111] Sforzi F, Boix R. Territorial servitization in Marshallian industrial districts: the industrial district as a place-based form of servitization[J]. Regional Studies, 2019, 53(3): 398-409.

[112] Shearmur R, Alvergne C. Intrametropolitan patterns of high-order business service location: a comparative study of seventeen sectors in Ile-de-France[J]. Urban Studies, 2002, 39(7): 1143-1163.

[113] Shearmur R, Doloreux D. Urban hierarchy or local buzz? High-order producer service and (or) knowledge-intensive business service location in Canada, 1991-2001 [J]. The Professional Geographer, 2008, 60(3): 333-355.

[114] Shearmur R, Doloreux D. Knowledge-intensive business services (KIBS) use and user innovation: high-order services, geographic hierarchies and internet use in Quebec's manufacturing sector[J]. Regional Studies, 2015, 49(10): 1654-1671.

[115] Shearmur R, Doloreux D. Central places or networks? Paradigms, metaphors, and spatial configurations of innovation-related service use[J]. Environment and Planning A, Economy and Space, 2015, 47(7): 1521-1539.

[116] Shearmur R, Doloreux D. KIBS as both innovators and knowledge intermediaries in the innovation process: Intermediation as a contingent role[J]. Papers in Regional Science, 2019, 98(1): 191-209.

[117] Smith A, Rainnie A, Dunford M, et al. Networks of value, commodities and regions: Reworking divisions of labour in macro-regional economics[J]. Progress in Human Geography, 2002, 26(1): 41-63.

[118] Strambach S. The impotance of networks for knowledge-intensive producer services-empirical results of the Rhine-Neckar area[J]. Geographische Zeitschrift, 1993, 81(1-2): 35-50.

[119] Taylor P J. Specification of the world city network[J]. Geographical Analysis, 2001, 33(2): 181-194.

[120] Taylor P J, Derudder B, Faulconbridge J, et al. Advanced producer service firms as strategic networks, global cities as strategic places[J]. Economic Geography, 2014, 90(3): 267-291.

[121] Taylor P J, Derudder B, Hoyler M, et al. New regional geographies of the world as practised by leading advanced producer service firms in 2010[J]. Transactions of the Institute of British Geographers, 2013, 38(3): 497-511.

[122] Torre A. On the role played by temporary geographical proximity in knowledge transmission[J]. Regional Studies, 2008, 42(6): 869-889.

[123] Torre A, Rallet A. Proximity and localization[J]. Regional Studies, 2005, 39(1): 47-59.

[124] Turok I, Bailey N. The theory of polynuclear urban regions and its application to central Scotland[J]. European Planning Studies, 2004, 12(3): 371-389.

[125] Vaillant Y, Lafuente E, Horváth K. Local product-service innovation systems: T-KIBS contribute most to local manufacturing performance[J]. Available at SSRN 3356879, 2019.

[126] Vanchan V. Communication and relationships between industrial design companies and their customers [J]. Industrial Geographer, 2007, 4(2):28-46.

[127] Vanchan V, Macpherson A. The competitive characteristics of US firms in the industrial design sector: empirical evidence from a national survey[J]. Competition & Change, 2008, 12(3): 262-280.

[128] Vanchan V, Mulhall R, Bryson J. Repatriation or reshoring of manufacturing to the US and UK: dynamics and global production networks or from here to there and back again[J]. Growth and Change, 2018, 49(1): 97-121.

[129] Wagner M, Growe A. Regional urbanization and knowledge-intensive business activities (KIBS): an example of small and medium-sized cities in the Greater Stuttgart Region (Germany)[J]. Urban Science, 2020a, 4(1): 1.

[130] Wagner M, Growe A. Creativity-enhancing work environments: eventisation through an inspiring work atmosphere in temporary proximity[J]. Raumforschung and Raumordnung-Spatial Research and Planning, 2020b, 78(1): 53-70.

[131] Wang F, Hu Y, Wang S, et al. Local indicator of colocation quotient with a statistical significance test: examining spatial association of crime and facilities[J]. The Professional Geographer, 2017, 69(1): 22-31.

[132] Waiengnier M, Van Hamme G, Hendrikse R, et al. Metropolitan geographies of advanced producer services: centrality and concentration in Brussels[J]. Tijdschrift Voor Economische En Sociale Geografie, 2020, 111(4): 585-600.

[133] Wen Y, Thill J C. Identification, structure and dynamic characteristics of the Beijing-Tianjin-Hebei mega-city region[J]. Cambridge Journal of Regions, Economy and Society, 2016, 9(3): 589-611.

[134] Wyrwich M. New KIBS on the bloc: the role of local manufacturing for start-up activity in knowledge-in-

tensive business services[J]. Regional Studies, 2019, 53(3): 320-329.

[135] Yang F, Yeh A G O, Wang J. Regional effects of producer services on manufacturing productivity in China[J]. Applied Geography, 2018(97): 263-274.

[136] Yang Z, Song T, Chahine T. Spatial representations and policy implications of industrial co-agglomerations, a case study of Beijing[J]. Habitat International, 2016(55): 32-45.

[137] Yeh A G O, Chen Z. From cities to super mega city regions in China in a new wave of urbanisation and economic transition: issues and challenges[J]. Urban Studies, 2020, 57(3): 636-654.

[138] Yeh A G O, Yang F F, Wang J. Producer service linkages and city connectivity in the mega-city region of China: a case study of the Pearl River Delta[J]. Urban Studies, 2015, 52(13): 2458-2482.

[139] Yeh A G O, Yang F F, Xu Z. Will rural urbanization produce a new producer service space in China? [J]. Habitat International, 2017(67): 105-117.

[140] Yuan F, Gao J, Wang L, et al. Co-location of manufacturing and producer services in Nanjing, China [J]. Cities, 2017(63): 81-91.

[141] Zhao M, Liu X, Derudder B, et al. Mapping producer services networks in mainland Chinese cities [J]. Urban Studies, 2015, 52(16): 3018-3034.

[142] Zhao M, Derudder B, Huang J. Examining the transition processes in the Pearl River Delta polycentric mega-city region through the lens of corporate networks[J]. Cities, 2017(60): 147-155.

[143] 曹毅,申玉铭,邱灵.天津生产性服务业与制造业的产业关联分析[J].经济地理,2009,29(5): 771-776.

[144] 曹玉红,宋艳卿,朱胜清,等.基于点状数据的上海都市型工业空间格局研究[J].地理研究,2015, 34(9):1708-1720.

[145] 陈国亮,陈建军.产业关联、空间地理与二三产业共同集聚:来自中国212个城市的经验考察[J].管理世界,2012(4):82-100.

[146] 陈国亮,唐根年.基于互联网视角的二三产业空间非一体化研究:来自长三角城市群的经验证据[J].中国工业经济,2016(8):76-92.

[147] 陈建军,陈菁菁.生产性服务业与制造业协调发展研究综述:基于产业及空间层面的解释[J].社会科学战线,2011(9):40-47.

[148] 陈建军,陈菁菁.生产性服务业与制造业的协同定位研究:以浙江省69个城市和地区为例[J].中国工业经济,2011(6):141-150.

[149] 陈建军,陈国亮,黄洁.新经济地理学视角下的生产性服务业集聚及其影响因素研究:来自中国222个城市的经验证据[J].管理世界,2009(4):83-95.

[150] 陈菁菁.空间视角下的生产性服务业与制造业的协调发展研究[D].杭州:浙江大学,2011.

[151] 陈娜,顾乃华.我国生产性服务业与制造业空间分布协同效应研究[J].产经评论,2013,4(5):35-45.

[152] 陈曦,席强敏,李国平.制造业内部产业关联与空间分布关系的实证研究[J].地理研究,2015,34(10):1943-1956.

[153] 陈宪,黄建锋.分工、互动与融合:服务业与制造业关系演进的实证研究[J].中国软科学,2004(10):65-71,76.

[154] 陈晓峰.生产性服务业与制造业的协同集聚效应分析:以长三角地区为例[J].城市问题,2016(12):63-70.

[155] 程大中.中国生产者服务业的增长、结构变化及其影响:基于投入-产出法的分析[J].财贸经济,2006(10):45-52,96-97.

[156] 程大中. 中国生产性服务业的水平、结构及影响：基于投入-产出法的国际比较研究[J]. 经济研究，2008(1)：76-88.

[157] 楚明钦. 上海生产性服务业与装备制造业融合程度研究：基于长三角及全国投入产出表的比较分析[J]. 上海经济研究，2015(2)：94-100.

[158] 杜传忠，王鑫，刘忠京. 制造业与生产性服务业耦合协同能提高经济圈竞争力吗?：基于京津冀与长三角两大经济圈的比较[J]. 产业经济研究，2013，67(6)：19-28.

[159] 方创琳. 京津冀城市群协同发展的理论基础与规律性分析[J]. 地理科学进展，2017，36(1)：15-24.

[160] 方田红. 上海工业设计业合作网络研究[D]. 上海：华东师范大学，2015.

[161] 方远平，杨伟铭，谢蔓. 广东省服务业产业关联效应研究：基于投入-产出法[J]. 产经评论，2013(4)：22-31.

[162] 冯剑. 京津冀城市群生产性服务业与制造业协同集聚的机理和效应研究[D]. 北京：中央财经大学，2018.

[163] 冯鹏飞，申玉铭. 北京生产性服务业和制造业共同集聚研究[J]. 首都经济贸易大学学报，2017，19(2)：49-59.

[164] 冯鹏飞，申玉铭，曾春水. 北京生产性服务业与电子信息制造业共同集聚特征及影响因素[J]. 城市发展研究，2019，26(9)：125-132，140.

[165] 冯鹏飞. 北京生产性服务业和制造业共同集聚研究[D]. 北京：首都师范大学，2017.

[166] 高传胜，刘志彪. 生产者服务与长三角制造业集聚和发展：理论、实证与潜力分析[J]. 上海经济研究，2005(8)：35-42.

[167] 高峰. 服务业和制造业协同集聚：决定因素及其效应[D]. 南京：南京大学，2007.

[168] 公维民，张志斌，高峰，等. 关联视角下兰州市生产性服务业与制造业空间分布及区位选择比较[J]. 地理研究，2021，40(11)：3154-3172.

[169] 顾乃华. 生产性服务业对工业获利能力的影响和渠道：基于城市面板数据和 SFA 模型的实证研究[J]. 中国工业经济，2010(5)：48-58.

[170] 顾乃华，毕斗斗，任旺兵. 生产性服务业与制造业互动发展：文献综述[J]. 经济学家，2006(6)：35-41.

[171] 顾乃华，毕斗斗，任旺兵. 中国转型期生产性服务业发展与制造业竞争力关系研究：基于面板数据的实证分析[J]. 中国工业经济，2006(9)：14-21.

[172] 郭怀英. 韩国生产性服务业促进制造业结构升级研究[J]. 宏观经济研究，2008(2)：23-28.

[173] 韩斌，刘朝明，汪涛. 川渝地区产业关联与产业合作政策研究[J]. 经济学家，2008(6)：64-69.

[174] 贺灿飞. 区域产业发展演化：路径依赖还是路径创造？[J]. 地理研究，2018，37(7)：1253-1267.

[175] 贺灿飞，肖晓俊. 产业集聚、产业共聚与中国制造业生产率[J]. 哈尔滨工业大学学报(社会科学版)，2012，14(1)：111-120.

[176] 贺灿飞，朱晟君. 中国产业发展与布局的关联法则[J]. 地理学报，2020，75(12)：2684-2698.

[177] 贺灿飞，王文宇，郭琪. 中国工业地理学的传承发展与转型[J]. 地理学报，2021，76(8)：1815-1834.

[178] 胡丹. 北京市生产性服务业与制造业互动的空间结构研究[D]. 北京：首都师范大学，2009.

[179] 加里·皮萨诺，威利·史，皮萨诺，等. 制造繁荣：美国为什么需要制造业复兴[M]. 北京：机械工业出版社，2014.

[180] 姜达洋. 服务业振兴、京津冀协同与天津城市经济建设[M]. 北京：经济科学出版社，2019.

[181] 江静，刘志彪，于明超. 生产者服务业发展与制造业效率提升：基于地区和行业面板数据的经验分

析[J]. 世界经济,2007(8):52-62.
[182] 江曼琦,席强敏. 生产性服务业与制造业的产业关联与协同集聚[J]. 南开学报(哲学社会科学版),2014(1):153-160.
[183] 蒋海兵,李业锦. 京津冀地区制造业空间格局演化及其驱动因素[J]. 地理科学进展,2021,40(5):721-735.
[184] 李碧花. 生产性服务业布局的产业基础和区位条件研究:以会计师事务所为例[J]. 广东财经大学学报,2014,29(6):13-22.
[185] 李博,韩增林. 基于投入产出法的大连市生产性服务业与制造业互动研究[J]. 地理科学,2012,32(2):169-175.
[186] 李博,李启航,孙威. 地理学视角的京津冀地区工业企业融资成本分析[J]. 地理学报,2019,74(6):1149-1162.
[187] 李冠霖. 第三产业投入产出分析[M]. 北京:中国物价出版社,2002.
[188] 李国平. 首都发展报告:创新驱动产业转型升级与布局优化[M]. 北京:科学出版社,2017.
[189] 李国平. 京津冀产业协同发展的战略定位及空间格局[J]. 前线,2017(12):92-95.
[190] 李惠娟. 中国三大经济区间服务业溢出和反馈效应:基于三区域间投入产出分析的视角[J]. 当代财经,2014(6):102-110.
[191] 李惠娟. 需求结构与中国服务业增长:基于区域间投入产出分析的视角[J]. 产业经济研究,2013(4):40-49.
[192] 李佳洺,孙威,张文忠. 北京典型行业微区位选址比较研究:以北京企业管理服务业和汽车制造业为例[J]. 地理研究, 2018,37(12): 2541-2553.
[193] 李江帆. 加快发展中国生产服务业研究 [M]. 北京:经济科学出版社,2018.
[194] 李江帆,毕斗斗. 国外生产服务业研究述评[J]. 外国经济与管理,2004(11):16-19,25.
[195] 李江帆,陈泽鹏. 服务产品流与服务输出研究[J]. 中山大学学报(社会科学版),2012,52(4):182-199.
[196] 李江帆,蓝文妍,朱胜勇. 第三产业生产服务:概念与趋势分析[J]. 经济学家,2014(1):56-64.
[197] 李江帆,蓝文妍,朱胜勇. 京沪第三产业生产服务业的水平、结构与影响[J]. 北京工商大学学报(社会科学版),2014,29(2):7-17.
[198] 李宁. 京津冀生产性服务业与制造业协同发展研究[D]. 天津:河北工业大学,2017.
[199] 李善同,高传胜. 中国生产者服务业发展与制造业升级[M]. 上海:上海三联书店, 2008.
[200] 李铁成,刘力. 区域间投入产出模型(IRIO)对我国会展业经济影响分析[J]. 旅游学刊,2014,29(6):34-45.
[201] 李玮,黄耿志,薛德升. 世界城市制造业地域嵌入生产性服务业的过程及其影响因素:以广汽本田和空客汉堡为例[J]. 地理研究,2021,40(2):343-355.
[202] 李宵,申玉铭,邱灵. 京津冀生产性服务业关联特征分析[J]. 地理科学进展,2018,37(2):299-307.
[203] 李仙德. 测量上海产业网络的点入度和点出度:超越后工业化社会的迷思[J]. 地理研究,2016,35(11):2185-2200.
[204] 李煜. 上海大都市区知识密集型产业的空间分布及其影响因素[D]. 上海:华东师范大学,2017.
[205] 梁琦,陆剑宝. 传统制造业集群的生产性服务需求:广东、山西两地 4 个制造业集群样本的考察[J]. 管理评论,2014,26(11):169-181.
[206] 梁志霞,安景文,王鹏. 京津冀城市群知识密集型服务业时空分异及影响因素分析[J]. 城市问题,2020(12):46-56.

[207] 林少颖,韦素琼. 福建省生产性服务业与制造业协同集聚研究[J]. 福建农林大学学报(哲学社会科学版),2017,20(6):50-58.

[208] 林晓,徐伟,杜德斌,等. 上海市风险投资企业的空间分布与“技术—资本”地理邻近性[J]. 地理学报,2019,74(6):1112-1130.

[209] 蔺雪芹,张笑语,王岱. 基于价值链的京津冀汽车产业地域分工及空间组织模式[J]. 经济地理,2018,38(8):92-100.

[210] 刘典,蔺雪芹. 京津冀地区经济协同发展的时空演化特征及影响因素[J]. 城市问题,2020(3):28-37.

[211] 刘红光,刘卫东,刘志高. 区域间产业转移定量测度研究:基于区域间投入产出表分析[J]. 中国工业经济,2011(6):79-88.

[212] 刘辉,申玉铭,邓秀丽. 北京金融服务业空间格局及模式研究[J]. 人文地理,2013,28(5):61-68,93.

[213] 刘明宇,芮明杰,姚凯. 生产性服务价值链嵌入与制造业升级的协同演进关系研究[J]. 中国工业经济,2010(8):66-75.

[214] 刘胜,陈秀英. 金融服务业与制造业空间协同分布驱动制造业转型升级了吗?[J]. 金融经济学研究,2019,34(1):111-120.

[215] 刘书瀚,张瑞,刘立霞. 中国生产性服务业和制造业的产业关联分析[J]. 南开经济研究,2010(6):65-74.

[216] 刘卫东,唐志鹏,韩梦瑶. 中国 2012 年 31 省区市区域间投入产出表[M]. 北京:中国统计出版社,2018.

[217] 刘新争. 基于产业关联的区域产业转移及其效率优化:投入产出的视角[J]. 经济学家,2016(6):43-50.

[218] 刘叶,刘伯凡. 生产性服务业与制造业协同集聚对制造业效率的影响:基于中国城市群面板数据的实证研究[J]. 经济管理,2016,38(6):16-28.

[219] 刘月,邹苗苗,陈建军. 空间经济学视角下的产业协同集聚:一个文献综述[J]. 江淮论坛,2017(3):47-53,193.

[220] 刘周洋,钟韵. 中国制造业集聚与服务业集聚对比的初步探讨[J]. 经济问题探索,2009(11):63-66.

[221] 陆大道. 大都市区的发展及其规划[J]. 经济地理,2009,29(10):1585-1587.

[222] 陆大道. 京津冀城市群功能定位及协同发展[J]. 地理科学进展,2015,34(3):265-270.

[223] 卢明华,周悦颜,刘汉初,等. 北京企业对河北直接投资的时空动态特征及影响因素[J]. 地理科学进展,2020,39(3):389-401.

[224] 卢明华. 区域新型产业分工[M]. 北京:科学出版社,2016.

[225] 陆剑宝,梁琦. 生产性服务业与制造业的空间与产业二重协同:研究述评与展望[J]. 中大管理研究,2012,7(2):106-119.

[226] 马风华,李江帆. 生产服务业与制造业互动研究述评[J]. 经济管理,2008(17):92-96.

[227] 马风华,李江帆. 制造业服务化困境研究动态[J]. 科技进步与对策,2019,36(16):155-160.

[228] 毛汉英. 京津冀协同发展的机制创新与区域政策研究[J]. 地理科学进展,2017,36(1):2-14.

[229] 庞德良,苏宏伟. 日本生产性服务业与制造业产业升级的内生与联动效应分析[J]. 亚太经济,2016(3):60-67.

[230] 彭秀良,魏占杰. 幽燕六百年:京津冀城市群的前世今生[M]. 北京:北京大学出版社,2017.

[231] 邱灵,方创琳. 北京市生产性服务业空间集聚综合测度[J]. 地理研究,2013,32(1):99-110.

[232] 邱灵,申玉铭,任旺兵. 国内外生产性服务业与制造业互动发展的研究进展[J]. 世界地理研究,2007(3):71-77.

[233] 邱灵,申玉铭,任旺兵. 北京生产性服务业与制造业的关联及空间分布[J]. 地理学报,2008,63(12):1299-1310.

[234] 任皓,周绍杰,胡鞍钢. 知识密集型服务业与高技术制造业协同增长效应研究[J]. 中国软科学,2017(8):34-45.

[235] 任旺兵. 我国制造业发展转型期生产性服务业发展问题[M]. 北京:中国计划出版社, 2008.

[236] 任旺兵. 论我国产业服务化的战略问题[J]. 宏观经济管理, 2018(10):29-35.

[237] 任旺兵. 产业服务化的理论与现实问题[J]. 宏观经济管理,2017(9):25-30,36.

[238] 申庆喜,李诚固,刘仲仪,等. 长春市公共服务设施空间与居住空间格局特征[J]. 地理研究,2018,37(11):2249-2258.

[239] 申玉铭,柳坤,邱灵. 中国城市群核心城市服务业发展的基本特征[J]. 地理科学进展,2015,34(8):957-965.

[240] 申玉铭,邱灵,任旺兵,等. 中国服务业空间差异的影响因素与空间分异特征[J]. 地理研究,2007(6):1255-1264.

[241] 申玉铭,邱灵,任旺兵,等. 我国服务业发展的基本特征与空间差异研究[J]. 人文地理,2007(6):1-5.

[242] 申玉铭,邱灵,尚于力,等. 京沪生产性服务业比较研究[J]. 地理研究,2009,28(2):441-450.

[243] 申玉铭,邱灵,王茂军,等. 中国生产性服务业产业关联效应分析[J]. 地理学报,2007(8):821-830.

[244] 申玉铭,吴康,任旺兵. 国内外生产性服务业空间集聚的研究进展[J]. 地理研究,2009,28(6):1494-1507.

[245] 盛丰. 生产性服务业集聚与制造业升级:机制与经验:来自 230 个城市数据的空间计量分析[J]. 产业经济研究,2014(2):32-39,110.

[246] 石敏俊,张卓颖. 中国省区间投入产出模型与区际经济联系[M]. 北京:科学出版社, 2012.

[247] 宋昌耀,李涛,李国平. 地理距离对中国民营企业银行贷款的影响[J]. 地理学报,2021,76(8):1835-1847.

[248] 孙林岩,李刚,江志斌,等. 21 世纪的先进制造模式:服务型制造[J]. 中国机械工程,2007,235(19):2307-2312.

[249] 孙铁山,席强敏. 京津冀制造业区域协同发展特征与策略[J]. 河北学刊,2021,41(1):165-172.

[250] 唐昭沛,吴威,郭嘉颖,等. 基于城市产业结构特征的高铁生产性服务业集散效应:以长三角城市群为例[J]. 地理研究,2021,40(8):2188-2203.

[251] 覃成林,杨晴晴. 高速铁路对生产性服务业空间格局变迁的影响[J]. 经济地理,2017,37(2):90-97.

[252] 中共天津市委党史研究室,滨海新区区委党史研究室. 天津滨海新区开发开放历程[M]. 天津:天津人民出版社,2016.

[253] 王宝平,徐伟,余运江. 基于价值链-生产者服务业融合视角的中国城市网络研究[J]. 世界地理研究,2014,23(4):77-84.

[254] 王成,王茂军. 山东省城市关联网络演化特征:基于“中心地”和“流空间”理论的对比[J]. 地理研究,2017,36(11):2197-2212.

[255] 王海江,苗长虹,茹乐峰,等. 我国中心城市生产性服务业对外服务能力的空间格局:兼论与制造业分布关系[J]. 人文地理,2014,29(2):83-89.

[256] 王缉慈. 超越集群:中国产业集群的理论探索[M]. 北京:科学出版社,2010.

[257] 王缉慈. 中关村科学城建设向何处发展[J]. 群言,2012(2):9-10.

[258] 王缉慈. 创新集群三十年探索之旅[M]. 北京:科学出版社,2016.

[259] 王缉慈. 创新的空间:产业集群与区域发展(修订版)[M]. 北京:科学出版社. 2019.

[260] 王茂军,柴箐. 北京市产业网络结构特征与调节效应[J]. 地理研究,2013,32(3):543-555.

[261] 王硕,郭晓旭. 垂直关联、产业互动与双重集聚效应研究[J]. 财经科学,2012(9):34-41.

[262] 王琪延,徐玲. 基于产业关联视角的北京旅游业与农业融合研究[J]. 旅游学刊,2013,28(8):102-110.

[263] 王晓霞. 县域特色产业集群高质量发展思路与对策:以永年标准件产业为例[R]. 2020.

[264] 王好,蔺雪芹. 京津冀一体化背景下北京制造业时空演化特征及疏解方向[J]. 人文地理,2016,31(5):63-70,132.

[265] 王红杰, 鲍超, 郭嘉颖. 基于投入产出模型的北京市生产性服务业与制造业互动关系[J]. 中国科学院大学学报, 2018, 35(3):336-344.

[266] 未江涛. 京津冀地区生产性服务业与制造业协同集聚研究[D]. 天津:天津财经大学,2018.

[267] 维克托 · 富克斯. 服务经济学[M]. 上海:商务印书馆, 1987.

[268] 魏江,朱海燕. 知识密集型服务业功能论:集群创新过程视角[J]. 科学研究,2006(3):455-459.

[269] 吴三忙,陈炜明,李善同. 京津冀经济区内外部经济关联研究:基于地区间投入产出模型的分析[J]. 区域经济评论,2016(3):61-68.

[270] 吴福象,朱蕾. 中国三大地带间的产业关联及其溢出和反馈效应:基于多区域投入-产出分析技术的实证研究[J]. 南开经济研究,2010(5):140-152.

[271] 武义青,冷宣荣. 京津冀协同发展八年回顾与展望[J/OL]. 经济与管理:1-7[2022-03-10].

[272] 席强敏. 外部性对生产性服务业与制造业协同集聚的影响:以天津市为例[J]. 城市问题,2014(10):53-59.

[273] 席强敏,季鹏. 京津冀高技术制造业空间结构演变的经济绩效[J]. 经济地理,2018,38(11):112-122.

[274] 席强敏,罗心然. 京津冀生产性服务业与制造业协同发展特征与对策研究[J]. 河北学刊,2017,37(1):122-129.

[275] 席强敏. 生产性服务业与制造业的空间协同布局研究:以京津冀都市圈为例[D]. 天津:南开大学,2013.

[276] 新华网. 冀有特色|安平丝网:老产业焕发新活力[EB/OL].

[277] 夏永红,沈文星,李存芳. 产业共同集聚测度方法研究进展[J]. 技术经济,2018,37(8):106-115.

[278] 夏永红,沈文星. 木材加工产业集聚、共聚与劳动生产率效应[J]. 南京林业大学学报(自然科学版),2019, 43(3):131-136.

[279] 徐建伟,洪群联. 推动“两业融合”,为高质量发展增添新动能[EB/OL]. 中华人民共和国发展和改革委员会网站(2020-12-18).

[280] 徐雨森,张延. 大都市圈生产性服务业中心效应实证研究:以长江三角洲为例[J]. 城市问题,2011(11):9-15.

[281] 许学强,胡华颖,叶嘉安. 广州市社会空间结构的因子生态分析[J]. 地理学报,1989(4):385-399.

[282] 宣烨,余泳泽. 生产性服务业层级分工对制造业效率提升的影响:基于长三角地区 38 城市的经验分析[J]. 产业经济研究,2014(3):1-10.

[283] 薛德升,邹小华. 基于中资商业银行全球空间扩展的世界城市网络及其影响因素[J]. 地理学报,2018,73(6):989-1001.

[284] 阎小培,钟韵.区域中心城市生产性服务业的外向功能特征研究:以广州市为例[J].地理科学,2005(5):27-33.

[285] 阎小培.广州信息产业发展水平的区际差异分析[J].经济地理,1998(4):5-10,21.

[286] 阎小培,许学强.广州城市基本-非基本经济活动的变化分析:兼释城市发展的经济基础理论[J].地理学报,1999(4):13-22.

[287] 杨成凤,韩会然,宋金平.功能疏解视角下北京市产业关联度研:基于投入产出模型的分析[J].经济地理,2017,37(6):100-106.

[288] 杨帆.生产性服务业发展的动力机制与空间效应研究进展[J].地理科学进展,2018,37(6):750-760.

[289] 杨帆,叶嘉安.中国生产性服务业发展与空间分布[J].热带地理,2013,33(2):178-186.

[290] 姚士谋.沪宁杭城市群区发展趋势探讨[J].人文地理,1995(4):10-16,24.

[291] 易富贤.大国空巢[M].北京:中国发展出版社,2013.

[292] 于诚,曹东坡,林思宇.制造业转移会抑制本地生产性服务业发展吗?:以上海为例[J].经济经纬,2014,31(6):71-76.

[293] 余东华,信婧.信息技术扩散、生产性服务业集聚与制造业全要素生产率[J].经济与管理研究,2018,39(12):63-76.

[294] 喻春娇,郑光凤.湖北省生产性服务业与制造业的互动发展程度分析[J].经济地理,2010,30(11):1859-1864.

[295] 喻春娇,肖德,胡小洁.武汉城市圈生产性服务业对制造业效率提升作用的实证[J].经济地理,2012,32(5):93-98.

[296] 袁志刚,高虹.中国城市制造业就业对服务业就业的乘数效应[J].经济研究,2015, 50(7):30-41.

[297] 曾春水,申玉铭,李哲,等.京津冀城市职能演变特征与优化对策[J].经济地理,2018,38(9):67-77.

[298] 张可云,朱春筱.中国工业结对集聚和空间关联性分析[J].地理学报,2021,76(4):1019-1033.

[299] 张旺,申玉铭.京津冀都市圈生产性服务业空间集聚特征[J].地理科学进展,2012,31(6):742-749.

[300] 张卓颖,石敏俊.中国省区间产业内贸易与产业结构同构分析[J].地理学报,2011,66(6):732-740.

[301] 赵金丽,宋金平.城市新增公共服务资源与新增住房的空间匹配性研究:基于北京市郊区化进程中相关问题的案例分析[J].城市问题,2020(11):36-42.

[302] 赵景华,冯剑,张吉福.京津冀城市群生产性服务业与制造业协同集聚分析[J].城市发展研究,2018,25(4):62-68.

[303] 赵群毅.北京生产者服务业空间变动的特征与模式:基于单位普查数据的分析[J].城市发展研究,2007(4):70-77.

[304] 中国共产党新闻网.人民日报评论员:一定要把我国实体经济搞上去[EB/OL].

[305] 钟韵,孙建如.中心城市生产性服务业与外围城市制造业的互动关系:基于上海与苏州的实证研究[J].经济问题探索,2015(4):80-87.

[306] 钟韵,闫小培,林彰平.高等级中心城市生产性服务输出空间特征:基于广州商务服务企业行为的探讨[J].地理研究,2010,29(12):2166-2178.

[307] 钟韵,赵蓓蕾,李寒.广州市制造业与生产性服务业协同集聚与空间相似性[J].地理科学,2021,41(3):437-445.

[308] 钟韵,秦嫣然.中国城市群的服务业协同集聚研究:基于长三角与珠三角的对比[J].广东社会科

学,2021(2):5-15,254.

[309] 周春山,刘毅.发达国家的再工业化及对我国的影响[J].世界地理研究,2013,22(1):47-56.

[310] 周侃,樊杰.中国环境污染源的区域差异及其社会经济影响因素:基于339个地级行政单元截面数据的实证分析[J].地理学报,2016,71(11):1911-1925.

[311] 周明生,王帅.京津冀服务业集聚与经济增长[J].经济与管理研究,2018,39(1):68-77.

[312] 周锐波,李晓雯.广东省制造业空间格局演化及其影响因素研究[J].人文地理,2017,32(2):95-102.

[313] 周孝,冯中越.北京生产性服务业集聚与京津冀区域协同发展[J].经济与管理研究,2016,37(2):44-51.

[314] 朱华晟,吴骏毅,魏佳丽,等.发达地区创意产业网络的驱动机理与创新影响:以上海创意设计业为例[J].地理学报,2010,65(10):1241-1252.

[315] 朱晟君,杨博飞,刘逸.经济全球化变革下的世界经济地理与中国角色[J].地理学报,2022,77(2):315-330.

[316] 朱慧,周根贵,任国岩.制造业与物流业的空间共同集聚研究:以中部六省为例[J].经济地理,2015,35(11):117-124.

[317] 左双双.天津市滨海新区典型制造业与生产性服务业的产业关联与空间关系研究[J].首都师范大学学报(自然科学版),2011,32(3):62-68.